SAGGI

Della stessa autrice in edizione Garzanti:
Becoming
Il diario di Becoming
Becoming. La mia storia raccontata ai giovani

MICHELLE OBAMA

LA LUCE CHE È IN NOI

Traduzione di
SARA CARAFFINI
GIULIANA MANCUSO
GIUSEPPE MAUGERI

Garzanti

Prima edizione: novembre 2022

Per essere informato sulle novità del Gruppo editoriale Mauri Spagnol visita:
www.illibraio.it

Traduzione dall'inglese di
Sara Caraffini, Giuliana Mancuso, Giuseppe Maugeri

Titolo originale dell'opera:
The Light We Carry

ISBN 978-88-11-00706-7

Printed in Italy

www.garzanti.it

LA LUCE CHE È IN NOI

A tutti coloro che usano la loro luce
per assicurarsi che gli altri si sentano visti

Questo libro è dedicato alla mia mamma e al mio papà,
Marian e Fraser, che hanno instillato in me i valori
che da tempo mi guidano nel mondo. La loro saggezza
e il loro buon senso hanno fatto della nostra casa
uno spazio in cui mi sono sentita vista e ascoltata,
ho potuto imparare a prendere le mie decisioni
e diventare la persona che volevo essere.
Ci sono sempre stati per me, e il loro amore incondizionato
mi ha insegnato molto presto che avevo una voce.
Sono molto grata nei loro confronti per aver acceso
la mia luce.

Se nel tuo albero genealogico qualcuno ha creato problemi,
cento non lo hanno fatto:

i cattivi non vincono, non alla fine,
non importa quanto forte gridino.

Semplicemente non saremmo qui,
se così fosse.

È del bene, fondamentalmente, che sei fatto.
Con questa consapevolezza, non sarai mai solo nel cammino.

Sei la notizia del secolo.
Sei il buono che si è fatto avanti

nonostante tutto, anche se sono così tanti i giorni
in cui sembra il contrario.

Alberto Ríos, *Una casa chiamata domani*

Qui mio padre mi aiuta a rinfrescarmi
in una calda estate nel South Side di Chicago.

INTRODUZIONE

A un certo punto della mia infanzia, quand'ero ancora molto piccola, mio padre iniziò a camminare con il bastone. Non ricordo il giorno esatto in cui apparve nella nostra casa nel South Side di Chicago – all'epoca avevo forse quattro o cinque anni – ma all'improvviso eccolo lì, sottile e robusto, di un legno scuro e liscio. Il bastone fu la sua prima concessione alla sclerosi multipla, la malattia che lo aveva reso severamente zoppo alla gamba sinistra. In modo graduale e silenzioso, con ogni probabilità già molto tempo prima della diagnosi ufficiale, la sclerosi multipla stava minando il corpo di mio padre, erodendo il suo sistema nervoso centrale e indebolendogli le gambe, mentre lui andava avanti con la sua vita di ogni giorno: il lavoro all'impianto comunale di depurazione dell'acqua, la gestione della casa insieme a mia madre, l'impegno per crescere bravi figli.

Mio papà usava il bastone per salire le scale del nostro appartamento o passeggiare per qualche isolato nei dintorni di casa. La sera, lo appoggiava contro il bracciolo della sua poltrona e sembrava dimenticarsene mentre guardava lo sport in televisione o ascoltava jazz allo stereo o mi prendeva in braccio per chiedermi che cosa avessi fatto a scuola. Ero affascinata dal manico ricurvo del bastone, dalla punta di gomma nera all'estremità opposta, dal rumore sordo che faceva quando cadeva a terra. A volte lo prendevo e cercavo di imitare mio padre, zoppicando per il soggiorno, provando a capire come ci si sentiva nelle sue condizioni. Ma io ero troppo piccola e il bastone troppo lungo, e così finivo per usarlo come «oggetto di scena» per i miei giochi.

Ai nostri occhi, quel bastone non simboleggiava nulla. Era semplicemente uno strumento, come la spatola che mia madre utilizzava in cucina o il martello con cui mio nonno riparava uno scaffale rotto o un'asta delle tende. Era un oggetto funzionale, un sostegno, qualcosa su cui potersi appoggiare in caso di necessità.

Ciò che non volevamo ammettere era che le condizioni di mio padre andavano peggiorando, che il suo corpo si stava silenziosamente rivoltando contro sé stesso. Papà lo sapeva. La mamma lo sapeva. All'epoca io e Craig, mio fratello maggiore, eravamo solo bambini, ma i bambini non sono stupidi, e quindi lo sapevamo anche noi, sebbene nostro padre ci facesse ancora giocare in giardino e assistesse ai nostri saggi di pianoforte e alle nostre partite. Stavamo iniziando a capire che la sua malattia ci rendeva più vulnerabili e meno protetti come famiglia. In caso di emergenza, lui avrebbe avuto più difficoltà a entrare in azione per salvarci da un incendio o da un intruso. Stavamo imparando che la vita non era sotto il nostro pieno controllo.

Ogni tanto accadeva che fosse proprio il bastone a tradire papà. Valutava male l'altezza di un gradino o un piede gli si impigliava in una piega del tappeto, ed ecco che all'improvviso inciampava. In quegli istanti, con il suo corpo a mezz'aria come in un fermo immagine, avevamo la chiara visione di tutto ciò che speravamo di non vedere: la sua vulnerabilità, la nostra impotenza, l'incertezza e i tempi difficili che ci aspettavano.

Il rumore di un uomo adulto che cade a terra è fragoroso, qualcosa che non si dimentica. Scuoteva il nostro piccolo appartamento come un terremoto, facendoci precipitare in suo soccorso.

«Fraser, attento!» diceva mia madre, come se le sue parole potessero annullare quello che era appena successo. Craig e io lo aiutavamo a rimettersi in piedi e provvedevamo rapidi al recupero del bastone e degli occhiali ovunque fossero finiti, come se la nostra velocità nel farlo rialzare potesse cancellare l'immagine della sua caduta. Come se uno di noi potesse in qualche modo porre rimedio alla situazione. Questi episodi mi lasciavano preoccupata e impaurita, facendomi capire quello che rischiavamo di perdere e con quale facilità sarebbe potuto accadere.

Di solito, mio padre si limitava a ridere: minimizzava la caduta con una battuta, con un sorriso. Tra noi c'era un tacito accordo: avevamo bisogno che questi momenti scivolassero via. In casa nostra, il riso era un altro strumento molto ben oliato.

Ora che sono adulta, so che la sclerosi multipla è una malattia che colpisce milioni di persone in tutto il mondo. Induce in errore il sistema immunitario, che inizia ad attaccare da dentro, scambiando l'amico per il nemico, le componenti interne per agenti esterni. Danneggia il sistema nervoso centrale, distruggendo l'involucro protettivo delle fibre nervose chiamate assoni, lasciando scoperti i loro delicati filamenti.

Se la malattia gli procurava dolore, lui non ne parlava. Se l'umiliazione per la sua disabilità lo affliggeva, raramente lo manifestava. Non so se sia mai caduto quando noi non c'eravamo – all'impianto di depurazione oppure mentre entrava o usciva dal barbiere – anche se è ragionevole pensare che almeno qualche volta sia successo. Eppure, gli anni passavano. Mio padre andava al lavoro e poi tornava a casa, sempre sorridente. Forse era una forma di rifiuto. Forse era semplicemente il codice secondo il quale aveva scelto di vivere. *Cadi, ti rialzi, vai avanti.*

Oggi mi rendo conto che la disabilità di mio padre è stata per me fin dall'infanzia una lezione su come ci si sente quando si è diversi e ci si muove nel mondo segnati da un fattore che non si può controllare. Anche se non ci rimuginavamo sopra, quella diversità era sempre lì. La mia famiglia se ne faceva costantemente carico. Ci preoccupavamo per cose delle quali le altre famiglie non sembravano preoccuparsi. Eravamo vigili come gli altri non avevano bisogno di essere. Quando uscivamo, analizzavamo con discrezione gli ostacoli, calcolando l'energia che sarebbe occorsa a mio padre per attraversare un parcheggio o salire sulle gradinate alle partite di basket di Craig. Soppesavamo le distanze e le altezze con un occhio diverso. E con un occhio diverso guardavamo le scale, i marciapiedi ghiacciati, i cordoli alti. Valutavamo i parchi e i musei in base al numero di panchine su cui un corpo stanco può trovare riposo. Ovunque andassimo, stimavamo i rischi e cercavamo di facilitare mio padre con ogni sorta di accorgimenti. Contavamo ogni passo.

Quando un dispositivo non andava più bene per lui, perché la sua utilità veniva annullata dalla potenza della malattia che avanzava, uscivamo e ce ne procuravamo un altro: il bastone venne rimpiazzato da un paio di stampelle, le stampelle furono infine sostituite da una sedia a rotelle elettrica e da un furgoncino attrezzato di leve e meccanismi idraulici per compensare ciò che il corpo non riusciva più a fare.

Papà apprezzava questi dispositivi? Pensava forse che risolvessero tutti i suoi problemi? Nient'affatto. Ma ne aveva bisogno? Sì, nel modo più assoluto. Ecco a che cosa servono strumenti come questi. Ci aiutano a mantenerci in equilibrio, a convivere meglio con l'instabilità. Ci aiutano ad affrontare il susseguirsi degli eventi, a cavarcela quando la vita ci sembra fuori dal nostro controllo. E ci aiutano ad andare avanti, anche nel disagio, anche se viviamo con i nervi scoperti.

Ho riflettuto molto su questi temi: su ciò che portiamo sulle nostre spalle, su quello che ci tiene in piedi di fronte all'incertezza, su come troviamo il nostro posto nel mondo facendo affidamento su una serie di mezzi che ci aiutano, specialmente nei periodi di caos. Ho pensato anche a cosa significa essere diversi. Mi colpisce il modo in cui tanti di noi combattono la sensazione di non essere come gli altri e quanto le percezioni che abbiamo della diversità continuino ad avere un ruolo centrale nelle nostre più ampie discussioni sul tipo di mondo in cui vogliamo vivere, sulle persone di cui ci fidiamo, su quelle che si distinguono ai nostri occhi e quelle che invece ci lasciamo facilmente indietro.

Sono questioni complicate, che hanno soluzioni a loro volta complicate. E l'«essere diverso» si può definire in molti modi. Eppure, a nome di coloro che per qualche ragione si sentono tali, vale la pena di dire chiaramente che non è affatto semplice trovare la propria strada in un mondo pieno di ostacoli che gli altri non vedono o non sono in grado di vedere. Quando sei diverso ti senti come se stessi viaggiando con una mappa diversa, davanti a sfide diverse rispetto agli altri. E a volte potrai avere la sensazione di non avere neanche una mappa. La diversità spesso ci precede: prima ancora di *noi*, è *la nostra diversità* a essere vista. Quando accade ci tocca combattere. Il che è, per definizione, estenuante.

Così, per sopravvivere, si impara a essere vigili, come ha fatto la mia famiglia. Si capisce come preservare le energie, come tenere conto di ogni singolo passo. E al centro di questo modo di vivere c'è un paradosso da far girare la testa: essere diverso ti spinge alla cautela e allo stesso tempo ti richiede una gran quantità di coraggio.

Nell'iniziare questo nuovo libro è esattamente così che mi sento: cauta e insieme coraggiosa. Nel 2018, quando ho pubblicato *Becoming*, sono rimasta sorpresa – francamente sbalordita – dalla reazione del pubblico. Ci avevo messo tutta me stessa. In quel libro avevo visto un'opportunità per esaminare gli anni passati alla Casa Bianca da first lady e, più in generale, la mia vita. Ho raccontato non solo dei momenti felici e delle occasioni mondane, ma anche delle più grandi difficoltà che ho dovuto affrontare: la morte di mio padre quando avevo ventisette anni, la perdita della mia migliore amica dei tempi del college, le difficoltà che Barack e io abbiamo incontrato per avere figli. Ho rievocato alcune esperienze frustranti che ho vissuto da giovane donna nera. Ho parlato apertamente del dolore provato nel lasciare la Casa Bianca – che con il tempo avevamo imparato ad amare e a considerare la nostra casa – e dell'eredità del duro lavoro svolto da mio marito nei suoi due mandati, un'eredità finita nelle mani di un successore sconsiderato e incurante.

Parlare pubblicamente di tutto ciò è stato un po' un azzardo, ma anche un sollievo. Nei miei otto anni da first lady sono stata vigile e cauta, profondamente consapevole del fatto che Barack, io e le nostre due figlie avevamo gli occhi della nazione puntati addosso e che, in quanto neri all'interno di una casa storicamente bianca, non potevamo permetterci un solo passo falso. Volevo essere sicura di usare la mia posizione per fare una differenza che fosse davvero significativa, che i progetti ai quali lavoravo fossero realizzati bene e in accordo con il programma presidenziale. Dovevo proteggere le nostre ragazze e aiutarle a vivere una vita che avesse una qualche forma di normalità, e dovevo essere di sostegno a Barack, che a volte sembrava reggere sulle spalle il peso del mondo. Prendevo ogni singola decisione con estrema cura, considerando ogni rischio, valutando ogni ostacolo, facendo tutto il possibile per sfruttare al meglio le opportunità che la mia famiglia e io avevamo di crescere come persone, e non semplicemente come simbolo di ciò che gli altri amavano o odiavano del nostro Paese. La tensione era autentica e pressante, ma non era affatto una novità. Ancora una volta, eccomi lì a contare i passi.

Scrivere *Becoming* è stato come rilasciare il fiato dopo averlo trattenuto a lungo. Quel libro ha segnato l'inizio di una nuova fase della mia vita, anche se a quel tempo non avevo idea di come sarebbe andata. È stato inoltre il primo progetto solo mio, che prescindeva da Barack, dalla sua presidenza, dalla vita delle nostre figlie o dalla mia carriera di un tempo. Ho tratto enorme piacere da quella forte sensazione di indipendenza, ma mi sono sentita anche esposta, in una posizione nuova e rischiosa, vulnerabile come non ero mai stata prima. Una notte, poco prima che il libro uscisse, ero a letto, nella casa di Washington in cui ci siamo trasferiti dopo aver lasciato la Casa Bianca, e non riuscivo a prendere sonno al pensiero che questa versione tanto sincera della mia storia sarebbe finita sugli scaffali di librerie e biblioteche, tradotta in decine di lingue, passata al vaglio dai critici di tutto il mondo. La mattina seguente dovevo prendere un aereo per Chicago, dove mi attendeva il lancio di un tour internazionale che di lì a un anno avrebbe toccato trentuno città, mettendomi al cospetto di un pubblico che poteva arrivare a contare anche ventimila persone alla volta. Fissavo il soffitto della stanza, mentre sentivo l'ansia montare come una marea e i dubbi affollarmi la mente. *Ho detto troppo? Posso farcela? Manderò tutto all'aria? Che cosa succederà?*

Nascosta dietro queste preoccupazioni c'era una paura più profonda, primordiale, tenace e assolutamente terrificante – la domanda di fondo sulla quale poggia ogni altro dubbio –, tre parole che sicuramente affliggono anche le persone più esperte e potenti che conosco, tre parole che mi accompagnano da quando ero una ragazzina del South Side di Chicago: *Sono brava abbastanza?*

In quel momento, l'unica risposta che avevo era *Non lo so.*

È stato Barack, alla fine, a riportare ordine nella mia testa. Insonne e ancora in preda all'ansia, sono salita al piano di sopra e l'ho trovato nel suo studio, intento a lavorare alla luce di una lampada. È rimasto paziente ad ascoltarmi mentre davo voce a tutti i dubbi che mi frullavano per la testa, descrivendo nel dettaglio i molteplici modi in cui le cose potevano andare male. Come me, anche Barack stava ancora elaborando il percorso che aveva portato la nostra famiglia fino alla Casa Bianca e gli otto anni che vi avevamo trascorso. Come me, aveva i suoi dubbi e le sue preoccupazioni personali, e anche lui avvertiva a volte la sensazione – per quanto rara e irrazionale – di non essere bravo abbastanza. Mi capiva meglio di chiunque altro.

Dopo che mi sono sfogata passando in rassegna tutte le mie paure, Barack mi ha semplicemente rassicurata, dicendomi che il libro era fantastico e che lo ero anch'io. Mi ha ricordato che l'ansia è del tutto naturale quando si fa qualcosa di nuovo e di significativo. Poi mi ha presa tra le braccia fino a toccare leggermente la mia fronte con la sua. Era tutto ciò di cui avevo bisogno.

La mattina seguente mi sono alzata e ho iniziato a portare in giro *Becoming*. Ed è stato l'inizio di uno dei periodi più felici e gratificanti della mia vita. Il libro ha avuto ottime recensioni e, con mia grande sorpresa, ha stabilito record di vendite in tutto il mondo. Durante il tour promozionale, mi sono ritagliata del tempo per incontrare piccoli gruppi di lettori riuniti in circoli ricreativi, biblioteche, chiese. Apprendere quanto fossero numerosi i punti di contatto tra le loro storie e la mia è stato uno degli aspetti più appaganti di quegli incontri. La sera, le persone che si affollavano nei palazzetti erano decine di migliaia. In ciascuna delle tappe del tour, l'energia che emanava da tutta quella gente riunita era elettrica: la musica a tutto volume, il pubblico che ballava tra le file, scattava selfie e si abbracciava, mentre aspettava che io salissi sul palco. E ogni volta, seduta di fronte a un moderatore per una conversazione di novanta minuti, ho detto tutta la mia verità. Non ho tenuto nulla per me, mi sono sentita a mio agio nel raccontare la mia storia, accettata per le esperienze che mi hanno reso quella che sono, nella speranza che ciò potesse aiutare gli altri a sentirsi anch'essi più accettati.

È stato divertente. È stata una gioia. Ma è stato anche qualcosa di più.

Guardando il pubblico di fronte a me, ogni volta avevo la conferma di una verità sul mio Paese – e più in generale sul mondo –, una verità che mi era ben nota. Vedevo una folla colorata, ricca di diversità e, proprio per questo, migliore. Erano spazi al cui interno la diversità veniva riconosciuta e celebrata come un punto di forza. Davanti a me sfilava ogni sorta di età, razze, generi, etnie, identità, abiti e via dicendo: persone che ridevano, battevano le mani, piangevano, si raccontavano quel che provavano. Sono convinta che molte di quelle persone fossero lì per ragioni che andavano ben oltre me o il mio libro. La sensazione che avevo era che fossero venute anche per sentirsi meno sole, per ritrovare un senso di appartenenza che in qualche modo era andato perduto. La loro presenza – l'energia, il calore e la diversità che riempivano quegli spazi – era perfettamente funzionale al racconto di una certa storia. Quelle persone erano lì, credo, perché sentivano quanto era bello – anzi, *magnifico* – mescolare la nostra diversità con un profondo senso di unione.

Dubito che qualcuno, in quei momenti, avrebbe potuto immaginare l'entità di ciò che stava per accadere. Chi poteva prevedere che proprio quel senso di unione di cui stavamo godendo durante il tour stesse per scomparire come d'incanto? Chi poteva prevedere che una pandemia globale ci avrebbe costretti da un giorno all'altro a rinunciare agli abbracci, ai sorrisi sui nostri volti scoperti, alle interazioni spontanee con gli estranei e, peggio ancora, che l'arrivo di quel virus avrebbe segnato l'inizio di un lungo periodo di sofferenza, lutti e incertezza in ogni angolo del pianeta? Se lo avessimo saputo, ci saremmo comportati in modo diverso? Non ne ho idea.

Quello che so è che il periodo che abbiamo vissuto di lì a poco ci ha resi insicuri e inquieti. Ha indotto molti di noi alla cautela, alla vigilanza, ad allentare i propri contatti. Oggi molte persone si trovano a sperimentare per la prima volta qualcosa che milioni e milioni di altri individui hanno dovuto provare ogni singolo giorno della loro vita: sentono cioè di aver perso il loro equilibrio, di non avere controllo su ciò che accade e sono profondamente in ansia per il futuro che li at-

Il tour promozionale di *Becoming* è stato
una delle esperienze più significative della mia vita.

tende. Negli ultimi due anni abbiamo sopportato periodi di isolamento senza precedenti, segnati da un dolore diffuso e imperscrutabile e da una sensazione generalizzata di incertezza, con la quale è davvero difficile convivere.

Se la pandemia ha sconvolto i ritmi della nostra vita quotidiana, non ha fatto sparire mali più antichi e radicati. Abbiamo continuato a vedere neri disarmati uccisi dalla polizia all'uscita da un minimarket, mentre andavano dal barbiere, durante un normale controllo stradale. Non abbiamo smesso di assistere a vili crimini d'odio contro asiatici americani e membri della comunità LGBTQ+. Abbiamo visto l'intolleranza e il pregiudizio diventare più accettabili, mentre autocrati assetati di potere hanno rafforzato il loro controllo sui Paesi che governano. Negli Stati Uniti, abbiamo visto un presidente in carica stare a guardare mentre le forze dell'ordine lanciavano gas lacrimogeni su migliaia di persone pacificamente riunitesi davanti alla Casa Bianca soltanto per chiedere meno odio e più equità. E dopo che gli americani si sono presentati in massa per votare e nell'assoluto rispetto delle regole contro il rinnovo del mandato di quel presidente, abbiamo visto una folla rabbiosa di rivoltosi irrompere con violenza nei nostri luoghi istituzionali più sacri, convinta che sfondando le porte e orinando sul tappeto di Nancy Pelosi avrebbe in qualche modo reso grande il nostro Paese.

Ho provato rabbia? Sì.

Mi sono a tratti demoralizzata? Sì, è successo anche questo.

Rimango sconvolta quando vedo furia e fanatismo spacciati populisticamente per slogan politici sulla grandezza degli Stati Uniti? Ci potete scommettere.

Ma sono la sola a nutrire tali sentimenti? Fortunatamente no. Quasi ogni giorno sento di persone, vicine e lontane, che cercano di capire come superare questi ostacoli, dosando le energie, stringendosi ai propri cari e facendo ciò che possono per continuare ad affrontare con coraggio questo nostro mondo. Mi capita spesso di parlare con persone che combattono con un senso di diversità e si percepiscono sottovalutate o invisibili, sfibrate dagli sforzi che fanno per andare avanti, mentre avvertono che la loro luce è stata in qualche modo oscurata. Ho incontrato giovani provenienti da tutto il mondo che cercano di trovare la propria voce e di creare spazi per esprimere la propria identità più autentica nelle relazioni che vivono e sui luoghi di lavoro. Hanno un sacco di domande: Come faccio a creare legami significativi? Quando e come posso far sentire la mia voce di fronte a un problema che mi affligge? Che cosa significa «volare alto» quando è in basso che ti trovi?

Molte delle persone con cui mi sono confrontata stanno cercando di individuare spazi di potere nell'ambito di istituzioni, tradizioni e strutture che non sono state costruite per loro, districandosi tra i pericoli di un campo minato del quale provano a distinguere i confini, spesso mal definiti e difficili da vedere. La pena che devono sopportare coloro che non riescono a evitare questo genere di pericoli e di ostacoli può essere devastante. Le conseguenze sono a volte sconcertanti e pericolose.

Mi chiedono spesso risposte e soluzioni. Da quando è uscito *Becoming*, ho avuto modo di ascoltare molte storie e di porre molte domande, parlando con una varietà di persone del modo in cui cerchiamo di andare avanti affrontando l'ingiustizia e l'incertezza, e delle ragioni che ci spingono a farlo. Mi hanno chiesto se, nascosta da qualche parte, ho una formula per gestire questo genere di problemi, un metodo per fare chiarezza nella confusione, qualcosa che possa aiutare a farcela. Credetemi, capisco perfettamente quanto sarebbe utile. Mi piacerebbe davvero potervi indicare una serie di passaggi chiari e mirati che vi aiuti a vincere ogni incertezza e a velocizzare la salita fino a qualunque altezza vi proponiate di arrivare. Vorrei tanto che fosse così semplice. Se avessi una formula, ve la svelerei subito. Ma ricordatevi che anche a me talvolta capita di starmene sdraiata a letto insonne a chiedermi se sono brava abbastanza. Sappiate che anch'io, come tutti gli altri, mi ritrovo a dover superare gli ostacoli che mi si parano di fronte. E per quanto riguarda quelle altezze che molti di noi si sforzano di raggiungere? A questo punto della mia vita, ne ho raggiunte un certo numero e, per quel che può valere, posso assicurarvi che il dubbio, l'incertezza e l'ingiustizia ci sono anche a quei livelli, anzi, abbondano.

Il punto è che la tanto agognata formula non esiste. Non c'è alcun mago dietro il sipario. Non credo che ci siano soluzioni puntuali o risposte concise ai grandi problemi della vita. Per sua stessa natura, l'esperienza umana non vi si presta. I nostri cuori sono troppo complicati, troppo ingarbugliate le nostre storie.

Ciò che posso fare è aprirvi la mia personale cassetta degli attrezzi. Questo libro è stato scritto per farvi vedere che cosa contiene e per quale ragione, quali sono gli strumenti di cui mi servo sul lavoro e nella vita privata per rimanere equilibrata e sicura di me, andando avanti anche nei periodi di forte ansia e stress. Alcuni dei miei attrezzi sono abitudini e pratiche; altri sono oggetti fisici concreti; e il resto sono atteggiamenti e convinzioni nati nel corso della mia storia e delle esperienze che ho vissuto, ossia durante il continuo processo del «diventare» ciò che sono. Non ho pensato questo libro come un manuale di istruzioni. Nelle pagine che seguono troverete piuttosto una serie di riflessioni sincere sugli insegnamenti che ho tratto finora dal mio cammino: vi racconterò delle leve e dei meccanismi che mi consentono di farcela ogni giorno. Conoscerete alcune delle persone grazie alle quali riesco ad affrontare la vita a testa alta e vi racconterò ciò che ho imparato da alcune donne straordinarie sul modo in cui reagire all'ingiustizia e all'incertezza. Vi parlerò di quello che talvolta ancora mi abbatte e dei sostegni che uso per rialzarmi. Tratterò inoltre di alcuni atteggiamenti che ho abbandonato nel corso del tempo, avendo compreso che esistono numerosi strumenti e supporti ben più efficaci dello stare sulla difensiva.

Va da sé che non tutti gli strumenti tornano utili in tutte le situazioni, e non possono aiutare ogni persona nello stesso modo. Ciò che è valido per voi potrebbe non esserlo per il vostro capo, vostra madre o il vostro partner. Una spatola non vi sarà d'aiuto nel cambiare una gomma; un cric non vi sarà di alcuna utilità per friggere un uovo (anche se siete liberissimi di dimostrarmi che mi sbaglio). Gli strumenti di cui ci serviamo si evolvono nel tempo, in funzione delle circostanze in cui ci troviamo di volta in volta e della nostra crescita personale. Ciò che funziona in una certa fase della vita potrebbe non funzionare in un'altra. Ma credo che valga la pena imparare a individuare le abitudini che ci consentono di restare saldi e in equilibrio e a distinguerle con chiarezza da quelle che scatenano in noi l'ansia o alimentano le nostre insicurezze. Mi auguro che, nel processo di individuazione, raccolta e perfezionamento degli attrezzi essenziali da mettere nella vostra personale cassetta, possiate trovare in queste pagine del materiale al quale attingere, selezionando ciò che è utile, scartando ciò che non lo è.

Infine, vorrei analizzare alcuni concetti chiave riguardanti il potere e il successo, e proporne una riformulazione che vi consenta di vedere meglio tutte le opportunità che sono alla vostra portata e di sentirvi incoraggiati a far crescere i vostri punti di forza. Credo che ognuno di noi abbia dentro di sé una certa luce, qualcosa di assolutamente unico e individuale, una fiammella che vale la pena proteggere. Quando siamo in grado di riconoscere la luce che è in noi, abbiamo il potere di usarla. Quando impariamo ad alimentare le unicità delle persone intorno a noi, diventiamo più abili nella costruzione di comunità solidali e nella realizzazione di cambiamenti significativi. Nella prima parte di questo libro, mi soffermerò sul processo che consente di trovare la forza e la luce che sono dentro di noi. La seconda parte tratta delle nostre relazioni con gli altri e della nostra concezione di ciò che chiamiamo casa, mentre la terza intende avviare una riflessione su come conoscere a fondo, proteggere e rafforzare al meglio la nostra luce, specialmente nei periodi difficili.

Parleremo della ricerca della forza personale, della forza che viene dalla comunità e della forza che consente di superare l'incertezza e la sensazione di impotenza. Non voglio dire che tutto ciò sia semplice o che non ci siano numerosi ostacoli che si frappongono tra noi e il raggiungimento dei nostri obiettivi. Tenete sempre presente che tutto ciò che so, tutti i vari strumenti sui quali faccio affidamento, me li sono procurati procedendo per tentativi ed errori, nel corso di lunghi anni di pratica e di costanti ripensamenti. Ho passato decenni a imparare a reggermi esclusivamente sulle mie gambe, sbagliando e facendo aggiustamenti e correzioni di rotta mentre avanzavo. È stato solo procedendo lentamente che sono arrivata al punto in cui mi trovo oggi.

Ai giovani che stanno leggendo questo libro vorrei ricordare di essere pazienti con sé stessi: siete all'inizio di un viaggio lungo e interessante, che non sarà sempre comodo. Passerete anni a raccogliere dati su chi siete e sul modo in cui funzionate, e solo lentamente troverete la strada per diventare più sicuri di voi stessi e rafforzare la vostra identità. Solo gradualmente inizierete a scoprire e a usare la vostra luce.

Ho imparato a riconoscere come l'autostima possa nascondersi nella fragilità, e che ciò che ci accomuna come esseri umani su questa terra è l'istinto a lottare per migliorare, sempre e comunque. Quando la nostra luce brilla, diventiamo più coraggiosi. E se riconosci la tua luce, riconosci davvero te stesso e la tua storia. Nella mia esperienza, questa consapevolezza di sé genera sicurezza, e la sicurezza a sua volta genera calma e capacità di rimanere obiettivi. Solo così, alla fine, potremo stabilire relazioni con gli altri che abbiano davvero senso. Questo è, per me, il fondamento di tutto. Una luce alimenta l'altra. Una famiglia forte dà forza alle altre. Una comunità unita può illuminare quelle che le stanno intorno. Questo è il potere della luce che è in noi.

In un primo momento avevo concepito questo libro come uno strumento che accompagnasse i lettori alle prese con un momento di passaggio; volevo che fosse una lettura utile, capace di dare stabilità a chi sta per entrare in una nuova epoca della vita, qualunque sia l'evento che la segna, una laurea o un divorzio, un nuovo lavoro o una diagnosi medica, la nascita di un figlio o la morte di una persona cara. Pensavo che avrei analizzato i processi di transizione principalmente dall'esterno, esaminando le difficoltà generate dalla paura e dall'incertezza con la distanza caratteristica di chi è sopravvissuto, parlando cioè come una persona ormai vicina ai sessant'anni che è riuscita a superare sana e salva quelle difficoltà.

Ma non è andata così, ovviamente, e avrei dovuto aspettarmelo.

Gli ultimi anni ci hanno catapultato tutti in una situazione di profondo cambiamento, tenendoci in tensione, senza lasciarci tregua. Il periodo che stiamo vivendo è assolutamente inedito per molti di noi, dal momento che la maggior parte delle persone che hanno la mia età, o sono ancora più giovani, nel proprio passato non ha dovuto affrontare una pandemia globale né ha mai vissuto in un'epoca in cui le donne non avevano il diritto fondamentale di prendere decisioni informate sul loro corpo. Siamo stati abbastanza al riparo da eventi di questa portata. Oggi lo siamo meno. L'incertezza continua a insinuarsi in quasi tutti gli ambiti della nostra vita, manifestandosi sia a livello pubblico, come nella paura collettiva per il rischio di una guerra nucleare, sia nel privato, come accade nelle case in cui un bambino inizia a tossire. Le nostre istituzioni sono state scosse, i nostri sistemi hanno vacillato; chi lavora nel settore sanitario e in quello dell'istruzione è stato sottoposto a uno stress smisurato. Tra i giovani adulti si registrano percentuali senza precedenti di malesseri come la solitudine, l'ansia e la depressione.[1]

Facciamo fatica a capire di chi e di che cosa fidarci, dove riporre la nostra fede. E il dolore certamente continuerà ad accompagnarci. I ricercatori stimano che, a causa del COVID-19, oltre 7,9 milioni di bambini nel mondo abbiano perso una madre, un padre o un nonno che si occupava di loro. Negli Stati Uniti, più di duecentocinquantamila bambini – la maggior parte dei quali appartenenti a comunità di colore – hanno sofferto la morte di un tutore primario o secondario a causa del virus. È impossibile prevedere le conseguenze che avrà la scomparsa di queste figure di riferimento, veri e propri pilastri di sostegno che ora non ci sono più.[2]

Potrebbe volerci un po' prima di ritrovare il nostro equilibrio. I lutti faranno sentire le loro conseguenze negli anni a venire. Subiremo altre scosse, e non saranno poche. Il mondo continuerà a essere bello, ma sarà allo stesso tempo incrinato. Le incertezze non se ne andranno.

Ma è quando non è possibile restare in equilibrio che siamo chiamati a evolverci. Nel mio ultimo libro, ho raccontato del modo in cui il mio viaggio personale mi ha insegnato che nella vita ci sono pochi punti fissi: ciò che tradizionalmente consideriamo segni dell'inizio e della fine delle esperienze che viviamo in realtà non sono altro che tappe all'interno di un percorso molto più lungo. Siamo sempre in movimento, in costante divenire. Siamo in costante mutamento. Continuiamo a imparare anche quando siamo stanchi di imparare, a cambiare anche quando siamo sfiniti dai cambiamenti.

I risultati garantiti sono ben pochi. Ogni giorno ci aspetta il compito di diventare una nuova versione di noi stessi.

Mentre seguitiamo ad affrontare le sfide della pandemia, a fare i conti con l'ingiustizia e la precarietà e a preoccuparci per un futuro incerto, mi domando se non sia il momento di smettere di chiederci quando finirà tutto questo e di iniziare piuttosto a farci una serie di domande di natura diversa, e più pratica, su come restare in piedi quando imperversano le difficoltà e veniamo investiti dai grandi cambiamenti. Come ci si adatta a queste fasi della vita? Come possiamo sentirci più a nostro agio, meno paralizzati e in balia della sorte? Quali strumenti abbiamo a disposizione? Dove possiamo trovare altri pilastri di sostegno? Come possiamo creare sicurezza e stabilità a beneficio degli altri? Se lavorassimo uniti, non riusciremmo forse a superare tutti insieme anche gli ostacoli più grandi?

Come ho già detto, non è che io abbia tutte le risposte a queste domande, ma vorrei comunque discuterne insieme a voi. Vale la pena rifletterci tutti insieme. Mi piacerebbe tenere aperto uno spazio per un confronto più esteso, più ampio. Credo sia questo il modo in cui potremo conquistare una nuova sicurezza.

PRIMA PARTE

Niente può offuscare la luce che splende da dentro.[1]
Maya Angelou

Il lavoro a maglia mi ha fatto capire
come calmare una mente ansiosa.

1. IL POTERE DELLE PICCOLE COSE

A volte comprendiamo l'efficacia di un determinato strumento solo dopo averlo usato. E, a volte, viene fuori che il più piccolo degli strumenti può aiutarci a mettere ordine tra i sentimenti più ingombranti. L'ho sperimentato un paio di anni fa, quando ho ordinato online dei ferri da maglia senza nemmeno sapere bene perché.

È successo durante le prime, tesissime settimane della pandemia, mentre ero nella nostra casa a Washington. Stavo acquistando articoli in ordine sparso, facendo incetta di giochi da tavolo e articoli da disegno oltre che di scorte alimentari e carta igienica, confusa riguardo alla piega che avrebbero preso gli eventi e pienamente consapevole (non senza un certo imbarazzo) che lo shopping compulsivo fosse una reazione tipicamente americana all'incertezza. Stavo ancora cercando di capacitarmi di come, in un istante, fossimo passati dalla «vita normale» a un'emergenza globale su vasta scala. Di come, all'improvviso, centinaia di milioni di persone si fossero ritrovate in serio pericolo. E di come la cosa più sicura e più utile che potessimo fare, in quel momento, fosse starcene a casa.

Giorno dopo giorno, guardavo i notiziari, colpita dalla profonda ingiustizia di questo nostro mondo. Era insita nei titoli dei giornali, nella perdita di posti di lavoro, nel conteggio delle vittime e nei quartieri in cui le ambulanze ululavano senza sosta. Leggevo di operatori ospedalieri che avevano paura di tornare a casa a fine turno, temendo di infettare le proprie famiglie. Vedevo immagini di furgoni dell'obitorio parcheggiati nelle strade della città, sale da concerto convertite in ospedali da campo.

Sapevamo poco e temevamo tanto. Tutto sembrava enorme. Tutto sembrava correlato.

Perché tutto *era* enorme. Ed *era* correlato.

Era difficile non sentirsi sopraffatti.

Ho trascorso i primi giorni ad accertarmi per telefono di come stessero gli amici e ad assicurarmi che mia madre, che ha già passato gli ottant'anni e vive da sola a Chicago, avesse modo di fare la spesa in sicurezza. Le nostre figlie sono tornate a casa dal college, entrambe scosse da quello che stava accadendo e un po' riluttanti a separarsi dagli amici. Le ho abbracciate forte entrambe garantendo loro che si trattava di una situazione temporanea, che presto sarebbero tornate alle loro feste scatenate, a preoccuparsi per un esame di sociologia e a mangiare ramen nei dormitori. L'ho detto per aiutarmi a crederci. L'ho detto perché so che fa parte del lavoro di un genitore: proiettare un pizzico di certezza in più anche se le ginocchia ti si piegano, anche se dentro sei agitata da preoccupazioni più grandi che quella di restituire i tuoi figli ai loro amici. Anche quando sei in ansia, dalla tua bocca escono solo parole di speranza.

Con il passare del tempo, la nostra famiglia si è abituata a una routine raccolta, ancorata a cene serali più lunghe del solito. Elaboravamo le notizie, confrontando le osservazioni su ciò che avevamo sentito o letto: le cupe statistiche della giornata o i messaggi di un'incostanza snervante che arrivavano dalla Casa Bianca, ovvero da quella che era stata casa nostra. Provavamo i giochi da tavolo che avevo acquistato, facevamo qualche puzzle e guardavamo film sul divano. Ogni volta che trovavamo qualcosa di cui ridere, ridevamo. Perché, altrimenti, tutto sembrava troppo spaventoso.

Sasha e Malia hanno continuato a studiare da remoto. Barack era impegnato a scrivere le sue memorie presidenziali ed era sempre più concentrato sul fatto che presto gli elettori americani avrebbero deciso se confermare o rimuovere Donald Trump. Io, nel frattempo, dedicavo le mie energie a When We All Vote, un'iniziativa che avevo contribuito ad avviare nel 2018 con l'intento di responsabilizzare gli elettori e incentivare l'affluenza alle urne. Su richiesta del nostro sindaco, ho preso parte a una campagna di servizio pubblico chiamata Stay Home D.C., allo scopo di esortare gli abitanti della città a starsene al sicuro nelle proprie abitazioni e a sottoporsi a un test in caso di sintomi. Ho registrato messaggi di incoraggiamento da trasmettere agli operatori stremati del pronto soccorso. E, nel tentativo di alleviare una minima parte del peso che sapevo gravare sulle spalle di molti genitori, ho lanciato una serie di video settimanali in cui leggevo libri di fiabe per i bambini.

Non mi sembrava abbastanza.

Perché non poteva bastare.

Questa era una realtà con cui penso che molti di noi facessero i conti, in quei giorni: niente sembrava nemmeno lontanamente abbastanza. C'erano troppe falle da riempire. Di fronte all'enormità della pandemia, qualsiasi sforzo sembrava modesto.

Credetemi, sono pienamente consapevole di aver vissuto questa situazione da una posizione privilegiata. So bene che essere costretti a restare ai margini di un'emergenza mondiale così devastante non rappresenta in alcun modo una difficoltà, soprattutto in confronto a ciò che tanti altri hanno patito in questo periodo. La mia famiglia ha fatto esattamente ciò che a molti di noi era stato detto di fare in nome della sicurezza di tutti: mentre la tempesta infuriava violenta, ci siamo barricati in casa.

Come per molti altri – ne sono conscia – anche per me questa bolla di immobilità e di isolamento ha rappresentato una seria sfida. È stato una sorta di botola che si apriva su un turbinio di preoccupazioni cui non riuscivo a dare un senso e che non potevo controllare.

Fino ad allora, avevo trascorso una vita intera tra mille impegni, in parte, credo, con il fine di provare una qualche sensazione di controllo. Sul lavoro come a casa, avevo sempre vissuto di elenchi, priorità e piani strategici. Li usavo come carte stradali, un mezzo per sapere dove stavo andando, il tutto allo scopo di arrivare alla meta nel modo più efficiente possibile. Probabilmente, ero anche un po' ossessiva nel cercare di fare progressi e di misurarli. È possibile che io sia nata con questo impulso preinstallato. Forse mi è stato trasmesso dai miei genitori, i quali da un lato nutrivano una fede solida come la roccia sul fatto che io e Craig avessimo il potenziale per fare grandi cose e dall'altro, in maniera del tutto evidente, non erano intenzionati a sostituirci nella parte che ci spettava, reputando più giusto che fossimo noi stessi a portarlo alla luce. È anche plausibile che parte di questa operosità provenga dal contesto in cui sono cresciuta, dal fatto che nel nostro quartiere operaio era raro che una qualche opportunità bussasse alla porta di chicchessia. Dovevi andare a cercartela. A volte, in effetti, dovevi darle ostinatamente la caccia.

E la caparbietà non mi faceva certo difetto. Per anni, ho impegnato tutta me stessa, anima e corpo, per ottenere i risultati che speravo. Ogni nuovo spazio in cui mettevo piede diventava un banco di prova. Indossavo la mia attività come un distintivo. Monitoravo i miei progressi attraverso le statistiche – la media dei voti, le graduatorie scolastiche – e per questo venivo ricompensata. Lavorando in uno studio legale d'affari al quarantaseiesimo piano di un grattacielo di Chicago, ho imparato a spremere il numero massimo di ore fatturabili da ogni giorno, settimana e mese. La mia vita è diventata una pila di ore conteggiate con precisione, anche mentre la mia felicità cominciava a evaporare.

Non sono mai stata una da hobby. Di tanto in tanto mi capitava di vedere persone – donne, solitamente – lavorare a maglia negli aeroporti e nelle aule universitarie, o mentre andavano al lavoro in autobus. Ma non mi davo mai la pena di pensarci molto: né a loro né al lavoro a maglia, al cucito, all'uncinetto o a cose così. Ero troppo occupata a cronometrare le mie ore e a tenere traccia delle mie statistiche.

Ma il lavoro a maglia era lì, sepolto da qualche parte nel mio DNA. Ho scoperto che nel mio albero genealogico ci sono molte sarte e ricamatrici. A detta di mia madre, ogni donna della sua famiglia sapeva lavorare con ago e filo, all'uncinetto e a maglia. Si trattava più di un fatto pratico che di passione; cucire rappresentava un argine contro la povertà. Finché eri in grado di confezionare o rammendare un vestito, un modo per racimolare qualche soldo lo trovavi. Quando la vita ti offriva ben poco su cui contare, potevi sempre fare affidamento sulle tue mani.

La mia bisnonna, Annie Lawson, che io conoscevo come «Mamaw», pur avendo perso il marito da giovane era riuscita a mantenere sé stessa e due bambini piccoli a Birmingham, in Alabama, anche rammendando abiti. Questo le consentiva di avere sempre di che mangiare. Per ragioni simili, gli uomini della famiglia di mia madre avevano imparato chi il mestiere di falegname, chi quello di calzolaio. La famiglia allargata condivideva risorse, reddito, case. Di conseguenza, mia madre è cresciuta in un nucleo famigliare che contava due genitori, sei tra fratelli e sorelle e, per alcuni anni, anche Mamaw, che dopo essersi trasferita da Birmingham a Chicago ha continuato a cucire, principalmente per adattare gli abiti di bianchi facoltosi. «Non avevamo abbondanza di nulla», racconta mia madre, «ma ogni giorno eravamo certi di mettere qualcosa in tavola.»

D'estate, Mamaw impacchettava la sua macchina da cucire Singer e se la portava in autobus per un viaggio di parecchie ore verso nord, dove una delle famiglie per cui lavorava aveva una casa sul lago per la villeggiatura. Ogni volta, si tratteneva lì giusto per qualche giorno. Nessuno di noi poteva farsi anche solo un'idea di quel posto – un luogo in cui le barche a vela ondeggiavano nella baia, i bambini vestivano di lino e le vacanze duravano mesi –, ma quello che sapevamo era che faceva caldo, la Singer era pesante e Mamaw, all'epoca, era tutt'altro che una ragazzina.

Quell'impegno così gravoso induceva suo figlio – mio nonno Purnell Shields, che in seguito avremmo ribattezzato «Southside» – a scuotere la testa e a chiedersi ad alta voce perché mai gente che poteva permettersi una casa per le vacanze non potesse acquistare anche una macchina da cucire da tenerci dentro, risparmiando a Mamaw la seccatura di dover trasportare tutto quel peso. Ovviamente, però, non c'era modo di porre con educazione la domanda ai diretti interessati. In ogni caso, la risposta era già evidente: non era tanto che non potessero. Era solo che *non lo facevano.* Molto probabilmente, non ci avevano nemmeno pensato. E così, Mamaw faceva avanti e indietro, trascinandosi la Singer per tutta un'estate allo scopo di prendersi cura degli abiti altrui.

Mia madre non ha mai dimenticato questa storia. La racconta senza moralismi, ma sotto la superficie c'è il pacato ricordo – un promemoria tramandato da una generazione all'altra – del peso trasportato fino a noi dalla nostra famiglia, dalla nostra gente; di tutto ciò che dovevano aggiustare, servire, rammendare e trasportare per sopravvivere.

Benché da giovane non pensassi a queste cose in modo consapevole, d'istinto avvertivo parte di quel peso. Era lì, implicito in quel mio impegno incessante, nella responsabilità che sentivo per conto degli altri di andare oltre, di fare di più e scendere meno a compromessi. E penso che anche mia madre lo avvertisse. Quando mio padre a un certo punto ha dichiarato che io e Craig avremmo dovuto imparare a rammendare i buchi nei nostri calzini, lei lo ha freddato all'istante: «Voglio che si concentrino sulla scuola, non sui calzini, Fraser. In questo modo, un giorno potranno acquistare tutti i calzini di cui avranno bisogno».

Immagino si possa dire che questo è esattamente il tipo di orientamento con cui sono cresciuta: puntando a un'esistenza fatta di calzini acquistati, invece che rammendati. Ho dato il massimo per raggiungere i miei traguardi, imprimendo una svolta alla carriera in più di un'occasione. Mi sono sottratta al culto delle ore fatturabili per dedicarmi a lavori che, per quanto non meno impegnativi, mi tenessero più a contatto con la mia comunità. Sono diventata madre, un'esperienza che, benché fonte di gioia incommensurabile, ha introdotto una serie completamente nuova di variabili nel percorso a ostacoli che mi sembrava già di correre ogni giorno. Come molte altre madri, ho dovuto pianificare, organizzare, fare ordine ed economizzare. Per ottenere il massimo grado di efficienza, ho imparato a memoria la disposizione di corsie e scaffali di Target e Babies R Us. Ho impiegato tempo e attenzione per mettere in piedi processi e sistemi che funzionassero – per la nostra famiglia, per il mio lavoro, per la mia salute fisica e mentale –, rivisitandoli e rinnovandoli di continuo man mano che le ragazze crescevano, la carriera politica di Barack assumeva contorni totalizzanti, e io perseguivo i miei obiettivi.

Se coglievo un pensiero vagante, una ferita irrisolta o un sentimento non classificabile, di solito lo riponevo in un angolo remoto della mente con il proposito di tornarci su più avanti, in un momento meno impegnato.

Tenersi costantemente occupati presenta benefici tangibili. Lo hanno confermato gli otto anni trascorsi alla Casa Bianca, dove la carica delle responsabilità – agire, rispondere, rappresentare, commentare, consolare – allenta la presa solo di rado. Nelle vesti di first lady, mi sono abituata a operare in un altro ordine di grandezza: grandi problemi, grandi eventi, grandi folle, grandi traguardi. E «grande», ovviamente, andava di pari passo con «occupato». Il ritmo vertiginoso lasciava a me e a Barack, per non parlare di tutti coloro che lavoravano al nostro fianco, poche opportunità di rimuginare sugli aspetti negativi. La nostra era una gestione snella, ottimizzata, incapace di sostenere strascichi. In un certo senso, questo è diventato un elemento chiarificatore. Ci aiutava a guardare lontano, a non perdere di vista il quadro più ampio e a mantenere il più delle volte un approccio ottimista. In questo modo, tenersi occupati diventa uno strumento di per sé. È come darsi un'armatura da indossare: se qualcuno vi scaglia contro delle frecce, è meno probabile che avvertiate quelle andate a segno. Semplicemente, non ne avrete il tempo.

I primi mesi della pandemia, però, hanno spazzato via tutto questo. Hanno divelto l'impalcatura delle mie giornate. Gli elenchi, le priorità e i piani strategici su cui avevo sempre fatto affidamento erano improvvisamente pieni di cancellazioni, rinvii e «forse» grandi quanto una casa. Quando gli amici chiamavano, spesso era per parlare delle loro ansie. Ogni progetto per il futuro nasceva già accompagnato da un asterisco. Il futuro *stesso* sembrava avere il suo bell'asterisco. Mi ricordava il modo in cui, da bambina, mi ero sentita davanti alla vulnerabilità di mio padre ogni volta che cadeva, durante quegli attimi in cui venivamo messi di fronte alla precarietà di tutto.

Alcuni dei sentimenti di un tempo sono riemersi. Proprio quando pensavo di aver recuperato l'equilibrio, ecco che mi sentivo nuovamente disorientata e senza controllo. Sembrava di stare in una città in cui avessero rimosso i segnali stradali e i punti di riferimento. Devo girare a destra o a sinistra? Da che parte è il centro? Avevo perso l'orientamento. E con quello anche parte della mia armatura.

Ora so che è proprio questo ciò che fanno le tempeste violente: si prendono gioco delle nostre protezioni, delle nostre barriere, e fanno saltare le condutture. Abbattono le strutture e allagano le vie che percorriamo tutti i giorni. Divellono i segnali stradali e ci lasciano mutati in un paesaggio mutato, senza altra scelta che quella di trovare un nuovo modo per andare avanti.

Adesso lo so, ma per un po' di tempo non sono riuscita a vedere altro che la tempesta.

La preoccupazione e l'isolamento mi avevano ricacciato indietro, mi avevano spinto a rinchiudermi in me stessa. Ho riscoperto tutte le domande irrisolte che avevo stipato negli angoli della mia mente, tutti i dubbi che avevo messo da parte. E una volta tirati fuori, non ero più in grado di riporli. Niente sembrava più stare al proprio posto. Niente sembrava avere compiutezza. L'ordine che avevo sempre apprezzato era stato sostituito da un confuso senso di disagio. Alcune delle mie domande erano specifiche – *La Law School era valsa tutti i prestiti che avevo dovuto accollarmi per pagarla? Avevo sbagliato a prendere le distanze da un'amicizia complicata?* – mentre altre erano più ampie e più pesanti. Non potevo impedirmi di tornare sul fatto che il nostro Paese avesse scelto di consegnare il ruolo che era stato di Barack Obama a Donald Trump. *Che cosa ne avremmo ricavato?*

Barack e io avevamo sempre cercato di agire secondo i principi della speranza e del lavoro indefesso, scegliendo di ignorare il male a favore del bene, nella convinzione che la maggior parte di noi condividesse obiettivi comuni e che il progresso potesse essere compiuto e misurato nel tempo, in modo più o meno esponenziale. Certo, forse è una visione fiduciosa e ottimista, ma ci abbiamo investito. Le abbiamo dedicato la vita. E ha portato la nostra fiduciosa e ottimista famiglia nera fino alla Casa Bianca. Lungo la strada, tra l'altro, abbiamo incontrato letteralmente milioni di americani che sembravano vederla allo stesso modo. Per otto anni, abbiamo cercato di vivere quei principi apertamente, riconoscendo di essere arrivati tanto lontano nonostante il bigottismo e il pregiudizio così radicati nella vita americana – e forse anche in barba a questi. Consapevoli del fatto che la nostra presenza alla Casa Bianca diceva qualcosa su ciò che era possibile ottenere, abbiamo raddoppiato le speranze e il lavoro indefesso, cercando di immergerci appieno in quella possibilità.

Che siano state o meno una reazione diretta di tutto ciò, è innegabile che le elezioni del 2016 mi abbiano fatto male. Fanno *ancora* male. Mi ha scosso nel profondo sentire l'uomo che aveva sostituito mio marito alla presidenza usare in modo esplicito e senza remore insulti a sfondo etnico, rendere l'egoismo e l'odio accettabili, rifiutarsi di condannare i suprematisti bianchi o di sostenere quanti manifestavano per la giustizia razziale. Mi ha scioccato sentirlo parlare della diversità come se fosse una minaccia. Mi è parso qualcosa di più grande, qualcosa di molto più spiacevole di una semplice sconfitta politica.

Sullo sfondo, una sequela di pensieri demoralizzanti: *Non era bastato. Non potevamo bastare. I problemi erano troppo grandi, troppo vasti i vuoti: impossibili da colmare.*

So che storici ed esperti continueranno a offrire il loro punto di vista sull'esito di quelle elezioni, distribuendo colpe e meriti, analizzando le personalità, l'economia, la frattura nei media, i troll e i bot, il razzismo, la misoginia, la disinformazione, la disillusione, le disparità, il pendolo oscillante della storia: in un modo o nell'altro, comunque, è lì che siamo approdati. Cercheranno di ampliare il quadro per capire la logica di quanto è accaduto e perché, e suppongo che il dibattito resterà acceso per molto tempo a venire. Tuttavia, reclusa in casa durante quei primi, spaventosi mesi del 2020, non ero in grado di cogliere alcuna logica. Quello che vedevo era un presidente la cui mancanza di integrità si rifletteva nel numero sempre più alto di morti in tutto il Paese. E i cui consensi, nei sondaggi, erano ancora discreti.

Proseguivo nel lavoro che avevo intrapreso – parlando nelle campagne virtuali per spingere gli elettori a registrarsi in vista del voto, sostenendo le cause in cui credevo, prendendo atto del dolore delle persone –, ma in privato mi era più difficile rifugiarmi nella speranza o sentire di poter fare davvero la differenza. Ero stata contattata dai vertici dei democratici perché tenessi un discorso alla convention nazionale del partito che si sarebbe svolta a metà agosto, ma non mi ero ancora assunta l'impegno. Ogni volta che ci pensavo, mi ritrovavo a un punto morto, presa al laccio dalla frustrazione e dal dolore per ciò che avevamo già perso come Paese. Non riuscivo a immaginare cosa avrei potuto dire. Sentivo calarmi addosso una cappa di sconforto, mentre l'anima scivolava verso un luogo spento. Non mi era mai capitato di dover lottare contro qualcosa di simile alla depressione, ma questa mi sembrava una sua forma lieve. Non ero più così capace di chiamare a raccolta l'ottimismo o di pensare in maniera ragionevole al futuro. Peggio ancora: mi sentivo rasentare i limiti del cinismo, tentata di concludere che ero impotente, di cedere all'idea che davanti ai problemi epici e alle enormi preoccupazioni della giornata non fosse possibile fare alcunché. Questo era il pensiero contro il quale dovevo combattere più di ogni altro: niente sembrava risolvibile, non c'era nulla che si potesse portare a termine. *Perché mai, dunque, prendersi la briga di provarci?*

Versavo in questo stato di prostrazione quando finalmente ho trovato il tempo di prendere in mano i due ferri da maglia per principianti che avevo ordinato online. Ero in balia di questo senso di sconforto – di manchevolezza – quando ho srotolato un po' dello spesso filato grigio che avevo acquistato e l'ho avvolto intorno a un ferro per la prima volta, fissandolo con un piccolo nodo scorsoio prima di iniziare un secondo giro.

Avevo comprato anche un paio di manuali, ma consultandoli avevo difficoltà a tradurne i disegni riportati sulla pagina in movimenti da compiere. E così ho cercato su YouTube, scoprendo (come tutti) un mare di tutorial e una community globale di appassionati maglieristi che offrono ore di pazienti istruzioni e suggerimenti utili. Seduta da sola sul divano di casa, la mente ancora stretta in una morsa di inquietudine, guardavo questi sconosciuti lavorare a maglia. Ho cominciato a imitarli: le mie mani seguivano le loro. Dritto e rovescio, rovescio e dritto. E dopo qualche tempo, ecco che ha iniziato a prodursi qualcosa di interessante. La mia attenzione ha ristretto il campo, la mia anima ha avvertito un refolo di pace.

In decenni di impegni e attività, avevo sempre dato per scontato che la mia testa fosse responsabile di tutto, compreso dire alle mani cosa fare. Non mi era mai venuto in mente di lasciare che le cose fluissero nel senso opposto. Ma questo è proprio il miracolo che ha operato il lavoro a maglia. Ha invertito il flusso. Ha preso il mio cervello in subbuglio, lo ha fatto accomodare buono buono sul sedile posteriore e ha permesso che a guidare l'auto, per un po', fossero le mie mani. Mi ha distolto dall'ansia quel tanto che bastava a concedermi un attimo di sollievo. Ogni volta che prendevo i ferri, percepivo il riassestamento: le dita entravano in azione, la mente seguiva.

Mi ero abbandonata a qualcosa di più piccolo delle mie paure, più piccolo delle mie preoccupazioni e della mia rabbia, più piccolo del senso schiacciante di impotenza che provavo. Qualcosa, nella ripetizione di quel gesto così minuto e così preciso, nel ticchettio ritmico e delicato di quei ferri, ha orientato la mia mente in una direzione del tutto nuova. Mi ha sospinta su una strada che portava fuori dalla città disastrata e su per un dolce pendio, verso un'altura da cui potevo vedere con più chiarezza, da cui potevo ritrovare alcuni punti di riferimento. La bellezza del mio Paese. La gentilezza e la grazia delle persone che aiutavano quanti avevano intorno, che si prendevano cura dei figli dei lavoratori essenziali, consapevoli dei sacrifici che quest'ultimi si stavano sobbarcando. Le folle che marciavano per le strade, determinate a non lasciare che la morte di un altro nero passasse inosservata. La possibilità di una nuova leadership, posto che un numero sufficiente di persone andasse a votare. E la speranza, di nuovo in vista.

È stato da questo punto di osservazione così sereno che sono riuscita a guardare al di là del dolore e della frustrazione e a ritrovare la convinzione perduta – la fede nel fatto che avessimo la capacità di adattarci, di cambiare e superare anche questa sfida. Con il pensiero, sono tornata a mio padre, a Southside, a Mamaw e a coloro che li avevano preceduti. Ho pensato a tutto quello che nel tempo avevano dovuto rammendare, riparare e trasportare, e a come la loro fede scaturisse dalla convinzione che la vita sarebbe stata migliore per i figli e per i figli dei figli. Esisteva un'altra scelta che non fosse quella di onorare la loro lotta, i loro sacrifici? Di continuare a sgretolare le ingiustizie radicate in profondità nella vita americana?

Finalmente, dopo tanto rimuginare, ho capito cosa avrei voluto dire alla convention. Ho trasformato i pensieri in parole, ho rivisto il tutto un paio di volte e, un giorno all'inizio di agosto, con poca altra gente intorno, mi sono seduta e ho registrato il discorso in un piccolo studio noleggiato per l'occasione. Ho fissato l'obiettivo scuro di una videocamera e ho detto quello che più mi premeva dire al mio Paese. Ho parlato con tristezza e passione di ciò che avevamo smarrito e di ciò che potevamo ancora recuperare. Ho detto chiaro e tondo che Donald Trump non era in grado di affrontare le sfide che si profilavano all'orizzonte per la nazione e per il mondo. Ho spiegato quanto fosse importante provare empatia per gli altri, respingere l'odio e l'intolleranza, e ho esortato tutti a votare.

Un messaggio semplice, per certi aspetti. Eppure è stato il discorso più intenso che avessi mai pronunciato.

È stata anche la prima volta in cui mi sono trovata a parlare in una occasione importante senza un pubblico dal vivo, il che significava niente palco, niente applausi scroscianti, niente coriandoli dal soffitto, nessuno da abbracciare subito dopo. Come per gran parte del 2020, è sembrato tutto un po' strano, un po' desolato. Nondimeno, quella sera sono andata a letto sapendo di essere riemersa da un antro oscuro e di aver trasformato ciò che stavo vivendo in qualcosa di significativo. Forse, più di quanto non mi fosse mai accaduto, avevo sperimentato quella chiarezza vulcanica che sopraggiunge quando parli dal centro assoluto del tuo essere.

La strano è che non sono sicura ci sarei riuscita senza quel periodo di immobilità forzata e senza la stabilità che avevo scoperto nel lavoro a maglia. Avevo dovuto guardare alle piccole cose per poter tornare a pensare in grande. Turbata dall'enormità di tutto quello che stava accadendo, era toccato alle mani riportarmi a ciò che c'era di buono, di semplice e realizzabile: e non era poco, come avrei avuto modo di scoprire.

Ora lavoro a maglia mentre parlo con mia madre al telefono, durante le riunioni via Zoom con il mio team dall'ufficio e nei pomeriggi estivi in cui gli amici vengono a scambiare due chiacchiere in gardino. I ferri hanno reso un po' meno stressante guardare il telegiornale della sera. Hanno reso certe ore della giornata meno solitarie e mi hanno aiutato a pensare con più ragionevolezza al futuro.

Non sono qui per dirvi che lavorare a maglia è una panacea. Non porrà fine al razzismo, non debellerà un virus e non sconfiggerà la depressione. Non creerà un mondo più giusto, non rallenterà il cambiamento climatico e non sanerà ferite o crepe profonde.

È una cosa troppo piccola.

Tanto piccola che sembra quasi insignificante.

Ed è parte di ciò che intendo dire.

Sono giunta alla conclusione che a volte le cose grandi diventano più facili da gestire se ci si mette accanto qualcosa di piccolo. Quando tutto ingigantisce fino a sembrare spaventoso e insormontabile, quando arrivo a un punto in cui mi dico di aver visto o sentito o pensato troppo, scelgo di focalizzarmi sulle piccole cose. Nei giorni in cui il mio cervello non vede altro che catastrofi e avversità monolitiche, quando mi sento paralizzata dalla percezione di *non essere abbastanza* e l'agitazione comincia a farsi sentire, prendo i ferri da maglia e concedo alle mani la possibilità di assumere il controllo, di tirarmi fuori dalle secche con un sereno ticchettio.

Nel lavoro a maglia, quando si avvia un nuovo progetto, si parte creando un nodo. Ed è sempre intrecciando un nodo che il progetto si chiude. Entrambe queste azioni, ho scoperto, regalano una soddisfazione incredibile: sono i fermalibri di qualcosa di gestibile e finito. Mi procurano un senso di compimento in un mondo perennemente caotico e incompleto.

Il consiglio che posso darvi, ogni volta che le circostanze cominciano ad assumere contorni totalizzanti, è di provare a intraprendere la direzione opposta, di orientarvi verso le piccole cose. Cercate qualcosa che vi aiuti a mettere ordine nei pensieri, una nicchia di appagamento in cui risiedere per un po'. Il mio non è un invito a starvene seduti passivamente davanti al televisore o a scorrere il display dello smartphone. Trovatevi qualcosa che impegni la mente ma richieda anche l'uso del corpo. Immergetevi in un'attività. E perdonatevi per esservi tirati fuori per un momento dalla tempesta.

Forse, proprio come me, siete rigidi con voi stessi. Forse vedete ogni problema come indifferibile. Forse avete grandi progetti per la vostra vita, avvertite l'urgenza di seguire un programma ambizioso senza perdere un solo istante. Va benissimo, e puntare in alto non è certo un torto. Di tanto in tanto, però, dovrete pur concedervi il piacere di una piccola impresa. Avvertirete il bisogno di fare un passo indietro, di sollevare la mente da tutte le difficoltà, dalla fatica dei pensieri. Perché pensieri e difficoltà rimarranno in ogni caso, perlopiù senza costrutto né soluzione. Le falle saranno sempre enormi, le risposte lente ad arrivare.

Nel frattempo, rivendicate una piccola vittoria. Acquisite consapevolezza del fatto che va bene essere produttivi anche in piccolo, investire tempo ed energie in qualche impegno che affianchi gli obiettivi e i sogni più grandi. Trovatevi qualcosa che potete portare a termine attivamente e dateci dentro, anche se non sarà di alcun beneficio immediato per gli altri. Potreste trascorrere un pomeriggio tappezzando il bagno, infornando il pane, dedicandovi alla nail art o alla realizzazione di gioielli. Potrebbe trattarsi di due ore impiegate a riprodurre meticolosamente la ricetta del pollo fritto di vostra madre o di dieci ore passate a costruire una replica in miniatura della cattedrale di Notre-Dame nello scantinato. Concedetevi il dono di essere assorbiti da qualcosa.

Uno dei passi che ho fatto subito dopo aver lasciato la Casa Bianca è stato contribuire a fondare Girls Opportunity Alliance, un programma non profit a sostegno delle adolescenti e dei leader della società civile che lavorano per incentivare l'istruzione femminile in tutto il mondo. Verso la fine del 2021, tramite il programma, ho trascorso del tempo con un gruppo di studentesse delle scuole superiori del South Side e West Side di Chicago, alcune delle quali appena quattordicenni. Un giovedì, dopo la scuola, ci siamo sedute in cerchio (eravamo poco più di una decina) per condividere storie. Mi sono rivista in queste ragazze – ero cresciuta nelle stesse strade, nello stesso sistema scolastico pubblico, con gli stessi problemi intorno – e speravo che anche loro potessero rispecchiarsi in me.

Come molti studenti in tutto il mondo, avevano perso più di un anno di scuola in presenza a causa della pandemia e ne erano ancora sconcertate. Alcune di loro hanno raccontato dei parenti scomparsi a causa del COVID-19. Una ha descritto il senso di alienazione che aveva provato tra i suoi coetanei a scuola. Un'altra aveva perso da poco il fratello in una sparatoria e, nel riferirlo, faticava a trattenere i singhiozzi. Molte hanno spiegato di sentirsi stressate, mentre cercavano di recuperare il tempo perduto, lo slancio perduto – tutto ciò che quei mesi di deprimente immobilità erano costati non solo a loro, ma anche alle famiglie e alle comunità da cui provenivano. Le perdite erano reali; gli ostacoli all'orizzonte sembravano smisurati.

«Sono triste e arrabbiata perché mi hanno portato via metà del secondo anno e tutto il terzo», ha detto una ragazza.

«Mi sono sentita così sola», ha commentato un'altra.

«È stato sfibrante fin da subito», ha aggiunto una terza.

Poi la prima delle tre ha ripreso la parola. Si chiamava Deonna. Aveva trecce spesse e guance rotonde e con brio aveva già annunciato al gruppo che amava cucinare e chiacchierare. L'aspetto più grave delle limitazioni imposte dalla pandemia, ha detto, era il fatto che le avessero impedito di mettere il naso fuori dall'isolato in cui viveva. «Non abbiamo così tante opportunità per uscire, esplorare e vedere cose diverse», ha detto. «E quasi tutto ciò che vediamo ha a che fare con sparatorie, droghe, bische e gang. Che cosa dovremmo imparare?»

Poi ha aggiunto che passava il tempo prendendosi cura di sua nonna, svolgendo un lavoro part-time ed evitando i piantagrane nel suo quartiere, e che finite le superiori avrebbe voluto frequentare il college per studiare scienze gastronomiche. E che era *stanca.*

«È solo che tutto sembra accanirsi», ha detto Deonna, ritrovando tuttavia la luminosità con un'alzata di spalle. «Ma so che posso farcela, perciò non è davvero *così* stressante...» Mentre le altre ragazze annuivano, lei si è guardata intorno prima di concedersi un'ultima ammissione: «Anche se lo è».

A quel punto, le compagne hanno sorriso tutte, assentendo ancora più convinte.

Capivo benissimo quello che stava dicendo, quest'idea davanti a cui annuivamo in sincrono: il tira e molla interiore per stabilire quanto fosse dura (o meno). Una stessa giornata può sembrarci difficile e non così difficile; una sfida può apparirci titanica, poi forse sormontabile e infine, due ore dopo, di nuovo schiacciante. Dipende non solo dalle circostanze ma anche dall'umore, dall'atteggiamento, dall'approccio: tutte cose che possono cambiare in un istante. Ci lasciamo incoraggiare o abbattere dal più banale dei fattori: se il sole splende o meno, che aspetto hanno i nostri capelli, come abbiamo dormito, come abbiamo mangiato o non mangiato, se qualcuno si prende la briga di rivolgerci un'occhiata gentile o no. Possiamo riconoscere o meno tutte le altre forze che mettono al tappeto molte di noi, le condizioni sociali modellate da generazioni di oppressione sistemica. Ma esistono eccome.

Quando si tratta di condividere il dolore o soffermarsi sulle perdite, parecchie di noi stanno attente a quello che dicono, consapevoli del fatto che il loro sfogo potrebbe essere scambiato per autocommiserazione, cosa che, per una giovane donna nera impegnata a superare gli ostacoli posti sul suo cammino dalla storia per proiettarsi verso il nuovo, rischia di dare una brutta immagine e di apparire come uno spreco di tempo prezioso. Ci sentiamo in colpa se ci lamentiamo perché sappiamo benissimo che molti stanno peggio di noi. Che cosa facciamo, allora? Orientiamo la nostra forza verso l'esterno affinché il mondo possa vederla, spesso nascondendo il resto – le nostre vulnerabilità, le nostre inquietudini. Dentro di noi, però, siamo su un'altalena che oscilla tra *Ce la posso fare* e *Per me è troppo.*

Come direbbe Deonna: Non è stressante, anche se lo è.

Parecchie delle studentesse che ho incontrato a Chicago quel giorno hanno espresso la loro preoccupazione per questioni di più ampia portata. Mi hanno detto di sentirsi in colpa perché non potevano fare di più per la loro famiglia, per il loro quartiere, per tutte le fratture che lacerano il nostro Paese e per tutte le sofferenze che affliggono il nostro pianeta. Per ogni questione rimasta irrisolta, insomma. Erano consapevoli di quali fossero i problemi importanti, e si sentivano impotenti, pietrificate. E provavano vergogna per questa sorta di inadeguatezza. Naturalmente, è una fortuna che al mondo esistano quindicenni e sedicenni così mature, compassionevoli e interessate, ma fermiamoci un attimo a considerare quanto sia enorme e pesante il fardello da portare ogni giorno da casa a scuola e viceversa. Possibile che non sembri troppo?

Ricevo di continuo e-mail e lettere da parte di persone che sognano in grande ed esprimono sentimenti importanti con una sorta di urgenza. Molte di loro fanno almeno una delle seguenti dichiarazioni (e talvolta entrambe):

Voglio fare la differenza.
Voglio cambiare il mondo.

Questi messaggi straripano di esuberanza e di buone intenzioni e spesso provengono da giovani che comunicano una specie di tormento per tutto ciò che vedono intorno a loro e vorrebbero sistemare, per tutto ciò che vorrebbero realizzare. Emerge anche la sensazione pervasiva che tutto debba accadere in fretta, un segno che – naturalmente – contraddistingue la giovinezza e la passione. Circa una settimana dopo l'omicidio di George Floyd, nel 2020, ecco cosa scriveva una ragazza di nome Iman: «Voglio cambiare tutto il sistema. E *subito.* Sento l'urgenza di mettere a posto le cose». Poi ha aggiunto che aveva soltanto quindici anni.

Un'altra adolescente, Tiffany, mi ha scritto poco tempo fa dalla Florida per raccontarmi i suoi sogni: «Voglio conquistare il mondo con la musica, la danza e il teatro. Come Beyoncé, ma *più in grande*». Si sentiva spinta a adempiere al proprio destino, mi ha spiegato, e rendere orgogliosi i genitori, i nonni e quelli venuti prima di loro. «Voglio farlo», proseguiva, aggiungendo: «Ma a volte la mia salute mentale si mette in mezzo».

Ed ecco cosa direi non soltanto a Tiffany ma a chiunque, giovane o meno, stia cercando di trovare il proprio scopo in mezzo a tutto ciò che di grande, impetuoso e urgente c'è al mondo: *Sì, è proprio così. Quando vuoi fare la differenza, quando vuoi cambiare il mondo, a volte la salute mentale si mette in mezzo.*

E questo perché *si presuppone* che lo faccia. La salute si basa sull'equilibrio. L'equilibrio si basa sulla salute. Dobbiamo prenderci cura, talvolta con estrema attenzione, della nostra salute mentale.

La mente non fa altro che manovrare le leve, pur se in maniera imperfetta, cercando costantemente di tenervi saldi mentre scoprite cosa fare delle passioni, delle ambizioni e dei sogni smisurati che vi animano, così come delle ferite, dei limiti e delle paure che vi angustiano. A volte, potrebbe anche pigiare sui freni e provare a rallentarvi un po'. Può emettere segnali di pericolo quando rileva un problema, se tentate di accelerare troppo o di lavorare in maniera insostenibile, o se rimanete invischiati in pensieri disfunzionali o in modelli di comportamento dannosi. Prestate attenzione a come vi sentite. Ai segnali che vi mandano il corpo e la mente. E non esitate a chiedere aiuto se voi o un vostro caro vi trovate in difficoltà. Esistono risorse e strumenti che possono fornirvi assistenza. Per mantenere la salute mentale, molti di noi ricorrono al supporto professionale, rivolgendosi a terapisti, consulenti scolastici o operatori sanitari oppure accedendo alle linee di assistenza telefonica. Sappiate che non siete mai soli.

Non c'è niente di male nello scalare la marcia, nel concedervi un po' di riposo e condividere le vostre difficoltà. Non c'è niente di sbagliato nel dare la priorità al vostro benessere, nel prendere l'abitudine di fare una pausa e recuperare. Quando l'intento è di fare la differenza nel mondo, può rivelarsi utile scomporre certi obiettivi ciclopici – del tipo tutto o niente – nei loro componenti. Così facendo, sarà meno probabile che vi sentiate sopraffatti o esausti, o che finiate per scontrarvi con la percezione di essere inutili.

Niente di tutto questo rappresenta una sconfitta. La sconfitta subentra quando il meglio diventa nemico del bene, quando siamo così presi dall'immensità del tutto che ci fermiamo prima ancora di cominciare. Ho il sospetto che quello che Tiffany stava cercando di dirmi è che ci sono momenti in cui non riesce a convogliare l'energia e il fuoco necessari per conquistare il mondo e diventare più famosa di Beyoncé. Allo stesso modo, immagino anche che per Iman sia difficile mantenere viva nel tempo la pulsione ardente di *cambiare subito tutto il sistema.*

Ecco perché dobbiamo ricordarci di affiancare sempre le cose piccole alle grandi. Le prime sono di buona compagnia alle seconde. Le piccole imprese contribuiscono a salvaguardare la nostra felicità, a impedire che venga consumata da tutto ciò che è grande. E quando ci sentiamo bene, scopriamo di essere meno paralizzati. La ricerca ha dimostrato che i più felici della propria vita sono anche i più propensi ad agire in merito alle grandi questioni sociali rispetto ai meno felici,[2] il che rafforza l'idea per cui va benissimo prendervi cura del vostro benessere con lo stesso vigore che applicate alle vostre convinzioni più agguerrite. Quando ci concediamo di celebrare le piccole vittorie come importanti e significative, iniziamo a comprendere la natura esponenziale del cambiamento, ovvero il fatto che anche un solo voto può contribuire a cambiare la nostra democrazia; che crescere un bambino sano e amato può contribuire a cambiare una nazione; che istruire una ragazza può cambiare in meglio la vita di un intero villaggio.

In primavera, quando vivevo alla Casa Bianca, nel giardino sul Prato meridionale coltivavamo quello che viene chiamato l'orto delle «tre sorelle», piantando insieme granturco, fagioli e zucche. Si tratta del metodo tradizionale con cui i nativi americani coltivavano rispettando le risorse, un metodo utilizzato da centinaia di anni e basato sull'idea che ogni pianta ha qualcosa di vitale da offrire alle altre: il granturco cresce al punto da creare un sostegno naturale su cui possono arrampicarsi le piante di fagioli. I fagioli forniscono a loro volta azoto, un nutriente che aiuta le altre piante a crescere meglio, e la zucca rimane bassa al suolo, impedendo con le sue larghe foglie che le erbacce attecchiscano e mantenendo umido il terreno. Le piante crescono a ritmi differenti e il raccolto avviene in momenti diversi. Ma la combinazione offre protezione e benefici reciproci: la pianta alta e quella bassa collaborano. Non è tanto l'una o l'altra: è proprio l'accostamento di granturco, fagioli e zucca a garantire un raccolto sano. L'equilibrio nasce appunto dalla loro combinazione.

Ho iniziato a pensare sia alla mia vita sia alla nostra più ampia comunità umana in questi termini. Siamo qui per condividere vantaggi e protezione. Il nostro equilibrio poggia su questo ideale, la ricchezza di queste combinazioni. Se comincio a sentirmi fuori sincrono, se mi sento priva di sostegno o sopraffatta dai problemi, cerco di fare il punto sul mio orto interiore: Che cosa ho seminato e che cosa devo ancora aggiungere? Da cosa trae nutrimento il mio terreno? Che cosa impedisce la crescita delle erbacce? Sto coltivando insieme piante alte e piante basse?

Questa, per me, è diventata una pratica preziosa, un altro strumento su cui faccio affidamento: ho imparato a riconoscere e ad apprezzare l'equilibrio quando lo percepisco – a prendere nota e a godere dei momenti in cui mi sento più stabile, più concentrata, più limpida – e a riflettere analiticamente su ciò che mi ha aiutato ad arrivare fin lì. Ho scoperto che quando diventi capace di leggerti in questo modo, sei più in grado di riconoscere i momenti in cui perdi l'equilibrio e di cercare l'aiuto di cui hai bisogno. Inizi a cogliere i campanelli d'allarme interiori e a intervenire prima che le cose ti sfuggano di mano. Ho perso le staffe con qualcuno che amo? Sono preoccupata per qualcosa su cui non ho alcun controllo? La mia paura si sta ingigantendo?

Una volta identificato lo scompenso, per prima cosa passo in rassegna il mio arsenale di correttivi, provando approcci diversi per riportarmi in carreggiata. Molti di questi approcci hanno a che fare con piccole cose. A volte, ciò di cui ho più bisogno è una passeggiata all'aria aperta, o una bella sudata in palestra, o anche solo una notte intera di sonno. O riprendere il controllo e dedicarmi a un compito semplice come rifare il letto. O ristorarmi con una doccia e indossare qualcosa di carino. Altre volte, è una lunga chiacchierata con un'amica, o passare un po' di tempo da sola e annotare i miei pensieri. In certi casi, mi rendo conto che devo semplicemente smettere di evitare qualcosa – un progetto o una certa interazione – che continuo a rimandare. A volte mi accorgo di ricevere aiuto aiutando, compiendo anche solo un piccolo gesto per rendere la giornata di qualcun altro più facile o più luminosa. Spesso, ho solo bisogno di resettare l'umore con una bella risata.

Seduta tra le ragazze, quel giorno a Chicago, ho chiesto cosa avessero fatto per contrastare la sensazione di perdita, l'immobilità e lo stress della pandemia, quali piccole cose avessero dato loro sollievo. In un certo senso, stavo cercando di aiutarle a dare un nome ai loro squilibri e a identificare gli strumenti a loro disposizione per alleviare la pressione e ritrovare un po' di stabilità. E con questo la discussione si è allontanata dalle grandi preoccupazioni e dalle ansie che avevamo già messo sul tavolo. L'umore si è risollevato. Le risposte sono arrivate senza intoppi e tutte hanno iniziato a ridere di più. Un paio di studentesse mi hanno raccontato di come la danza e la musica le avessero aiutate a superare il momento. Altre hanno detto la stessa cosa parlando dello sport. Una ragazza di nome Logan ha riferito con orgoglio di aver memorizzato ogni singolo verso di ogni singola canzone del musical *Hamilton*, così, senza un perché.

Sono questi piccoli riassetti che ci aiutano a districare i nodi più complessi. È praticando il «senza un perché» che alimentiamo il nostro terreno. Le piccole vittorie, ho scoperto, possono anche accumularsi. Una piccola spinta ne genera spesso un'altra, un gesto di equilibrio accresce la stabilità già raggiunta. A poco a poco, possiamo orientarci verso un raggio d'azione e un impatto più ampi, a volte anche solo provando una cosa nuova, portando a termine un compito apparentemente insignificante.

Ho rivisto tutto questo in Addison, una quattordicenne che ci ha raccontato di come, durante i primi difficili mesi della pandemia, avesse iniziato a realizzare video da condividere con quei cari a cui non poteva fare visita, cosa che alla fine l'ha ispirata a stendere un piano aziendale e a lanciare la sua società di produzione cinematografica. E in Madison che, sopraffatta dal subbuglio e dal cordoglio dopo la morte di George Floyd, aveva cominciato a partecipare alle raccolte alimentari locali e alle pulizie di comunità scoprendo che il lavoro la aiutava a sentirsi più riconoscente per quello che aveva e più con i piedi per terra. E in Kourtney, che ha riferito di aver trascorso mesi vagando per casa prima di rendersi conto di «dover uscire dal guscio e fare qualcosa». Quindi si era buttata, si era candidata (virtualmente) al consiglio studentesco, e aveva perso. «Ma intanto l'ho fatto!» ha annunciato al gruppo, esultante per averci provato. Quella candidatura politica finita male le ha inaspettatamente restituito una ventata di fiducia che poi l'ha motivata a mettere in piedi un gruppo giovanile attivo in progetti di volontariato nel suo quartiere.

Questo è il potere delle piccole cose, dove i passaggi intermedi hanno la loro importanza, dove può essere un sollievo impegnarti in ciò che è proprio davanti a te e dove un inizio può condurti più facilmente a un traguardo.

È così che da *Per me è troppo* invertiamo la rotta verso *Ce la posso fare.*

È così che cresciamo.

Quando vi accingete a iniziare qualcosa di nuovo, non sempre potete prevedere la direzione che prenderete. Dovete accettare di non sapere esattamente come andranno le cose. Nel lavoro a maglia, avviate il primo punto e poi seguite uno schema: una serie di lettere e numeri che a chi non conosce la materia potrebbero apparire criptici e illeggibili. Lo schema vi dice quali punti tessere e in quale ordine, ma occorre un po' di tempo prima che possiate vedere qualcosa prendere forma, prima che il motivo stesso diventi visibile nel filato. Fino ad allora, non potete fare altro che muovere le mani e seguire i passaggi. È una specie di atto di fede.

Il che mi ricorda che in realtà non è così insignificante, dopotutto. Pratichiamo la nostra fede nel più piccolo dei modi. E, praticandola, ricordiamo a noi stessi che cosa è possibile. Così facendo, stiamo dicendo *Io posso.* Stiamo dicendo *È importante per me.* Stiamo dicendo che non ci arrendiamo.

Nel lavoro a maglia, come in tante altre cose nella vita, ho imparato che l'unico modo per arrivare alla risposta più ampia è fare un punticino alla volta. Un punto dopo l'altro, finché non completate una riga. Poi avviate la seconda riga sopra la prima, la terza sopra la seconda e la quarta sopra la terza. E alla fine, con fatica e pazienza, iniziate a intravedere lo schema. Cogliete una specie di risposta, quello che speravate, una nuova configurazione che prende forma nelle vostre mani.

Forse è un minuscolo cappellino verde da portare a

un'amica che aspetta un bambino. Forse è un morbido maglione girocollo da regalare al marito nato alle Hawaii che in inverno ha sempre freddo. O forse un top di alpaca con graziose spalline a spirale, perfetto sulla magnifica carnagione bruna della vostra figlia diciannovenne che vi sorride, afferra le chiavi dell'auto e vi sfreccia davanti per tuffarsi in questo mondo così caotico e incompleto.

E, giusto per un minuto o due, vedrete che quello che avete fatto è importante, che è abbastanza.

Forse vale come un progresso.

A ogni modo, è quello che mi piace pensare.

Perciò, prendiamo i ferri e cominciamo a lavorare.

2. DECODIFICARE LA PAURA

In alto: Chewbecca, il peloso personaggio di *Star Wars* qui accanto a Barack, ha spaventato Sasha così tanto da indurla a rifugiarsi in camera sua durante il party di Halloween alla Casa Bianca finché non le abbiamo assicurato che se n'era andato.
In basso: L'intera famiglia agghindata per il party di Halloween dell'anno dopo: stavolta, Chewbecca non figurava tra gli invitati.

Da ragazzo, mio fratello Craig adorava le cose che facevano paura. Sembrava non restarne minimamente turbato. La sera rimaneva steso sul letto nella nostra camera in Euclid Avenue e per addormentarsi ascoltava un programma radiofonico dedicato a storie di fantasmi. Attraverso il sottile tramezzo che divideva il suo spazio dal mio sentivo la voce baritonale del conduttore raccontare di cimiteri e zombi, soffitte buie e capitani di mare defunti, inframmezzando le narrazioni con effetti sonori spaventosi: porte che cigolavano, risate stridule e urla di terrore.

«Spegni!» gridavo dal mio letto. «Non ce la faccio.»

Ma Craig non mi dava retta. Il più delle volte dormiva già.

Si era anche appassionato a un programma televisivo chiamato *Creature Features* che il sabato sera riproponeva celebri film di mostri. A volte, pur sapendo di sbagliare, lo raggiungevo sul divano dove, avvolti nella stessa coperta, divoravamo vecchi classici come *L'uomo lupo*, *Dracula* e *La moglie di Frankenstein*. O meglio, *io* li divoravo e Craig no. Io li sentivo fin nel midollo. Rimanevo seduta lì con il cuore che batteva all'impazzata a fissare bare che si aprivano scricchiolando e cadaveri che venivano trafugati; piangevo dalla paura quando le mummie prendevano vita.

Mio fratello, intanto, se ne stava lì con il sorriso sulle labbra, piacevolmente avvinto ma anche stranamente cullato. Spesso, quando scorrevano i titoli di coda, ronfava.

Craig e io, seduti vicini sullo stesso divano, guardavamo gli stessi film, ma vivevamo esperienze chiaramente diverse. Dipendeva tutto da come le filtravamo. All'epoca io non avevo alcun filtro: vedevo solo i mostri, provavo soltanto paura. Mio fratello invece, avvantaggiato dall'avere un paio d'anni più di me, riusciva a osservare il tutto attraverso una lente più ampia, con più contesto, il che gli permetteva di godersi i mostri, di concedersi il brivido senza venire mai travolto dal terrore. Era in grado di decodificare ciò che aveva di fronte: quelli erano attori travestiti da mostri ed erano sullo schermo televisivo mentre lui, nonostante il panico della sorellina, si trovava al sicuro sul divano.

Per Craig non era niente di che, per me era un incubo.

Eppure continuavo a insistere. Ogni poche settimane mi lasciavo cadere sul sofà accanto a lui per un'altra tornata di *Creature Features*, attirata in parte dal desiderio di sfruttare qualsiasi occasione di stare vicina a mio fratello ma anche, credo, dalla vaga speranza di poter imparare anch'io a guardare zombi e mostri nel modo giusto e a sentirmi più serenamente spaventata.

Non sono mai arrivata ad amare gli horror come mio fratello e provo tuttora uno scarsissimo interesse per quel genere di brivido, ma con il passare del tempo ho capito l'importanza di affrontare la paura e l'ansia in modo diretto, sforzandomi di trovare un equilibrio nelle situazioni che mi spaventano.

Ho avuto la fortuna di crescere in un ambiente discretamente sicuro e stabile, fra persone di cui potevo fidarmi, e so che tutto questo mi ha fornito una base di riferimento che mi ha permesso di comprendere che cosa siano la sicurezza e la stabilità – un vantaggio di cui non tutti godono. Quanto alla paura ci sono parecchie cose che non vedo e che non so sulle esperienze altrui. Per esempio io non ho dovuto sopravvivere ad abusi, non ho conosciuto la guerra da vicino e la mia incolumità fisica è stata talvolta minacciata ma, grazie al cielo, mai compromessa. Eppure sono una persona nera negli Stati Uniti. Sono una persona di sesso femminile in un mondo patriarcale. Inoltre sono un personaggio pubblico, il che mi ha esposto alle critiche e ai giudizi, in alcuni casi rendendomi bersaglio di rabbia e odio. A volte lotto contro i miei nervi. Provo una sensazione di pericolo che vorrei tanto non provare. Come parecchie persone, talvolta devo spronarmi a essere coraggiosa quando compaio in pubblico, quando esprimo le mie opinioni o inizio qualcosa di nuovo.

La maggior parte dei timori che sto descrivendo è astratta: la paura di fare brutta figura o quella di venire respinti, il timore che le cose vadano male o che qualcuno possa soffrire. Ma mi sono anche resa conto che il rischio è strettamente intrecciato alla condizione umana, a prescindere da chi si è, quale aspetto si ha o dove si vive. Possiamo anche incontrarlo in modi diversi e con poste in gioco diverse, ma nessuno di noi ne è immune. Considerate che l'*Oxford English Dictionary* definisce il rischio come «pericolo di perdita, sofferenza o fallimento». Chi, fra noi, non è pienamente consapevole di simili pericoli? Chi non ha paura di perdere, soffrire o fallire? Tutti elaboriamo di continuo i nostri timori, tentando di distinguere le emergenze autentiche da quelle fittizie. Questo può risultare particolarmente arduo in un ambiente mediatico in cui la paura viene spesso sfruttata come strumento di vendita. Nel gennaio del 2022, per esempio, come reazione al crescente tasso di reati violenti Fox News faceva scorrere in sovraimpressione titoli quali L'INFERNO SI DIFFONDE NELLE CITTÀ AMERICANE e QUESTA È LA CIVILTÀ CHE CROLLA IN TEMPO REALE,[1] creando una sua personale versione horror degli Stati Uniti. Se qualcosa di tutto ciò fosse vero sarebbe impossibile capire come reagire. Sarebbe assurdo pensare di uscire di casa o di arrivare indenni all'anno prossimo.

Invece lo facciamo e lo faremo.

Certo, sono tempi difficili. E certo, persino la legittima copertura mediatica può risultare profondamente allarmante. Ma è quando la paura ci paralizza, quando ci priva della speranza o dell'iniziativa personale che scivoliamo nella vera catastrofe. Ecco perché credo che dovremmo prestare molta attenzione a come valutiamo le nostre ansie e imparare a elaborare la paura. Le scelte che facciamo quando siamo spaventati determinano spesso, a mio parere, gli esiti di più ampia portata nella nostra vita.

Lo scopo non è eliminare del tutto la paura. Nella vita ho

conosciuto una miriade di persone coraggiose, da eroi di tutti i giorni a giganti come Maya Angelou e Nelson Mandela, che da lontano potrebbero apparire impermeabili alla paura. Ho avuto a che fare (e ho anche convissuto) con leader mondiali costantemente sotto pressione per decisioni che possono sia mettere a repentaglio sia salvare le vite di altri. Conosco performer abituati a mettere a nudo la propria anima davanti a una folla da stadio, attivisti che hanno rischiato la loro libertà e sicurezza per tutelare i diritti di altre persone e artisti la cui creatività è alimentata da una profonda audacia. Nemmeno uno di loro, credo, si direbbe senza paura. Penso invece che siano accomunati dalla capacità di convivere con il rischio, di conservare l'equilibrio e di ragionare in maniera lucida in sua presenza. Hanno imparato a essere serenamente spaventati.

Cosa significa essere serenamente spaventati? Per me il concetto è semplice. Si tratta di imparare ad affrontare la paura con saggezza, trovando il modo di farsi guidare e non bloccare dai nervi. Significa assestarsi, in presenza degli inevitabili zombi e mostri della vita, così da poterli affrontare più razionalmente e confidare nella propria valutazione di cosa è dannoso e cosa invece non lo è. Quando si vive in questo modo non si è né del tutto sereni né del tutto impauriti. Si prende atto dell'esistenza di una zona intermedia e si impara a operare al suo interno, vigili e consapevoli ma non trattenuti.

Uno dei miei primi ricordi d'infanzia risale a quando avevo quattro anni e venni scelta per partecipare a una recita natalizia che la mia prozia Robbie stava organizzando nella sua chiesa. Rammento di essermi sentita elettrizzata dalla prospettiva, perché mi avrebbe consentito di indossare un grazioso abitino di velluto rosso e scarpe di vernice, e la mia unica responsabilità sarebbe stata quella di piroettare allegramente davanti a un albero di Natale sistemato sul palcoscenico.

Ma quando mi presentai per le prove mi trovai di fronte qualcosa che non avevo previsto. Robbie e la sua squadra di solerti parrocchiane avevano decorato l'area riservata allo spettacolo con porporina e oggetti natalizi, sistemando intorno all'abete alcuni doni incartati e una manciata di enormi animali di peluche alti quasi quanto me. In particolare, accanto a dove avrei dovuto piazzarmi io, c'era una tartaruga verde dall'aspetto inquietante, con la testa stranamente piegata di lato ed enormi occhi di feltro nero, che mi fece scattare dei campanelli d'allarme. Non so perché ma rimasi impietrita dal terrore e, scuotendo il capo e ricacciando indietro le lacrime, mi rifiutai di salire sul palcoscenico.

Con il senno di poi le nostre paure infantili possono apparire un po' sciocche, e le mie non fanno certo eccezione. Inoltre rappresentano spesso una reazione istintiva all'ignoto, a ciò che non siamo ancora in grado di comprendere: *Cosa sono quei crepitii e boati nel cielo? Cosa potrebbe abitare lo spazio buio sotto il mio letto? Chi è questa persona nuova che sembra diversa dalla gente che vedo tutti i giorni?* Sotto queste domande si cela un'altra serie di interrogativi, anch'essi istintivi, che guidano la reazione di una giovanissima mente: *Questa nuova cosa mi farà del male? Perché dovrei fidarmi? Sarebbe meglio urlare e scappare via?*

Sasha rabbrividisce ancora al ricordo della nostra prima festa di Halloween alla Casa Bianca, quando aprimmo le porte alle famiglie di militari e a centinaia di altre per festeggiare la ricorrenza con stuzzichini, travestimenti e artisti. Visto che la maggior parte dei nostri ospiti, comprese le nostre due figlie, aveva meno di dieci anni, l'evento era stato progettato per non risultare spaventoso, nulla più di un pizzico di divertimento spensierato. Solo che io avevo preso la decisione catastrofica e, a quanto pare, *a stento* perdonabile di invitare un manipolo di personaggi di *Star Wars*.

A giudicare dal volume e dalla durata dei singhiozzi che la piccola Sasha emise dopo aver posato gli occhi sullo wookiee Chewbecca, si sarebbe detto che io avessi invitato Satana in persona. Per lei non significava nulla che l'uomo con il costume di pelo marrone fosse tranquillo e gentile o che nessun altro dei bambini presenti sembrasse minimamente turbato dalla sua presenza. La mia bambina, di solito coraggiosa, fu presa dal panico. Corse via e passò un paio d'ore nascosta nella sua camera al piano di sopra, rifiutandosi di uscire finché non le assicurammo almeno una dozzina di volte che Chewbecca aveva lasciato l'edificio.

Il suo wookiee era la mia tartaruga. Erano come intrusi nella nostra percezione, ancora non del tutto sviluppata, di come dovrebbero essere le cose.

A ben pensarci, la paura nasce spesso in questo modo, come reazione innata al disordine e alla diversità, all'intrusione di qualcosa di nuovo o minaccioso nella nostra consapevolezza. Può essere perfettamente razionale in alcuni casi e del tutto illogica in altri, ecco perché è così importante imparare a filtrarla.

Tornando alla recita natalizia, ricordo di essermi trovata di fronte a un arduo dilemma che mi venne illustrato dalla spiccia zia Robbie, la quale aveva poco tempo, un intero gruppo di artisti da gestire e nessuna intenzione di coccolare chicchessia: potevo salire sul palco, fare amicizia con i peluche accanto all'albero di Natale e accettare di essere al centro dell'attenzione per qualche minuto piroettando con il mio vestito rosso davanti a un folto pubblico, oppure potevo rimanere seduta in braccio alla mamma e guardare lo spettacolo andare avanti senza di me. Zia Robbie accompagnò questo messaggio con un'alzata di spalle, come a sottolineare che la decisione era solo mia. Sarei stata io a subirne le conseguenze. Potevo esibirmi o meno, per lei non faceva alcuna differenza. Non intendeva assecondare la mia paura togliendo quella tartaruga dal palco.

A riprova di quanto io amassi quel vestito di velluto rosso e quanto desiderassi sfoggiarlo, alla fine (dopo altre lacrime e un po' di broncio) smisi di fare storie, salii sul palco e, con il batticuore, mi avvicinai all'abete addobbato. Ora mi rendo conto di quanto mi abbia aiutato la netta presa di posizione di Robbie. Mi aveva offerto l'occasione di valutare le mie opzioni e di vagliare la razionalità della mia paura. Che sapesse perfettamente cosa stava facendo o fosse invece troppo indaffarata per curarsene, mi permise di decodificare la mia emozione, avendo ovviamente chiaro che l'animale di peluche non era affatto pericoloso. Mi lasciò la possibilità di scoprirlo da sola.

Quando mi fui avvicinata al punto prefissato, accanto all'albero di Natale, scoprii con stupore che la tartaruga non era grande come avevo pensato. I suoi occhi non sembravano così cattivi, visti da vicino. Riuscii a vederla esattamente per ciò che era: qualcosa di morbido, inerte e per nulla minaccioso, e forse addirittura carino. Non c'era alcun pericolo, solo la novità. Nella mia mente infantile stavo elaborando il timore che provavo nel muovermi su un palcoscenico a me sconosciuto. Era una sensazione sgradevole, certo, ma che si affievoliva di secondo in secondo con il subentrare della familiarità. Una volta superata mi sentii molto leggera, libera di piroettare a più non posso.

E così feci. A quanto pare il giorno dello spettacolo mi misi davvero d'impegno – il vestito che svolazzava, il viso rivolto verso il cielo con espressione estasiata –, tanto che i miei genitori risero fino alle lacrime per tutto il tempo. Per me quella piccola prova in chiesa si rivelò un allenamento per molti momenti futuri. Fu la prima volta in cui mi esercitai nel tentativo di sovrapporre la riflessione all'emotività.

Credo che molti di noi passino decenni ad attraversare e riattraversare questo stesso terreno emotivo, fissando questo o quell'equivalente di una tartaruga, esitando prima di salire su un certo palcoscenico. La paura è fisiologicamente potente. Colpisce come una scarica elettrica, mettendo il corpo in stato di allerta. Spesso ci fa trasalire in situazioni inedite, quando incontriamo persone e sentimenti sconosciuti. L'ansia, parente stretta della paura, è più diffusa e forse persino più potente quanto a capacità di scuotere i nostri nervi persino quando non esiste alcuna minaccia immediata, quando stiamo solo immaginando come le cose potrebbero andare storte, paventando ciò che *potrebbe succedere.* Ma mentre passiamo dall'infanzia alla maturità le domande rimangono sostanzialmente le stesse. *Sono al sicuro? Che cosa rischio? Posso permettermi di ampliare leggermente il mio mondo abbracciando qualcosa di nuovo?*

La novità richiede quasi sempre un livello supplementare di cautela. Ma ecco il problema: a volte assecondiamo troppo i nostri timori. È facile scambiare un sussulto di paura o un'ondata di inquietudine per un segnale che ci fa indietreggiare, rimanere dove siamo per evitare di sperimentare qualcosa di diverso.

Via via che cresciamo, la nostra reazione alla paura, allo stress e a tutto ciò che spaventa si fa più sfumata. Possiamo anche non urlare e scappare a gambe levate come facevamo da bambini, ma indietreggiamo comunque, in altri modi. L'elusione è l'equivalente adulto del grido di un bambino. Magari non vi proponete per una promozione al lavoro. Non attraversate una stanza per presentarvi a una persona che ammirate. Non vi iscrivete a un corso che vi metterà alla prova o non intavolate una conversazione con qualcuno di cui non conoscete già le opinioni politiche o religiose. Nel tentativo di risparmiarvi l'ansia e il disagio di correre un rischio vi private potenzialmente di un'opportunità. Nel tenervi aggrappati solo a ciò che conoscete rimpicciolite il vostro mondo. Negate a voi stessi occasioni di crescere.

Credo che valga sempre la pena di chiedersi: Ho paura perché sono davvero in pericolo o solo perché sto guardando in faccia la novità?

Decodificare la paura comporta soffermarsi a valutare i propri istinti, esaminando ciò davanti a cui indietreggiamo, e ciò a cui potremmo invece avvicinarci più prontamente e, cosa forse più importante di tutte, *perché* stiamo avanzando o indietreggiando.

Tutto questo può tradursi anche in questioni sociali di più ampia portata. Quando evitiamo ciò che è nuovo o diverso e non mettiamo in discussione questi nostri impulsi abbiamo maggiori probabilità di ricercare e privilegiare, nella vita, gli aspetti di omogeneità. Magari ci riuniamo in comunità particolarmente compatte, magari abbracciamo la conformità considerandola un tipo di comfort, un modo di evitare la paura. Eppure, quando ci imbeviamo di omogeneità, non facciamo che rimanere ancora più intimoriti dalla diversità. Ci abituiamo sempre meno a qualsiasi cosa o persona non risulti subito familiare.

Se la paura è una reazione alla novità potremmo considerare l'ipotesi che il pregiudizio rappresenti spesso una reazione alla paura: Perché avete cambiato strada vedendo un ragazzo nero con indosso una felpa col cappuccio? Perché mettete in vendita casa vostra dopo che una famiglia di immigrati si è trasferita in quella accanto? Cosa vi fa sentire minacciati da due uomini che si baciano in pubblico?

Credo di non essermi mai sentita più in ansia del giorno in cui Barack mi confidò per la prima volta di volersi candidare alla presidenza degli Stati Uniti. La prospettiva mi sembrava terrificante. Inoltre, cosa forse peggiore, mentre per alcune settimane verso la fine del 2006 affrontavamo a fasi alterne la questione, lui chiarì che spettava a me decidere. Mi amava, aveva bisogno di me e noi due eravamo partner; in altre parole, se giudicavo l'impresa troppo rischiosa, o ritenevo che avrebbe causato troppi problemi alla nostra famiglia, avrei potuto bloccare l'intera faccenda.

Non dovevo fare altro che dire di no. E credetemi, persino mentre intorno a noi c'erano persone di ogni genere che sollecitavano Barack a candidarsi, io ero pronta a chiudere il discorso. Ma prima di farlo mi sentivo tenuta, per rispetto nei suoi confronti – e nei nostri –, perlomeno a soppesare onestamente la possibilità. Dovevo riflettere per andare oltre quel sussulto iniziale, dovevo scandagliare le mie ansie e fare spazio alle mie riflessioni più razionali. Per un paio di settimane mi portai dietro questa idea apparentemente assurda e spaventosa. Mi teneva compagnia durante il tragitto fino all'ufficio e durante intensi allenamenti in palestra, era presente mentre rimboccavo le coperte alle bambine e mentre ero sdraiata a letto accanto a mio marito, la notte.

Capivo che Barack voleva diventare presidente ed ero sicura che avrebbe potuto ricoprire quel ruolo in modo eccezionale, ma allo stesso tempo non apprezzavo la vita politica, amavo il mio lavoro ed ero decisa a garantire a Sasha e Malia una vita stabile e tranquilla. Non gradivo affatto lo scompiglio e l'imprevedibilità e sapevo che una campagna elettorale ne avrebbe portati a bizzeffe. Sapevo, inoltre, che ci saremmo esposti al giudizio altrui. Su *vasta* scala. Quando vi candidate alla presidenza, in pratica state chiedendo a ogni americano di approvarvi o respingervi con il suo voto.

La cosa mi metteva una gran paura.

Rispondere di no sarebbe stato un sollievo, dissi a me stessa. Se avessi rifiutato, la situazione non sarebbe variata. Saremmo rimasti comodamente nella nostra casa, nella nostra città, facendo il nostro lavoro, circondati da persone note. Non ci sarebbe stato alcun cambio di scuole, alcun cambio di residenza, alcun cambiamento di sorta.

Ed ecco, finalmente messo a nudo, ciò che la mia paura stava tentando di giustificare: non volevo il cambiamento. Non volevo il disagio o l'incertezza o la perdita di controllo. Non volevo che mio marito si candidasse alla presidenza perché era impossibile prevedere – anche solo immaginare, in realtà – cosa potesse riservare quell'esperienza. Nutrivo preoccupazioni legittime, ovviamente, ma di che cosa avevo davvero paura? Della novità.

Rendermene conto mi aiutò a riflettere più lucidamente. Rese l'idea meno assurda, meno spaventosa. Riuscii a districare le mie ansie in maniera tale da renderle meno paralizzanti. Facevo pratica in tal senso da anni, sin dal mio incontro con quella tartaruga sul palcoscenico di zia Robbie, e lo stesso valeva per Barack. Rammentai a me stessa che in passato noi due avevamo affrontato un sacco di cambiamenti e novità. Da ragazzi avevamo lasciato la sicurezza delle nostre famiglie per andare al college. Avevamo cambiato lavoro. Eravamo sopravvissuti al fatto di essere le uniche persone nere in una miriade di contesti. Barack aveva già vinto e perso elezioni. Avevamo affrontato l'infertilità, la morte di un genitore e la fatica di prendersi cura dei figli piccoli. Le incertezze ci avevano reso ansiosi? Le novità avevano suscitato disagio? Certo, molte volte. Eppure non ci eravamo forse dimostrati di passo in passo più capaci, più flessibili? Era così. Ormai avevamo fatto davvero parecchia pratica.

Alla fine fu questo a convincermi.

È strano pensare che con la mia paura avrei potuto cambiare il corso della storia.

Ma non l'ho fatto. Ho risposto di sì.

Soprattutto non volevo convivere con la versione alternativa di quella storia. Non volevo che diventassimo una famiglia che a cena parla delle strade non imboccate o di cosa avrebbe potuto essere. Non volevo dover rivelare un giorno alle mie figlie che c'era stato un momento in cui il loro padre avrebbe potuto diventare presidente degli Stati Uniti, che lui aveva goduto della fiducia di un sacco di persone, aveva espresso il coraggio di tentare un'impresa immane ma io avevo gettato al vento quell'occasione, fingendo di farlo per il bene di tutti quando, in realtà, stavo proteggendo il mio comfort garantito dallo *status quo*, il mio interesse a restare dov'ero.

Mi sentivo un po' vincolata e un po' stimolata dall'eredità dei miei due nonni, orgogliosi uomini neri che avevano lavorato sodo e si erano presi buona cura delle rispettive famiglie, ma la cui vita era stata limitata dalla paura – spesso tangibile e giustificata – e il cui mondo si era, di conseguenza, ristretto. Southside, il padre di mia madre, trovava difficile fidarsi di chiunque non fosse un suo famigliare e quasi impossibile fidarsi di chiunque fosse bianco, quindi evitava un sacco di persone, compresi medici e dentisti, a scapito del suo stesso benessere. Si preoccupava costantemente dell'incolumità di figli e nipoti, sicuro che avremmo sofferto se ci fossimo spinti troppo lontano da casa, persino mentre gli marcivano i denti e trascurava i primi sintomi del suo tumore al polmone. La sua casa, a pochi isolati da quella in cui sono cresciuta, era la sua reggia, una bolla sicura e felice piena di jazz, in cui tutti ridevano, mangiavano cibo squisito e si sentivano amati, però lo si vedeva di rado fuori di lì.

L'altro mio nonno, Dandy, aveva un temperamento diverso. Era meno giocoso e meno socievole di Southside, ma non meno diffidente nei confronti del mondo. Il suo dolore era più vicino alla superficie, giusto accanto al suo orgoglio, e i due sentimenti talvolta si mescolavano per manifestarsi sotto forma di rabbia. Come Southside, Dandy era nato nel Sud durante la segregazione razziale, aveva perso il padre da giovane ed era emigrato a Chicago sperando in una vita migliore, finendo però per scontrarsi non solo con la Grande depressione ma anche con l'evidenza che il Nord era dominato dallo stesso sistema di caste razzista che regnava nel Sud. Pur avendo sognato di frequentare il college aveva lavorato prevalentemente a giornata, lavando piatti, sgobbando in una lavanderia e allineando birilli in una sala da bowling. Riparando, sistemando, trasportando.

Anche se entrambi i miei nonni possedevano l'intelligenza e le capacità necessarie per svolgere lavori strutturati – Dandy come elettricista, Southside come carpentiere – si erano visti negare la possibilità di un impiego fisso perché all'epoca i sindacati permettevano raramente alle persone nere di iscriversi. Mentre ero cresciuta solo con una parziale consapevolezza di cosa fosse costato il razzismo a tutti e quattro i miei nonni – le porte che si erano visti chiudere in faccia, le umiliazioni di cui non volevano parlare – capivo che non avevano avuto molte alternative se non vivere entro quei limiti, che mi sembravano ormai profondamente radicati nella loro psiche.

Ricordo il giorno in cui, nella prima adolescenza, ebbi bisogno che Dandy mi accompagnasse a un appuntamento dal medico perché la mamma era al lavoro. Venne a prendermi in Euclid Avenue con la sua auto, vestito elegante e carico di quella stessa spavalderia e di quell'orgoglio che dimostrava ogni volta che andavamo a trovarlo nel suo appartamento. Solo quando ci dirigemmo verso il centro città notai la sua mascella contratta e la sua ferrea stretta sul volante. Svoltò timidamente a sinistra immettendosi nel traffico su quella che considerava una strada a doppio senso finché io non lo corressi. Dopo pochi istanti azzardò un maldestro cambio di corsia, costringendo l'automobilista accanto a noi a sterzare e suonare il clacson, il che indusse poi Dandy a bruciare un semaforo rosso.

Se mio nonno fosse stato un bevitore lo avrei creduto

ubriaco, ma non era quello il problema. Mi resi conto che era impietrito dal terrore, impegnato in una missione non familiare, in una zona della città non familiare, i nervi tesi come corde di violino. Benché all'epoca avesse circa sessantacinque anni, non sapeva come muoversi fuori dai pochi isolati che attraversava durante i suoi spostamenti quotidiani. Era come se a guidare l'auto fosse la paura stessa. E non stava facendo un buon lavoro.

I nostri dolori diventano le nostre paure, che a loro volta diventano i nostri limiti.

Per molti di noi questo può essere un retaggio gravoso, tramandato di generazione in generazione. È difficile anche solo tentare di respingerlo, tentare di disimpararlo.

I miei genitori erano il prodotto dei loro genitori, ossia persone generalmente prudenti e pragmatiche, caute nel correre rischi e pienamente consapevoli dei pericoli associati all'essere afroamericani che puntavano in una qualsivoglia nuova direzione. Ma allo stesso tempo credo che avessero notato i limiti dei loro genitori, la relativa piccolezza dei loro mondi. Adesso mi sbalordisce pensare a tutte le opportunità che avrei perso se avessi detto di no alla corsa di Barack per la presidenza: a tutte le persone che non avrei mai conosciuto, a tutte le esperienze che non avrei fatto e a tutto quello che non avrei mai imparato sul mio Paese e sul mio mondo se avessi permesso alla paura di intralciarmi. Riconosco ai miei genitori il merito di aver fatto tutto il possibile per spezzare il ciclo della paura, per impedire che i loro limiti diventassero anche i nostri. Volevano qualcosa di più e di diverso per i figli – una sfera di comfort più ampia in cui potessimo muoverci – e lo dimostra il modo in cui hanno lavorato con noi per decodificare le nostre paure.

Quando, da bambina, mi spaventavo per i violenti temporali che investivano Chicago nelle umide serate estive, mio padre mi abbracciava e scomponeva per me la meccanica delle intemperie intorno a noi. Spiegava che i boati erano dovuti semplicemente allo scontro fra colonne di aria innocua e che c'era sempre il modo di evitare i fulmini, per esempio tenersi lontani dalle finestre e dall'acqua. Non mi esortava apertamente a superare la mia paura né la liquidava come irrazionale o sciocca. Si limitava a utilizzare informazioni concrete per neutralizzare la minaccia e fornirmi strumenti che mi avrebbero consentito di rimanere al sicuro.

Mia madre, nel frattempo, dava il buon esempio, mostrandosi capace e impassibile di fronte a quasi tutto quello che io trovavo terrificante. Spazzava via ragni orrendi dal gradino davanti alla nostra porta d'ingresso. Scacciava i cani ringhianti che si lanciavano giù dalla veranda dei Mendoza ogni volta che ci passavamo davanti. E un week-end, di prima mattina, quando Craig e io riuscimmo chissà come a far prendere fuoco a un paio di Pop-Tarts nel tostapane mentre i nostri genitori dormivano ancora, la mamma si materializzò nel giro di un attimo, staccò la spina dell'apparecchio e gettò tranquillamente l'intero disastro fumante nel lavandino.

Persino mezzo addormentata e in accappatoio era un modello di competenza. E la competenza, ho imparato, è ciò che si trova sull'altra faccia della paura.

Craig e io siamo cresciuti in mezzo a una miriade di minacce tutt'altro che astratte. Il South Side di Chicago non era Sesame Street, la strada dei Muppets. Sapevamo di non dover attraversare certi isolati pericolosi, avevamo perso alcuni vicini nell'incendio delle loro case, vedevamo sfrattare persone quando i loro debiti aumentavano ma i loro salari no. La mia famiglia aveva innumerevoli ragioni per stare in guardia, probabilmente più di quelle di cui potevo accorgermi da bambina. Ma i miei genitori ci mostravano come ponderare quella nostra allerta, come comprendere i meccanismi di ciò che ci spaventava, come cercare di capire quando la paura ci favoriva e quando invece ci ostacolava.

I miei genitori hanno incoraggiato me e mio fratello verso la competenza creando occasioni in cui potessimo alimentare un senso di padronanza ogniqualvolta conquistavamo qualcosa di nuovo. Credo che dal loro punto di vista la competenza rappresentasse una forma di garanzia; sapere come andare avanti a dispetto del nostro sentire era una protezione di per sé. Il loro compito consisteva nel mostrarci che era possibile. Ero paralizzata dalla paura le prime volte in cui dovetti andare e tornare da scuola tutta da sola, per esempio, ma mia madre insisteva che per me era arrivato il momento di imparare. All'epoca frequentavo l'asilo, avevo cinque anni, ed ero abbastanza grande per pensare che fosse impazzita. Credeva davvero che io potessi andare in giro per conto mio?

Ma è proprio per questo che mi spinse a farlo. Capiva l'importanza di mettere da parte i suoi timori per consentirmi di acquisire il potere della competenza, persino quando ero così piccola. E visto che lei aveva fiducia in me, l'avevo anch'io. Per quanto spaventata, provai un senso di orgoglio e di autonomia che divennero mattoni importanti nelle mie fondamenta di essere umano indipendente.

Ricordo ogni singolo, irrequieto passo che feci durante quel primo tragitto di un isolato e mezzo fino a scuola. E rammento altrettanto vividamente il sorriso di mia madre quando, al ritorno, mi misi a correre per coprire gli ultimi metri che mi separavano da casa.

Mi stava aspettando sul prato lì davanti, allungando il collo per riuscire a scorgermi mentre giravo l'angolo ed entravo nel nostro isolato. Mi accorsi che anche lei era stata un po' in ansia, anche lei aveva provato un pizzico di paura.

Ma la paura non l'aveva fermata. E adesso non avrebbe fermato me. La mamma mi aveva mostrato cosa significa essere serenamente spaventati.

Questo concetto mi ha accompagnato mentre crescevo le mie due figlie. Mi ha spinto a soffermarmi molte volte a riflettere mentre lottavo con un impulso feroce e primordiale di proteggerle da tutto quello che c'è di terrificante e doloroso al mondo. In ogni momento ho desiderato spingere via i loro nemici, scacciare i rischi e aiutarle a superare ogni minaccia. È un istinto basilare, me ne rendo conto, un prodotto della mia paura. Invece, cerco di seguire l'esempio di mia madre e mi costringo a rimanere ferma su quel prato davanti a casa mentre trovano da sole la via per diventare persone sicure di sé e indipendenti, mentre si costruiscono una loro sicurezza semplicemente facendo le cose in maniera autonoma. Le guardo partire e aspetto che tornino, persino mentre sento i nervi talmente tesi da vibrare e il cuore martellarmi nel petto. Perché quello che mi ha dimostrato mia madre è che se cerchi di impedire che i tuoi figli abbiano paura, in sostanza impedisci loro anche di sentirsi competenti.

Parti con una cucchiaiata di paura e torna con una vagonata di competenza. Era questa la dottrina al 7436 di Euclid Avenue. È quella che ho tentato di perpetuare per il bene delle mie figlie, anche mentre continuo a portare sulle spalle tutto il mio perenne carico di preoccupazioni. Rimango serenamente spaventata.

Quando Craig e io non guardavamo film di mostri, a volte seguivamo in televisione un famoso stuntman chiamato Evel Knievel, forse l'eroe americano più bizzarro di tutti i tempi. Indossava una tuta di pelle bianca ornata di stelle e strisce, si ispirava vagamente a Elvis Presley e in sella alla sua moto eseguiva pericolose acrobazie come saltare file di auto e autobus o catapultarsi al di sopra di un profondo canyon nell'Idaho. Era sciocco ma ci affascinava. In alcuni casi Evel Knievel riusciva a effettuare il salto e in altri, invece, falliva. Si è fratturato un sacco di ossa, si è procurato una marea di commozioni cerebrali, talvolta è stato investito dalla sua stessa moto, ma alla fine ne usciva sempre vivo e si allontanava zoppicando. Si trattava di un miracolo o di un disastro? All'epoca nessuno sembrava disposto a prendere posizione. Ci limitavamo a continuare a guardare quell'uomo e la sua grossa e pesante Harley-Davidson cercare di volare.

Nel 2007, dopo aver detto di sì alla campagna presidenziale di Barack, mi sentivo un po' così, come se all'improvviso stessimo volando in sella a una moto, senza curarci delle leggi della gravità e della forza trainante del buonsenso.

Si parla di «lanciare» una campagna politica e ora capisco come mai. È esattamente ciò che si prova: una rapida accelerazione nell'aria rarefatta. La rampa è corta e ripida. Voi e i vostri cari venite lanciati, e lanciati all'improvviso, verso l'esterno, verso l'alto, librandovi in modo volutamente sensazionale, attirando gli sguardi del pubblico.

Per me si trattava di un livello di incertezza del tutto nuovo. In fondo sono il prodotto dei miei genitori e dei miei nonni, non sono il tipo che salta o vola ma piuttosto sale la scala un gradino alla volta. Come ogni buon Capricorno preferisco orientarmi prima di fare la mossa seguente. Ma lassù, nella stratosfera di una rapida corsa alla presidenza, non era certo facile orientarsi. Il passo era troppo veloce, le altezze troppo vertiginose, l'esposizione eccessiva. Per non parlare del fatto che su quella folle moto volante insieme a noi avevamo fatto salire le nostre due bambine.

Fu durante quel periodo che approfondii la conoscenza della mia mente pavida, quella crudele parte di me abituata a dire di no, convinta che niente avrebbe mai funzionato né avrebbe potuto funzionare. Dovetti allenarmi strenuamente per non ascoltarla, perché sapevo benissimo cosa sarebbe successo altrimenti: i miei nervi avrebbero ceduto, la mia fiducia sarebbe evaporata, il mio cervello si sarebbe fissato sull'impossibilità del tutto, ed ecco l'inizio della fine.

Avrei guardato giù da quelle altezze improbabili, sbalorditive, e avrei visto il punto esatto in cui ci saremmo schiantati. Mi sarebbe bastato pensarci per avviare la caduta vertiginosa.

Un'altra cosa di cui prendere atto è che il dubbio arriva da dentro. La vostra mente pavida cerca sempre di afferrare il volante e modificare la rotta. La sua funzione primaria è immaginare ogni possibile catastrofe, spaventarvi facendovi perdere occasioni e prendere a sassate i vostri sogni. Si diverte a sommergervi e a riempirvi di dubbi, perché a quel punto avrete maggiori probabilità di restarvene a casa sul divano, comodi e passivi, senza correre alcun rischio. Perciò sconfiggere la vostra paura implica quasi sempre sconfiggere una parte di voi. Per me questa è una componente vitale del processo di decodifica: dovete imparare a identificare e poi domare qualcosa dentro di voi. Dovete esercitarvi a superare quei timori. Più vi allenate e più diventate bravi. Ogni salto che ho fatto ha solo reso più facile il successivo.

Una volta, durante un'intervista a CBS News, Lin-Manuel Miranda ha descritto la sua ansia prima delle esibizioni come una sorta di «carburante per missili»,[2] ricordando che la primissima volta in cui è salito su un palcoscenico, quando era un alunno di prima elementare incaricato di cantare in playback una canzone di Phil Collins durante un talent show scolastico, era stato assalito da un violento mal di stomaco e in quell'istante si era reso conto che gli si stava offrendo una scelta di portata più ampia su come gestire l'emozione. «Ho capito che potevo cadere sotto la mia paura oppure salirci sopra», ha raccontato. «Ed è così che guardo l'agitazione. È una fonte di carburante... Puoi cavalcarlo e permettergli di dare potenza alla tua navicella oppure non farlo, e il nervosismo la fa esplodere.»

Questo mi fa ripensare alla prima volta in cui Lin-Manuel è venuto a esibirsi alla Casa Bianca, invitato alla inaugurale Serata della poesia, della musica e della parola parlata nel 2009. Aveva solo ventinove anni ed era palesemente nervoso. Aveva terminato frettolosamente una canzone a cui stava lavorando, quella che alla fine sarebbe diventata il pezzo di apertura del musical di enorme successo *Hamilton*, per poterla eseguire al nostro evento. Ma Lin-Manuel era solo agli inizi del progetto, ancora in fase di sperimentazione, e non era del tutto sicuro che il suo materiale potesse funzionare. Per la prima volta avrebbe rappato su Alexander Hamilton davanti a un pubblico – un pubblico particolarmente terrificante, dal suo punto di vista – e non sapeva come sarebbe andata. Si era detto che se quella sera la canzone non avesse funzionato sarebbe stato forse costretto a mandare a monte il progetto.

A parlare, vorrei sottolinearlo, era la sua mente pavida. Il messaggio è tipico: *Fallisci e sarà tutto perduto*. La mente pavida adora comparire nei momenti di massimo stress e lo fa con un programma ben definito: vuole mettere il veto a ogni cosa. Non è affatto in sintonia con le tue piroette.

Quella sera, quando Lin-Manuel salì sul palcoscenico e cominciò a presentare sé stesso e il suo musical ancora in stato embrionale alle duecento persone riunite nella Sala orientale, tutte agghindate, la sua agitazione salì subito alle stelle. Cominciò a saettare lo sguardo in giro per la stanza. Sostiene stesse cercando le scritte *Uscita* nel caso avesse dovuto scappare.[3] E balbettava un po', ancora più spaventato dal fatto che la sua voce sembrasse filtrare dal microfono con un'intonazione anomala.

In seguito ha ricordato l'esperienza durante un'intervista per un podcast. «Ero davvero nervoso»,[4] ha detto. «E la prima cosa che ho fatto, commettendo un errore, è stata guardare negli occhi il presidente degli Stati Uniti. E ho pensato: *Non posso guardarlo, fa troppo paura.*» A quanto pare, subito dopo ha guardato me e ha giudicato troppo spaventosa anche me. Ma poi i suoi occhi hanno incrociato quelli di mia madre. Sedeva su una sedia sull'altro lato di Barack e, fatto per me non certo sorprendente, qualcosa nella sua espressione ha detto a Lin-Manuel che sarebbe andato tutto bene.

Quanto è successo in seguito è un pezzetto di storia in sé. Accompagnato dal pianista Alex Lacamoire, Lin-Manuel si è esibito in tre elettrizzanti minuti di rap, abbagliando il pubblico con la sua maestria dal ritmo serrato e il suo approccio totalmente nuovo ai Padri fondatori. E alla fine ha sorriso, ha salutato con la mano ed è sceso dal palcoscenico: era riuscito a incanalare la sua paura in qualcosa di assolutamente indimenticabile, lasciandoci ammutoliti e in soggezione.

Quello che avevamo appena visto era qualcuno che aveva cavalcato la propria agitazione.

Vederglielo fare è stata un'esperienza da togliere il fiato. E quel momento, a mio parere, racchiude un messaggio per tutti noi su cosa diventa possibile quando troviamo il modo di trasformare la paura in carburante per razzi.

Non si può negare che l'ansia ci è accanto praticamente ogni volta che affrontiamo ciò che non è familiare, ogni volta che raggiungiamo una nuova frontiera e sentiamo che la posta in gioco si alza. Provate a pensarci. Chi si sente del tutto a proprio agio il primo giorno di scuola? Chi non porta con sé una cucchiaiata di paura il primo giorno di un nuovo lavoro? O a un primo appuntamento? Chi non sente una scossa quando entra in una stanza piena di sconosciuti o prende pubblicamente posizione su una questione importante? Questi sono momenti di profondo disagio che la vita ci rifila normalmente. Ma possono essere anche eccitanti.

Perché? Perché non sappiamo cosa ci possa essere dall'altra parte. E il viaggio per arrivare fin là potrebbe trasformarci.

Come conoscerete la vostra anima gemella se non vi presentate a quell'appuntamento? Come farete carriera se non accettate quel nuovo lavoro o se non vi trasferite in una nuova città? Come potrete imparare e crescere se la paura vi impedisce di lasciare casa vostra per andare al college? O di entrare in una stanza piena di persone sconosciute o partire per un nuovo Paese o diventare amici di qualcuno la cui pelle ha un colore diverso dalla vostra? È nell'ignoto che brilla la possibilità. Se non correte il rischio, se non affrontate qualche sobbalzo, vi state privando delle occasioni di trasformarvi.

Posso permettermi di ampliare leggermente il mio mondo? Credo che la risposta sia quasi sempre affermativa.

Trovo ancora un po' scioccante che Barack e io siamo riusciti a far atterrare la nostra moto volante, che siamo stati in grado di arrivare alla Casa Bianca e di restarvi per otto anni. Ma l'abbiamo fatto. La cattiva notizia è che questo non ha eliminato la paura e il dubbio dalla mia vita. La buona notizia è che non sono più così intimidita dai miei pensieri.

Sono ormai convinta che valga davvero la pena conoscere la propria mente pavida. Perché? Be', tanto per cominciare non vi lascerà mai. Non potete sbarazzarvene. È più o meno cablata nella vostra psiche e vi accompagnerà su ogni palcoscenico sul quale salirete, a qualsiasi colloquio di lavoro a cui vi presenterete e in ogni nuova relazione che allaccerete. Si trova lì e non se ne starà certo zitta. La vostra mente pavida rappresenta lo stesso impulso di autoprotezione che provavate da bambini – lo stesso insieme di istinti che vi spingeva a piangere durante un temporale o urlare a squarciagola quando eravate costretti a sedervi sulle ginocchia di un Babbo Natale al centro commerciale – solo che adesso, proprio come voi, è diventata più adulta e sofisticata. E viste tutte le occasioni in cui l'avete costretta ad affrontare situazioni spiacevoli, è anche piuttosto incavolata.

Come ho detto, vi vuole giù dalla moto e a casa sul divano.

La vostra mente pavida è in pratica un compagno di vita che non avete scelto. E, tanto per essere chiari, nemmeno lei ha scelto voi. Perché fate schifo, siete un fallimento, non siete granché intelligenti *e* non ne azzeccate mai una. Quindi, sul serio, perché mai qualcuno dovrebbe sceglervi per qualcosa?

Vi suona familiare? A me sì.

Convivo con la mia mente pavida ormai da cinquantotto anni. Non andiamo d'accordo. Mi fa sentire a disagio. Le piace vedermi debole. Conserva un gigantesco raccoglitore strapieno che contiene ogni errore e passo falso io abbia mai fatto e scruta costantemente l'universo per cercare ulteriori prove delle mie manchevolezze. Odia il mio aspetto fisico, sempre e comunque. Non le piace l'e-mail che ho mandato a un collega. Non le piace nemmeno il commento che ho fatto alla cena di ieri sera. Non si capacita delle scemenze che riesco a dire. Ogni giorno cerca di convincermi che non so quello che faccio. Ogni giorno io cerco di rintuzzarla o almeno di tenerla a bada con riflessioni più positive. Ma non se ne va comunque.

È qualsiasi mostro io abbia mai conosciuto. Ed è anche me.

Con il passare del tempo, tuttavia, sono diventata più brava ad accettare la sua presenza. Non che mi faccia piacere ma riconosco che ormai si è insediata nella mia testa. In realtà le ho concesso la piena cittadinanza, se non altro perché questo rende più facile darle un nome e quindi decodificarla. Invece di fingere che non esista o cercare senza sosta di sconfiggerla sono arrivata a conoscerla a fondo come lei conosce me. E questo ha allentato la sua presa, rendendola più manifesta. Non cado così facilmente nelle sue imboscate. La mia mente pavida è chiassosa ma in genere inefficace – più tuoni che fulmini – e questo ha reso meno pericoloso il suo piano.

Ogni volta che sento il rimuginare della negatività e dell'autocritica che comincia a crescere nel mio cervello, quando i dubbi iniziano ad accumularsi, cerco di fermarmi per un attimo e di parlare schiettamente. Mi sono esercitata a fare un passo indietro e a rivolgermi alla mia paura con confidenza, limitandomi a un'alzata di spalle mezzo amichevole e a qualche parola disinvolta:

Oh, ciao. Sei di nuovo tu.
Grazie di esserti fatta viva, grazie di rendermi così vigile.
Ma ti vedo.
Per me non sei un mostro.

3. INIZIARE CON GENTILEZZA

L’abbraccio è uno degli strumenti più efficaci
di cui disponiamo per comunicare la nostra gioia
per la presenza di qualcuno.

Ho un amico di nome Ron che inizia la giornata salutandosi allo specchio. Lo fa senza ironia e, spesso, ad alta voce.

Non l'ho saputo da Ron, ma da sua moglie, Matrice.

Matrice racconta che a svegliarla di buon mattino è il suono della voce di suo marito che porge un cordiale saluto alla propria immagine riflessa nello specchio sopra il lavandino del bagno.

«Eeehi, amico!» è quello che dice.

Matrice lo imita alla perfezione, come fanno tanto spesso le mogli. E nel suo tono che riproduce quello del marito si avverte l'ondata di rinnovato affetto che Ron riversa su sé stesso all'inizio della giornata. È un buongiorno pieno di calore. Sembra stia salutando un collega che gli sta a cuore o un vecchio amico nel quale si è imbattuto per caso. Come se fosse piacevolmente sorpreso da quella persona improvvisamente unitasi a lui per affrontare insieme qualunque cosa il nuovo giorno abbia in serbo.

Matrice dice che sentire dal letto queste parole è anche per lei il modo migliore di cominciare la giornata.

La prima volta che mi ha raccontato del piccolo rituale di Ron ho reagito ridendo, anche perché mi immaginavo la scena con grande facilità. Ron è un uomo brillante e di successo, dal quale le persone si sentono naturalmente attratte. È sicuro di sé, senza alcuna traccia di boria. Trasuda empatia, carisma e autostima. È stato il sindaco di una grande città. Ha figli meravigliosi, la sua è una famiglia felice. Vanta un gran bel sorriso, modi disinvolti e un equilibrio interiore invidiabile.

In seguito, riflettendoci sopra con più attenzione, mi sono resa conto che l'«Eeehi, amico!» di Ron è qualcosa di più di una buffa abitudine. Credo che un rituale di questo genere abbia una sua peculiare importanza. Ci permette di sorprendere una persona mentre si concede un istante per godere del proprio equilibrio interiore, scegliendo di iniziare la giornata con un atto di gentilezza verso sé stessa.

Ron, ovviamente, è un uomo. E, in quanto tale, è probabile che si presenti allo specchio senza farsi troppi problemi sul proprio aspetto, o comunque con molte meno remore rispetto a quelle che tante di noi sono in qualche modo spinte a crearsi. Per parecchi individui, e specialmente per coloro che non sono uomini, lo specchio può essere fonte di angoscia. Sono molte le persone che trovano difficile affrontarlo con disinvoltura, soprattutto di prima mattina. Possiamo essere piuttosto duri nel valutare noi stessi. Spesso introiettiamo commenti negativi sul nostro aspetto, giudizi che ci fanno sentire semplici oggetti, senza valore o invisibili. Le donne, in particolare, sono regolarmente tenute a rispettare standard più elevati, quando si tratta di stile e di cura della propria apparenza, e questi standard richiedono preparativi più elaborati, più costosi e più dispendiosi in termini di tempo, per sentirsi a proprio agio nell'andare al lavoro o anche semplicemente per iniziare la giornata.

Per quanto mi riguarda, tante volte, di mattina, accendo la luce del bagno, do un'occhiata allo specchio e l'unica cosa che voglio fare è spegnere la luce che ho appena acceso. Faccia a faccia con me stessa, inizio d'impulso a catalogare i miei difetti, vedendo solo la pelle secca o le occhiaie gonfie, concentrandomi esclusivamente sulle parti di me che potrebbero e dovrebbero essere migliori. Nel valutarmi, è come se mi dissociassi e mi guardassi con gli occhi di un'altra. Inizio la mia giornata divisa a metà: una parte di me è una critica spietata, l'altra un povero pagliaccio. Una morde; l'altra soffre. È una sensazione davvero brutta. Ed è difficile scrollarsela di dosso.

Ed è di questo che voglio parlarvi ora – della possibilità di iniziare la giornata con gentilezza. Immagino che, come tutti noi, anche il mio amico Ron spesso arrivi stanco e gonfio davanti allo specchio. Anche lui avrà molti difetti che richiedono ispezioni accurate. Ma la prima cosa che lui vede riflessa, ciò che sceglie di *riconoscere*, è una persona nella sua interezza, qualcuno che è veramente felice di vedere. A differenza di molti di noi, Ron ha capito che il disprezzo di sé non è un buon punto di partenza per iniziare un nuovo giorno.

L'«Eeehi, amico!» di Ron possiede una sua forza tranquilla. È un rituale efficace, senza traccia di spavalderia, privato (perlomeno fino a quando Matrice non me ne ha parlato). Soprattutto, non è una valutazione che comporta un qualche seguito sgradevole, quelle frasi come «Hai un aspetto orribile» oppure «Ma perché non riesci a fare qualcosa di più?». Ogni mattina, in piedi davanti allo specchio, Ron allontana da sé qualsiasi impulso al giudizio o all'autodenigrazione. Rifiuta di concentrarsi sull'autocritica e comincia la sua giornata indirizzando a sé stesso un semplice messaggio di simpatia e approvazione.

E, se ci pensate bene, si tratta proprio del genere di cose che molti di noi cercano disperatamente di ottenere dalle altre persone – genitori, insegnanti, capi, amanti e via dicendo – per poi sentirsi distrutti quando non ci riescono. Penso che parte della bellezza dell'«Eeehi, amico!» che Ron rivolge a sé stesso dipenda dal fatto che non ambisce a chissà che. Non vuole affatto essere un discorso d'incoraggiamento. Non richiede una particolare passione o eloquenza né la convinzione che la giornata a venire sarà straordinaria, piena di nuove opportunità e occasioni di crescita positiva. È un semplice saluto amichevole: due parole pronunciate con calore. Proprio per questo è un'abitudine che molti di noi potrebbero provare a far propria.

Diversi anni fa, durante una conversazione televisiva all'*Oprah's Book Club*, la scrittrice e premio Nobel Toni Morrison ha raccontato una cosa importante che aveva imparato sull'essere genitori e, più in generale, sull'essere un adulto in presenza di bambini – e forse, a ben vedere, su ciò che significa essere umani. Quel giorno la celebre conduttrice ha domandato al pubblico: «Quando entra nella stanza un bambino, che sia vostro figlio o il figlio di qualcun altro, il vostro viso si illumina? Perché è questo ciò che i bambini vanno cercando».[1]

All'epoca i due figli di Morrison erano già grandi, ma quello che la loro madre aveva appreso le era rimasto impresso. «Quando i miei figli erano piccoli ed entravano nella stanza, li guardavo per controllare se avessero i pantaloni allacciati, i capelli in ordine o i calzini tirati su», ha raccontato. «Si pensa che l'affetto e il profondo amore per i figli siano lì in bella mostra, dato che ci si prende cura di loro. Non è così. Quando ti guardano, ciò che vedono sul tuo viso è un'espressione critica. *E adesso che cos'ho che non va?*»

Da madre, aveva capito che l'espressione critica si impone su tutto il resto, a prescindere dall'affetto e dall'amore profondo che pure sono presenti. In una sfida diretta, l'espressione critica vincerà sempre, facendo sì che anche un bambino di quattro anni si ritrovi a chiedersi dove sta sbagliando. Molti di noi registrano incessantemente la presenza di volti critici intorno a sé, sentendosi bombardati dal giudizio, domandandosi che cosa stiano sbagliando, e quindi introiettano le risposte secondo modalità distorte e nocive, che poi li accompagnano per tutta la vita. E troppo spesso puntiamo lo sguardo critico direttamente su noi stessi. Ci puniamo, chiedendoci assillanti *che cos'abbiamo che non va* prima ancora di avere la possibilità anche solo di intravedere *che cos'abbiamo che va.*

Il che ci porta alla seconda conclusione che è possibile trarre dall'esperienza rivelatrice di Toni Morrison: non c'è nulla di male nello spostare l'ago della bilancia nella direzione opposta alla critica, anzi, a volte è fondamentale farlo. Con i suoi figli, Morrison ha imparato a moderare il giudizio, per guidarli con qualcosa di più caldo, più vero e più immediato: un viso illuminato dalla gioia, una contentezza incondizionata e il riconoscimento non dei capelli ben pettinati o dei calzini tirati su, ma dell'intera persona comparsa lì di fronte a lei. «Il fatto è che, quando entravano nella stanza, io ero semplicemente felice di vederli», ha spiegato Oprah in quell'occasione. «Sapete, è un accorgimento tanto piccolo...»

Aveva imparato a mettere la propria contentezza in primo piano, bene in evidenza davanti a ogni altra cosa, e non solo con i suoi figli ma con tutti i bambini. Come il mio amico

Ron, anche Toni Morrison aveva imparato quanto fosse importante iniziare con gentilezza.

Questo non significa che Toni Morrison abbia viziato i suoi figli o abbia abbassato le aspettative che aveva per loro. E non significa, naturalmente, che abbia cresciuto dei figli che non hanno mai imparato a prendersi cura di sé o che sono stati condannati a dipendere dall'approvazione altrui. Credo, in realtà, che significhi l'esatto contrario. Ciò che Morrison ha fatto per i suoi figli è esattamente quello che i miei genitori hanno fatto per me: ha trovato una maniera molto semplice ed efficace di far capire loro che andavano bene così come erano. Ha capito come legittimarne la luce, quella fiammella unica e peculiare che ciascuno di loro custodiva dentro di sé, riuscendo a mostrare loro che quella luce c'era davvero ed era parte integrante della loro essenza, una forza che avrebbero potuto tenere sempre con sé per farvi affidamento.

Vale la pena ricordare qualcosa che sappiamo bene tutti: in genere, nella vita è difficile che gli altri ci comunichino la loro contentezza per la nostra presenza o ci diano conferme del fatto che andiamo bene così come siamo, e, quando accade, non è certo la prima cosa che fanno quando ci incontrano. A scuola, sul lavoro, e anche in famiglia e nelle relazioni, ci viene chiesto regolarmente di dimostrare il nostro valore, e siamo portati a credere di dover superare una serie di prove per ottenere l'approvazione altrui e riuscire a farci strada nella vita. È raro trovare un capo che ci dia piena fiducia il primo giorno di lavoro, o un collega che ci rivolga uno sguardo allegro e contento al nostro arrivo in ufficio. Ed è probabile che anche il partner più meraviglioso del mondo non sia in grado di guardarci con il volto illuminato dall'amore quando porta fuori la spazzatura o va al piano di sopra per cambiare l'ennesimo pannolino.

Ma il fatto è che quando il volto di qualcuno si illumina per noi ce ne ricordiamo. Quella sensazione colpisce nel segno e ci resta dentro. Avverto ancora il calore che mi trasmetteva ogni giorno la mia insegnante di terza elementare, la signorina Seals, quando noi bambini entravamo in classe e lei sembrava sinceramente felice di vederci. Ogni volta che ci viene offerta l'occasione di iniziare a interagire con un'altra persona all'insegna della gentilezza, ogni volta che qualcuno ci saluta pieno di allegria o si fida senza remore della nostra capacità di farcela, ne ricaviamo effetti benefici e stimolanti che possono durare nel tempo. Quanti di noi ricordano il volto di un certo insegnante, un genitore, un allenatore o un amico, che prima di ogni altra cosa ci accoglieva con gioia? Le ricerche mostrano che, nelle scuole in cui gli insegnanti dedicano del tempo all'accoglienza individuale degli allievi prima di entrare in classe, l'impegno scolastico aumenta di oltre il 20 per cento mentre, contestualmente, diminuiscono i comportamenti scorretti.[2] A ben vedere, è il concetto più semplice al mondo: l'allegria ci nutre e ci dà energia. È un dono. Quando qualcuno è felice di vederci, diventiamo un po' più saldi sulle nostre gambe. È più facile per noi prendere coscienza del nostro equilibrio interiore e godercelo. E quella sensazione benefica continuiamo a portarla con noi.

I bambini ci mostrano ogni giorno quanto il bisogno di allegria sia istintivo. Sono come calamite che attraggono la tenerezza. Alla Casa Bianca, ogni anno aprivamo le porte ai piccoli in occasione della giornata «Porta i figli al lavoro». Circa duecento bambini visitavano la cucina, incontravano Bo e Sunny, i nostri cani, e guardavano da vicino l'auto presidenziale corazzata che tutti chiamano la Bestia. Prima che la visita finisse, stavo un po' con loro nella Sala orientale e dedicavo del tempo a rispondere a qualsiasi domanda avessero voglia di farmi. I bambini alzavano la mano e aspettavano che li interpellassi. Chiedevano cose come: «Qual è il tuo cibo preferito?», «Perché ti alleni così tanto?», «C'è una piscina qui?» e «Il presidente è simpatico?».

Durante una di queste visite, una bambina di nome Anaya alzò la mano. Quando la chiamai, lei si alzò e mi chiese quanti anni avessi (all'epoca cinquantuno), per poi lusingarmi dicendo che sembravo troppo giovane per avere quell'età. Scoppiai a ridere, le feci segno di venire avanti e la strinsi in un grande abbraccio avvolgente.

Immediatamente si alzarono tante mani e, mentre ormai

l'incontro volgeva al termine, sembrava che una sola domanda avesse rimpiazzato tutte le altre.

«Posso avere un abbraccio, per favore?» chiese un altro bambino.

E dopo di lui un altro ancora: «Posso avere un abbraccio?».

Le voci iniziarono a riempire tutta la stanza, un coro di bambini che dicevano forte: «Anch'io, anch'io, anch'io!».

Quei ragazzini sembravano aver capito in modo istintivo che era l'abbraccio l'esperienza più importante di quel giorno, una sensazione che avrebbero ricordato molto più a lungo di qualsiasi parola, di qualsiasi informazione avessi da dispensare. Ciò che volevano più di ogni altra cosa era avvertire quel particolare sentimento, avere la chiara sensazione della schietta allegria che provavo ad averli lì con me. E la verità è che io stessa volevo essere investita a mia volta come per riflesso da quella loro sensazione. Perché l'allegria è un sentimento reciproco che funziona esattamente in questo modo. Nei miei otto anni da first lady, ho incontrato più adulti che bambini, ma sono stati questi ultimi a nutrire la mia anima e a darmi energia nei giorni in cui ero esausta. Gli incontri con i bambini sono stati tra i compiti migliori fra quelli previsti dal mio ruolo. Sapevo fin troppo bene che molti bambini al mondo non hanno mai incontrato – e forse non incontreranno mai – qualcuno che si accende di una luce gioiosa alla loro semplice presenza. E poiché ogni bambino che incontravo poteva non aver mai vissuto quell'esperienza, sentivo che uno dei miei doveri di first lady consisteva nell'essere sempre, per tutti i bambini, quella luce. Ai bambini che ho incontrato ho rivolto lo stesso sguardo illuminato dalla gioia che rivolgevo alle mie figlie, poiché avevo la chiara consapevolezza che, con quella mia gioia, potevo far capire loro quanta importanza e quanto valore avessero ai miei occhi.

Nei capitoli seguenti, vedremo più da vicino che cosa occorre per creare e far crescere relazioni fondate sulla gioia, come individuare attorno a noi le persone che sanno rafforzare l'equilibrio interiore altrui e come diventare una di queste persone. Parleremo di quanto sia difficile essere guardati con occhi illuminati dalla gioia e, più in generale, anche essere semplicemente visti dagli altri; parleremo cioè della sensazione di essere invisibili con cui combattono molti di noi, così come della serie di stereotipi che talvolta tocca affrontare perché la propria identità venga pienamente riconosciuta. Ma sono argomenti su cui ci soffermeremo meglio più avanti; per ora, vorrei offrirvi un piccolo promemoria, ricordandovi che la vera crescita dipende dalla gioia con cui ciascuno di noi è in grado di vedere sé stesso.

Torniamo a Ron, che all'inizio di ogni nuovo giorno si saluta pronunciando due semplici parole con calore. Ron sa quanto sia importante anteporre a ogni altra cosa l'allegria che prova nel ritrovarsi al mattino, subordinando a essa qualsiasi tipo di giudizio. E, così facendo, diventa davvero sicuro di sé.

È facile dimenticare che si tratta di qualcosa che non deve necessariamente venire dagli altri: possiamo benissimo pensarci da soli. Siamo in grado di trasmettere approvazione e gentilezza anche alla persona stanca e imperfetta che ci appare allo specchio. Possiamo riconoscere la luce che noi stessi abbiamo dentro, sentire *che cos'è* per noi. Sono stati scritti molti libri sul potere della gratitudine, e per un'ottima ragione: funziona. Non ci vuole tanto, forse è solo questione di pratica. Forse occorre semplicemente diventare un po' più consapevoli della tendenza a buttarci giù che ogni tanto ci prende, della velocità con cui ci calano addosso i pensieri negativi, per imparare a contrastarli con un'espressione personale di gentilezza simile all'«Eeehi, amico!» di Ron, qualunque essa sia.

Negli ultimi tempi, quando mi sveglio la mattina, cerco di dare a me stessa l'occasione di iniziare la giornata con gentilezza, affrontando consapevolmente quei primi pensieri autodenigratori o screziati di sfumature negative che mi spuntano in testa, ben decisa a metterli da parte. Quindi evoco pensieri diversi, migliori e più affettuosi, più mirati e più amichevoli. E scelgo di cominciare la mia giornata da lì. Di solito sono piuttosto semplici. Spesso non è altro che la serena e grata constatazione di essere arrivata ancora una volta alla linea di partenza di un nuovo giorno.

Ricordatevi che l'asticella è piuttosto bassa. Iniziare con gentilezza non significa fare chissà che. Non c'è bisogno di impegnative dichiarazioni d'intenti, di scoprire una qualche sorgente misteriosa di fiducia alla quale attingere né di fingersi invincibili. Non occorre nulla del genere, e non è affatto indispensabile che vi dedichiate al vostro personale inizio gentile dicendo qualcosa ad alta voce davanti a uno specchio. In un modo o nell'altro, state semplicemente cercando di mettere fuori gioco la voce critica interiore per lasciare la scena alla gioia, incontrando con un briciolo di calore il vostro stesso sguardo, anche in senso metaforico, e quindi di rivolgere a voi stessi una qualche forma di saluto amichevole. Forse può essere d'aiuto allentare un po' il controllo che abbiamo su noi stessi o dimenticarsi per un attimo del nostro partner che ridacchia nella stanza accanto.

In ogni caso, Ron continua a iniziare la sua giornata nello stesso modo. Ogni mattina si alza e riesce a evocare una forza in grado di donargli equilibrio agendo dall'interno. Saluta sé stesso con un messaggio che dice: *Sei qui, ed è un grande miracolo, quindi vediamo di godercela.* Lo trovo bellissimo.

Ciò non toglie che a me e Matrice piaccia scherzarci sopra. A dirla tutta, lo troviamo un gesto adorabile.

«Eeehi, amico!» abbiamo iniziato a dirci l'un l'altra imitandolo, tanto per divertirci.

«Eeehi, amico!» ho detto a Ron la prima volta in cui l'ho rivisto.

E poiché Ron è una persona sicura ed equilibrata, che sa come essersi amico, non ha provato la minima traccia di imbarazzo.

Mi ha semplicemente sorriso restituendomi le stesse parole.

4. SONO INVISIBILE?

Impossibile non notare la mia altezza: qui al centro della fila in fondo, ero la bambina più alta della mia classe alla scuola elementare Bryn Mawr.

Vi siete mai sentiti poco importanti? Vi siete mai sentiti come se per il mondo foste invisibili?

Ovunque io vada, mi capita di incontrare persone che mi confidano di faticare a farsi accettare per come sono, che sia a scuola, al lavoro o in una comunità più ampia. Mi descrivono il disagio che scaturisce dalla sensazione di non sentirsi integrate. È un sentimento che conosco bene, perché mi ha accompagnato per gran parte della mia esistenza.

A quasi tutti, prima o poi, succede di provare questo tipo di sensazione: la pungente consapevolezza di non essere adatti al proprio ambiente, di essere percepiti come intrusi. Tuttavia, per quanti di noi vengono considerati diversi a causa della razza, dell'etnia, della corporatura, del genere, dell'orientamento sessuale, di una disabilità, di una neurodivergenza o di qualsiasi altro fattore, oppure di una loro combinazione, queste sensazioni non sono affatto momentanee e fugaci; al contrario, possono rivelarsi intense e persistenti. Conviverci richiede molto lavoro. Cercare di capire cosa le provoca e come trattarle può rivelarsi un compito a dir poco gravoso.

In larga parte, i miei primi ricordi di questo senso di estraneità non hanno nulla a che vedere con il colore della mia pelle. Nel quartiere in cui sono cresciuta, infatti, era praticamente irrilevante. La mia scuola era frequentata da bambini molto diversi tra loro, con background differenti, e qualcosa in quella mescolanza sembrava garantire più spazio all'identità di tutti.

Però ero alta. E la statura è diventata qualcosa con cui dovermi confrontare. Era un mio tratto distintivo. È stato il primo marchio che mi hanno impresso, un marchio che mi avrebbe accompagnata a lungo. Non potevo scuotermelo di dosso, né potevo nasconderlo. Ero alta già il primo giorno d'asilo, e da lì non ho fatto che crescere fino a raggiungere la mia statura attuale – un metro e ottanta – a circa sedici anni.

Alle elementari, temevo l'inevitabile appello dell'insegnante ogni volta che uscivamo per la ricreazione, facevamo un'esercitazione antincendio o ci preparavamo a uno spettacolo scolastico: «Va bene, ragazzi, mettetevi in fila in ordine di altezza!». L'ordine era implicito: *Il più basso davanti, il più alto dietro.*

Anche se so benissimo che l'intento dei miei insegnanti non era questo, i loro richiami non facevano che accentuare il mio disagio, come se mi vedessi pubblicamente spinta ai margini. Non potevo impedirmi di sentire il messaggio: *Qui non è il tuo posto.* Era una piccola ferita, un minuscolo seme di disprezzo verso me stessa che mi impediva di accettare i miei punti di forza. Per via dell'altezza, finivo quasi sempre relegata in fondo ai gruppi, e in terza elementare cantavo dall'ultima fila del coro. Ero il fanalino di coda. L'attenzione riservata alla mia altezza mi instillava una nuova forma di disagio, un leggero senso di alterità. C'erano volte in cui attraversavo l'aula completamente immersa nel mio imbarazzo, la mente fissa su un unico pensiero: *Sono quella alta e il mio posto è in fondo.*

Ora so che in realtà stavo elaborando due pensieri insieme, due messaggi che, combinati tra loro, diventavano particolarmente tossici: *Sono diversa dagli altri,* e *Non conto niente.*

La mia stazza non mi rendeva il servizio di cui invece sembrava beneficiare mio fratello che, a tredici anni, era abbastanza grosso da tenere testa a uomini adulti sui campi da basket nel parco di fronte a casa nostra. La sua forza e la sua prestanza atletica venivano elogiate: erano uno strumento che lo aiutava a stringere amicizie e a guadagnarsi il rispetto nel quartiere, e che gli avrebbe agevolato la strada per il college, mettendolo in relazione non solo con altri atleti della stessa università, ma anche con i sostenitori della squadra che gli fecero da mentori e contribuirono a stabilire ulteriori contatti. L'altezza e la forza di Craig gli avrebbero aperto le porte di una fortunata carriera come allenatore.

Per me, invece, questa combinazione di forza e altezza sembrava un fardello, più che un vantaggio. Essendo una ragazza, non riuscivo a capire cosa farne. Ricordo di aver guardato le Olimpiadi del 1976 e di aver sviluppato un'autentica ossessione per Nadia Comăneci, la ginnasta che aveva stupito il mondo conquistando il primo «10 perfetto» in assoluto nella ginnastica a livello olimpico con una prestazione impeccabile alle parallele asimmetriche. Non paga, ottenne la stessa votazione in altre sei occasioni nel corso dell'evento, vincendo l'oro, oltre che alle parallele, anche alla trave e nel concorso generale individuale. La sua potenza mi lasciava senza fiato. Il suo portamento aveva un che di ipnotico. Osservando il coraggio e la spavalderia con cui inseguiva la grandezza, a un certo punto sentii qualcosa agitarsi dentro di me. Prima di Nadia Comăneci, un 10 perfetto non era altro che un'idea a cui tendere, una sorta di effimero miracolo; adesso, invece, lei aveva dimostrato che era un obiettivo realizzabile. Aveva raggiunto un livello di eccellenza completamente inedito. Quello a cui avevamo assistito era l'equivalente sportivo di uno sbarco sulla Luna.

E il bello era che Nadia aveva appena quattordici anni, all'epoca. In realtà, tecnicamente parlando, ne aveva quattordici e mezzo e io dodici e mezzo. E il divario di età mi incoraggiava. Ai miei occhi, più del fatto che non mi fossi mai cimentata con la ginnastica artistica contava il pensiero di avere una rampa di due anni interi per mettermi in forma in stile Nadia; a quel punto, dopo una bella spolverata di gesso sulle mani, avrei fatto irruzione nel panorama delle competizioni internazionali. Nadia era diventata il mio nuovo modello per il futuro. Tutto quello che riuscivo a pensare era: *Okay, ecco come sono le cose a quattordici anni e mezzo.*

E così decisi di puntare in quella stessa direzione, pensando che anche io sarei approdata sulla Luna.

Con la benedizione di mia madre, mi iscrissi a lezioni settimanali di «acrobatica» alla Mayfair Academy, la scuola in cui facevo danza. La Mayfair era stata fondata alla fine degli anni Cinquanta da un coreografo e ballerino di tip-tap afroamericano di successo, che voleva dare ai bambini della sua comunità l'opportunità di accedere alla danza e al movimento come accadeva nei quartieri più ricchi (e in prevalenza bianchi) del Nord. Quella piccola scuola di danza era quanto di più simile a una palestra di ginnastica artistica si potesse trovare nel South Side, ma non era specificamente attrezzata per quello sport: non c'erano travi di equilibrio o tappetini, niente scarpette o buche paracadute, niente tavole per il volteggio né sbarre. C'era solo una passatoia su cui io e una decina di altre aspiranti Nadia potevamo esercitarci a fare acrobazie e spaccate.

Per gran parte di un intero anno scolastico, praticai con diligenza verticali, ruote e rondate. Ogni tanto riuscivo a fare una rovesciata, ma il più delle volte no. Qualcosa nella distribuzione del mio peso sembrava complicare intrinsecamente l'impresa. Rimanevo bloccata per cinque minuti in un goffo piegamento all'indietro, con i muscoli delle braccia che tremavano mentre tentavo inutilmente di spingere le lunghe gambe da cavalletta oltre il mio corpo arcuato, trovando solo di rado il giusto slancio o il fulcro. Alla fine, cadevo di schiena sul pavimento.

Cominciai a sentirmi un po' fuori posto tra i miei compagni acrobati. Ancora più difficile era osservare i nuovi arrivati – il più delle volte, ragazzine dalla corporatura esile e più basse di me di almeno quindici centimetri – presentarsi nei loro body appena acquistati e padroneggiare all'istante abilità che io invece non ero in grado di esprimere.

Era un po' imbarazzante. Poi iniziò a essere anche deprimente.

Alla fine, ammettendo il fallimento della mia missione lunare, a tredici anni abbandonai ufficialmente la ginnastica.

Non ero Nadia. Non lo sarei mai stata.

La verità è che non ero fatta per essere una Nadia. Il mio baricentro era troppo alto; i miei arti erano troppo lunghi per tutti quei piegamenti e quelle rotazioni. Non avevo il fisico giusto per aspirare a diventare una ginnasta di successo e, come se non bastasse, cercare di accedere al tipo di attrezzatura e di formazione specializzata necessarie per progredire avrebbe probabilmente mandato la mia famiglia sul lastrico. Poco importava quanto fossi determinata. Poco importava che la serie di 10 perfetti di Nadia avesse attivato in me un qualche impulso, il desiderio di mettermi alla prova, la sensazione di essere anch'io in grado di raggiungere risultati straordinari. Avevo scelto un buon modello, ma un percorso impossibile.

Cosa farne dunque della mia forza? Ero una ragazzina forte venuta su in una famiglia forte, ma «forte» non era un'etichetta che veniva assegnata abitualmente alle ragazze – e in ogni caso, non in un'accezione positiva. Non era qualcosa da apprezzare o coltivare. Avevo un corpo forte, una personalità forte e forti motivazioni. Eppure, quella potenza non sembrava avere molto senso una volta fuori dalle amorevoli mura di casa. Sembrava qualcosa da tenere nascosto dentro di me.

Il problema più grande era che non conoscevo le altre opzioni di cui disponevo. Non era facile, per me, trovare modelli da seguire. Faticavo a individuare nuovi sbocchi verso i quali convogliare la mia forza. Nel mio quartiere non c'erano campionati femminili di calcio o softball (quantomeno, non ne ero a conoscenza). E il tennis (lezioni, campi, attrezzatura) non era uno sport cui potessi accedere facilmente. Forse avrei potuto trovarmi una squadra di basket, ma qualcosa dentro di me sembrava ribellarsi istintivamente all'idea (sempre quel minuscolo seme di disprezzo verso me stessa...). Non volevo ripiegare sull'unico sport che ci si aspettava che le ragazze alte come me praticassero. In qualche modo, mi sembrava una resa.

Tenete presente che tutto questo accadeva molto prima che sulla scena si presentassero Venus e Serena Williams. Era un'altra epoca. Non c'erano né Maya Moore né la WNBA, e gli Stati Uniti non avevano ancora una nazionale femminile di calcio o di hockey. Vedere una donna sudare, battersi o giocare in una squadra era cosa rara. Wilma Rudolph, una velocista nera, era fugacemente salita alla ribalta mondiale nei primi anni Sessanta; la successiva superstar americana delle piste d'atletica, Florence Griffith Joyner («Flo-Jo»), non aveva ancora fatto la sua comparsa. Il titolo IX, lo storico emendamento sui diritti civili che vietava ogni discriminazione basata sul genere nel campo dell'istruzione – rimodellando di conseguenza l'atletica a livello universitario e creando una nuova generazione di atlete –, era stato approvato solo quattro anni prima e veniva implementato un po' a singhiozzo. Se bastava accendere la TV per vedere uomini che giocavano a football, baseball, golf o basket praticamente ogni giorno della settimana, solo il tennis offriva sporadiche apparizioni di donne impegnate in una competizione sportiva. Ecco perché le Olimpiadi, con la loro cadenza quadriennale, rappresentavano un appuntamento così folgorante.

Anche allora, però, gli sport femminili che godevano di maggior copertura mediatica erano discipline come la ginnastica e il pattinaggio artistico, dove minute donne bianche gareggiavano individualmente, avviluppate in body di spandex. Non conoscevano il sudore ed emanavano una forza avvolta in una grazia controllata, quasi enfaticamente femminile. Benché sapessi che erano presenti, da qualche parte, in competizioni che magari non facevano audience, o in rappresentanza di Paesi a cui le telecamere non erano interessate, non ricordo di aver visto in televisione una sola atleta nera in tutta la mia infanzia.

Non che la cosa riguardasse soltanto lo sport. Mi capitava pochissime volte di imbattermi in persone che mi somigliassero in TV, nei film, nelle riviste o nei libri. Negli show televisivi, le donne forti che avevano un loro punto di vista erano generalmente utilizzate come contrappunto comico degli uomini, nelle vesti di petulanti o bisbetiche. I neri vestivano spesso i panni di criminali o domestiche; quasi mai figuravano come dottori, avvocati, artisti, professori o scienziati. Oppure venivano rappresentati con eccessi fumettistici: la famiglia Evans di *Good Times* conduceva una vita infarcita di scherzi e battute in un complesso di edilizia popolare, mentre George e Weezy dei *Jefferson* erano riusciti a emergere dal ghetto per trasferirsi in un lussuoso appartamento ai piani alti («a deluxe apartment in the sky», come recitava la sigla). Mio papà alzava gli occhi al cielo ogni volta che ci vedeva ridere di quelle famiglie da sitcom. «Perché sono sempre così stupidi e squattrinati?» diceva, scuotendo la testa.

Da ragazzina, tendevo faticosamente verso un'esistenza che non riuscivo nemmeno a intravedere. A parte Nadia, i miei modelli erano Mary Tyler Moore, Stevie Wonder e José Cardenal, un esterno dei Chicago Cubs. Se aveste messo insieme tutti questi personaggi sarebbe forse emerso vagamente il tipo di persona che speravo di diventare, ma avreste dovuto fare un grosso sforzo anche solo per immaginarlo.

Ero alla disperata ricerca di eroi, di qualcuno che seppur lontanamente mi somigliasse, qualcuno che potesse illuminarmi il cammino e mostrarmi le alternative possibili: *Okay, ecco com'è fatta una donna in carriera. Ecco cos'è una donna leader. Ecco in che modo un'atleta nera mette a frutto la sua potenza.*

Nella vita è difficile sognare ciò che non vediamo. Quando ti guardi intorno e non riesci a trovare una sola versione di te in tutto il mondo, quando scruti l'orizzonte e non vedi nessuno che ti somigli, cominci a provare una solitudine più generalizzata, la sensazione di non corrispondere a ciò che speravi, ai tuoi progetti, ai tuoi stessi punti di forza. Inizi a chiederti se troverai mai – e come – un posto che ti faccia sentire a casa.

Alle superiori, provavo una certa invidia per tutti quelli della mia età che potevano confondersi facilmente tra la folla. Benché a scuola fossi felice e avessi buoni amici, continuavo a sentire su di me lo stigma dell'altezza. Ne ero quasi sempre consapevole. Nutrivo un'invidia genuina per le ragazze più minute, quelle la cui corporatura non sembrava incidere sulla scelta dei vestiti da comprare o sulla possibilità che un ragazzo ci pensasse due volte prima di invitarle a ballare.

Dedicavo molte delle mie ore libere alla ricerca di abiti adatti alle mie forme e alla mia taglia. La maggior parte delle volte dovevo accontentarmi di un risultato non proprio perfetto. Mi sforzavo di non rimanerci troppo male quando vedevo le mie amiche più bassine prendere con disinvoltura dagli scaffali un paio di jeans Calvin Klein senza preoccuparsi minimamente che le gambe dei pantaloni «straripassero». Spesso mi tormentavo per l'altezza dei tacchi, perché era complicato sembrare «cool» invece che semplicemente altissima. Spesso, in classe, mi distraevo a furia di tirare giù le gambe dei pantaloni, nel tentativo di nascondere le caviglie come richiedeva la moda. E le maniche delle camicie e delle giacche non erano mai abbastanza lunghe per le mie braccia, ragion per cui le tenevo perennemente arrotolate, nella speranza che nessuno se ne accorgesse. Sprecavo un sacco di energie per nascondermi, adattarmi e cercare di compensare ciò che non ero.

Andavo ai raduni prepartita e guardavo le cheerleader fare salti mortali e agitare i pompon, riconoscendo lo stesso mix di forza e grazia che avevo visto nelle ginnaste, mentre, con una punta di sgomento, prendevo coscienza del fatto che alcune di quelle ragazze erano alte quanto una delle mie gambe. Al tempo stesso, però, cominciavo a capire che in gioco c'erano dinamiche di genere, e che anche le ragazze che invidiavo non erano poi così fortunate. Per quanto esili e di una bellezza classica, infatti, si muovevano all'interno di una cornice ristretta di opzioni. Per quanto forti e disciplinate, quelle cheerleader erano viste comunque come mere decorazioni, pimpanti mascotte che, da bordo campo, ricoprivano un ruolo di supporto in quello che era il dramma sicuramente più ampio e avvincente del football o del basket maschili. Gli applausi erano riservati principalmente ai ragazzi.

Detto questo, continuavo a cercare di adattarmi agli spazi in cui mi muovevo. Lo facevamo tutti, in effetti: ora so che è parte dell'adolescenza. È ciò che pone molti di noi davanti alle prime esperienze di fallimento. Anche i ragazzi più popolari e sicuri di sé, ero solita dire alle mie figlie, hanno paura: sono solo un po' più bravi a nascondere gli sforzi che fanno per sentirsi adeguati. A quell'età, quasi tutti indossano una maschera.

Questo genere di disagio rappresenta quasi una fase dello sviluppo: è qualcosa da affrontare, da cui imparare e che bisogna cercare di superare. Per molti, però, la sensazione di non essere all'altezza, di trovarsi a vivere al di fuori delle norme proposte, spesso persiste anche durante l'età adulta.

È questo il mio posto?

Cosa pensano gli altri di me?

Come mi vedono?

Ci poniamo queste domande e a volte ci danniamo per ottenere risposte che non facciano male. Ci adattiamo, ci nascondiamo e compensiamo in modo da gestire la nostra diversità in relazione agli spazi in cui ci muoviamo. Indossiamo maschere diverse – facce coraggiose, in realtà – in base alle diverse situazioni, nella speranza di sentirci più al sicuro o di avvicinarci quanto più possibile a un senso di appartenenza, ma senza sentirci mai pienamente noi stessi.

Può essere facile presumere che la vostra diversità sia la parte più visibile di voi, la caratteristica che le persone percepiscono per prima e che ricordano più a lungo. A volte è assolutamente vero, ma altre volte no. La complicazione sta nel fatto che raramente lo verrete a sapere. Perciò, non avete altra scelta se non quella di andare avanti, a prescindere. Ma il punto è che, una volta che lasciate spazio al giudizio altrui, questo diventa fonte di distrazione: è un segno distintivo di quel disagio, il passaggio dal pensare a voi stessi all'immaginare come gli altri pensano a voi. E può anche diventare una forma di autosabotaggio, perché adesso, all'improvviso, ecco che anche voi percepite la vostra diversità come prima cosa. Invece di concentrarvi sul problema di matematica da risolvere alla lavagna, vi preoccupate di come apparite. Alzate la mano in aula per fare una domanda, ma al tempo stesso vi chiedete come suona la vostra voce in una stanza piena di persone che non sono come voi. Andate a una riunione con il capo, ma prevedete già l'impressione che desterete e cominciate a preoccuparvi della lunghezza della gonna e a domandarvi se avreste dovuto mettere il rossetto.

Iniziate a sentire il peso della vostra etichetta, qualunque essa sia. La vostra diversità vi si pianta addosso come una bandiera.

Tutto questo non fa che creare un fardello extra, una distrazione in più. Aggiunge un altro livello di pensiero a situazioni che per alcuni potrebbero essere informali, ma che a voi, adesso, richiedono energia. È quasi come se il mondo si fosse silenziosamente diviso in due proprio sotto ai vostri occhi: da una parte quelli che sono costretti a pensare di più, dall'altra quelli che possono permettersi di pensare di meno.

Ho un certo numero di amici neri cresciuti in ricchi sobborghi bianchi. Molti di loro affermano che i genitori hanno scelto consapevolmente di tirarli su in quartieri con scuole pubbliche ben attrezzate, aree verdi, e dove l'acqua e l'aria erano pulite. Il che spesso significava che dovevano allontanarsi dalla propria città di origine e dalle loro famiglie, racimolando ogni dollaro per assicurarsi un nuovo codice postale. A volte significava anche che, pur di potersi permettere quegli ambienti più altolocati, con scuole migliori, finivano per ritrovarsi a vivere in un minuscolo appartamento in affitto vicino alla stazione dei treni affollata di pendolari, ai margini estremi della città: anche così, era pur sempre un punto di appoggio che permetteva loro di beneficiare di alcuni vantaggi. Quasi sempre, inoltre, significava che i loro figli erano destinati a crescere come delle eccezioni, non trovando – o trovando pochissime – persone di colore in classe, nelle squadre sportive, nella fila per i popcorn al cinema e nelle corsie del negozio di alimentari. Con l'intenzione di offrire migliori opportunità ai propri figli, questi genitori si sono posti su una sorta di frontiera razziale.

Ho un'amica – la chiamerò Andrea – che è cresciuta così in un sobborgo di New York, un quartiere dormitorio costellato di country club e foreste collinari, dove i padri prendevano il treno per andare a lavorare in città e le madri rimanevano perlopiù a casa con i figli. I suoi genitori erano professionisti neri di successo, istruiti e animati da grandi ambizioni. Vivevano in una bella casa e guidavano auto di lusso. Quanto al benessere economico, dunque, la famiglia si adattava perfettamente all'ambiente. Ma questo serviva ben poco a compensare il modo in cui i loro corpi neri spiccavano in una città abitata in maniera omogenea da bianchi. Andrea era ancora molto giovane quando ha iniziato a notare le piccole esitazioni di chi le stava intorno, quella frazione di secondo in cui chi la vedeva per la prima volta tentava di scendere a patti con la vista di una ragazzina nera in uno spazio privilegiato, quel minuscolo pensiero in più: *E tu che ci fai qui? Che storia è questa?* Con ciò non sto dicendo che alla fine Andrea non si sia fatta degli amici che l'apprezzavano per com'era, né intendo insinuare che sia venuta su nell'infelicità a causa del luogo in cui viveva; è solo che fin da piccola ha dovuto confrontarsi con il marchio della diversità, captare tutti quei piccoli segnali di non appartenenza, gli indizi silenziosi e celati del fatto che in qualche modo era un'intrusa nella sua stessa città natale.

Questi messaggi di non appartenenza infliggono ferite che non si rimarginano facilmente. Con il tempo, anche la mia amica è diventata una professionista altamente qualificata e benestante. Ha dedicato buona parte della sua carriera all'impegno in favore dell'inclusività negli spazi aziendali, alla accettazione della diversità nei luoghi in cui lavora. Dopo tutti gli anni in cui ha avuto bisogno di farsi strada in mezzo a quanti la percepivano come diversa, ha sviluppato una serie di strumenti e un'armatura emotiva che su di lei sembrano funzionare. Eppure, le vecchie ferite non sono guarite del tutto: Andrea si emoziona ancora ricordando il modo in cui la sua maestra d'asilo sorrideva e dispensava abbracci affettuosi ai suoi compagni di classe bianchi, astenendosi da ogni contatto con lei. E piange ancora quando ripensa a come si sentisse invisibile ogni volta che un compagno bianco si vedeva restituire dall'insegnante un compito decorato con stelline e faccine incoraggianti, mentre il suo, eseguito con uguale diligenza e precisione, non recava nient'altro che un impersonale segno di spunta. Sottile e palese al tempo stesso, era solo uno di quei mille, minuscoli tagli.

I miei genitori non manifestavano alcun interesse per i sobborghi né li pensavamo come punto d'appoggio per chissà che. Avevano scelto di tenerci radicati nella comunità cittadina, vicino a zie, zii, nonni e cugini, anche se altre famiglie – soprattutto bianche – cominciavano a trasferirsi altrove. Più che con un programma ponderato, la cosa aveva forse a che vedere con la generica riluttanza di mia madre al cambiamento, anche se penso che ai miei genitori piacesse la nostra sistemazione. Conoscevamo i vicini. Eravamo a nostro agio in quella varietà di persone, etnie, classi sociali e culture. Quel miscuglio era un rifugio. Per noi, era soltanto una cosa positiva.

Tutto questo ha comportato però che per i primi diciassette anni della mia vita non mi sono mai sentita un'eccezione. È stato soltanto al college che ho sperimentato il mio primo vero assaggio di invisibilità razziale. Mio papà mi accompagnò in auto da Chicago a Princeton e all'improvviso mi ritrovai a camminare per i vialetti che si intersecavano tra edifici in pietra del XIX secolo, ricacciando in gola il mio stupore mentre schivavo i frisbee lanciati da una parte all'altra di un cortile immacolato da studenti «bene» con la camicia fuori dai pantaloni. Ero sbalordita dal fatto che esistesse un posto del genere e che io, Michelle Robinson di Euclid Avenue, fossi riuscita ad approdarvi.

Il campus era bellissimo e, per me, anche carico di una leggera tensione. Prima di allora, infatti, non ero mai stata in un ambiente popolato principalmente da giovani uomini bianchi. (Non si tratta di una generalizzazione quanto, piuttosto, di una constatazione: più di tre quarti degli studenti del mio corso universitario erano bianchi e quasi due terzi di loro erano maschi.)[1] Sono abbastanza certa di aver percepito la loro presenza più di quanto loro non avvertissero la mia. In qualità di giovane donna nera, rappresentavo una minoranza su due fronti. Camminare lungo quei vialetti era come attraversare un campo di forza, una specie di frontiera. Dovevo sforzarmi di non pensare a quanto ero diversa.

Nonostante la mia diversità, compresi fin dal primo momento che nessuno mi prestava poi tanta attenzione. Ero irrilevante come un soffio d'aria. A Princeton, nel complesso, regnava una sorta di impermeabilità. Qualcosa nelle sue eleganti arcate gotiche e negli oltre duecento anni di orgoglioso elitarismo (altrimenti noto come «eccellenza accademica») alimentava la sensazione che tutti noi, indipendentemente dalla provenienza, fossimo soltanto di passaggio. L'istituzione sarebbe sopravvissuta a ciascuno dei suoi studenti. Eppure, ben presto divenne evidente che alcuni dei miei compagni di corso si sentivano più a loro agio in quell'ambiente, meno turbati da tutta quell'abbondanza, meno preoccupati all'idea di doversi mettere alla prova. Per alcuni, frequentare Princeton era essenzialmente un diritto di nascita – nel mio corso, avrei presto scoperto, uno su otto[2] era stato ammesso perché altri membri della famiglia avevano studiato lì –, i nuovi arrivati di una stirpe di padri e nonni che erano passati sotto quegli stessi archi e che potevano ragionevolmente presumere che i propri figli, un giorno, avrebbero fatto altrettanto. (All'epoca, erano trascorsi soltanto dodici anni da quando l'istituto aveva ammesso le donne, e dunque madri e nonne non facevano ancora parte dell'equazione.)

Allora, però, non comprendevo niente di tutto ciò. Non avevo ancora afferrato il concetto di legittimazione. Non mi ero resa conto del fatto che la sicurezza e l'agio mostrati da alcuni miei coetanei erano alimentati da una sorgente sotterranea di ricchezza generazionale e da profonde reti di privilegi. Sapevo solo che mi sentivo diversa e, di tanto in tanto, sminuita. Ero stata ammessa, certo, ma questo non mi infondeva necessariamente un senso di appartenenza.

C'è qualcosa di snervante nel girare in un ambiente senza mai vedere persone che ti somiglino. È quasi inquietante, come se la tua «specie» fosse stata completamente cancellata dal pianeta. Se anche sei cresciuta a contatto con i nonni, il loro cibo, la loro cultura, il loro modo di parlare, ecco che ora, all'improvviso, di tutto questo non resta più niente. La tua stessa realtà sembra non esistere più. Non ci sono volti simili al tuo nei ritratti che rivestono le pareti delle aule e delle mense; gli edifici in cui trascorri le giornate prendono tutti il nome da uomini bianchi. I tuoi insegnanti non sono come te. I tuoi coetanei non sono come te. Anche per le strade della città non c'è quasi nessuno che assomigli a te.

Quello che onestamente non mi era passato per la testa prima di andare al college era che c'erano enormi enclave d'America che somigliavano meno al posto da cui venivo e più a Princeton: erano ambienti omogenei privi di diversità. Per molte persone, questa era semplicemente la norma. Cominciai a cogliere quella lieve esitazione ogni volta che qualcuno che non mi conosceva posava lo sguardo su di me e aveva bisogno di quel secondo in più per elaborare la mia diversità, la mia presenza in quel luogo. Mi rendevo conto che molti dei miei compagni di corso erano cresciuti circondati da persone uguali a loro nell'aspetto e nel modo di comportarsi, che le loro esistenze erano state modellate dall'uniformità, così come il loro benessere. Alcuni non avevano mai frequentato persone di colore. Questo mi rendeva praticamente irriconoscibile ai loro occhi, quasi fossi un'aliena. Non c'era da stupirsi che potessero farmi aderire allo stereotipo con tanta facilità, né che sembrassero spaventati dai miei capelli o dal colore della mia pelle! Nel loro mondo non c'era posto per una come me. Da dove venivano, quelli come me letteralmente non esistevano.

Con il passare del tempo, trovai rifugio e un senso di comunità in alcuni spazi del college, vale a dire nella mia stanza del dormitorio con le mie amiche Angela e Suzanne e nel centro multiculturale del campus, dove gli studenti di colore erano soliti passare il tempo insieme. Era un luogo in cui potevamo sbarazzarci del disagio che ci attanagliava e sentirci un po' più a casa, senza doverci preoccupare di ciò che gli altri pensavano di noi. Lì trovai diversi amici e una mentore straordinaria, Czerny Brasuell, la direttrice del centro che avrebbe supervisionato il mio percorso studio-lavoro, investendo emotivamente nel mio successo. Ciò che mi permise di sopravvivere al college fu il fatto che mi creai una cerchia di amici, confidenti e consiglieri, persone con cui potevo scherzare su qualsiasi cosa, inclusa la stranezza di essere un'eccezione. Ogni studente nero che conoscevo aveva una storia da raccontare sugli stigmi che portava, su come «nero» eclissasse quasi sempre «studente universitario». Un mio amico fu seguito più di una volta dalla sicurezza del campus mentre tornava al suo dormitorio la sera. Una ragazza raccontava di come la sua coinquilina bianca fosse amichevole e calorosa in privato, per poi fingere di non conoscerla alle feste.

Forse era proprio perché non avevamo altra scelta che trovavamo il modo di ridere di queste cose. Sotto sotto, però, penso che stessimo facendo qualcosa di veramente importante, condividendo le nostre esperienze per approdare a una verità utile e stranamente rasserenante: non eravamo pazzi. Tutto questo non esisteva soltanto nelle nostre teste. Il senso di disconnessione e di isolamento che ciascuno di noi stava sperimentando individualmente – ciò che alimentava il nostro disagio – non era inventato né era dovuto a qualche nostro difetto o al fatto che non ci provassimo abbastanza. I pregiudizi che ci emarginavano non erano frutto della nostra immaginazione. Era tutto reale. Era tutto vero. Essere consapevoli di questo stato di cose, riconoscerlo, anche se non sapevamo bene come cambiarlo, era essenziale.

Il mio gruppo di amici mi faceva sentire meno sola; eppure, per fare quanto mi richiedeva il college, per ottenere i benefici per cui ero lì, dovevo comunque uscire dalla mia cerchia familiare ed entrare nel campo di forza della cultura in senso più ampio. C'erano momenti in cui mi ritrovavo a camminare in sala mensa o in un'aula universitaria, desiderosa di passare inosservata ma oltremodo consapevole della mia diversità, mentre la mia mente correva simultaneamente su due binari. Ero concentrata sulla ricerca di un posto a sedere, ma anche sull'immagine di me alla ricerca di un posto a sedere, su quelli che credevo potessero essere i pensieri che frullavano nella testa delle persone: *Ecco la ragazza nera che cerca un posto a sedere.*

In altre parole: *Sono diversa dagli altri. Non conto niente.*

È una cosa che può mandarti fuori di testa, se le assecondi.

Ricordo ancora il malessere di quei momenti. Mi sentivo sradicata, scissa da me stessa, quasi come fossi stata sbalzata fuori dal mio corpo.

Quel tipo di inibizione, la consapevolezza della tua diversità, può spezzare ogni equilibrio e cancellare quella che sai essere la verità su di te. Può disorientarti, renderti goffa e insicura, senza punti di riferimento su chi sei e dove ti trovi. È come se il mondo avesse sollevato uno specchio a un'angolazione poco lusinghiera e ora ti mostrasse la tua irriconoscibilità agli altri, tutte le particolarità che fanno di te un corpo estraneo. A volte quell'immagine diventa l'unica cosa che riesci a vedere. È una tensione che W.E.B. Du Bois, sociologo e leader dei diritti civili, ha descritto nel suo fondamentale libro del 1903, *Le anime del popolo nero.* «È una sensazione peculiare», scriveva, «questa doppia coscienza, questo senso di guardarsi sempre attraverso gli occhi degli altri, di misurare la propria anima con il metro di un mondo che guarda con divertito disprezzo e pietà.»[3]

Tanto antica, dunque, è questa percezione, se non di più.

E anche altrettanto comune. Persino adesso, nonostante tutto.

La domanda, semmai, è che cosa farne.

Mio padre, il cui portamento traballante (camminava zoppicando e trascinando i piedi) a volte induceva le persone a fermarsi a fissarlo per strada, ci diceva sempre, con un sorriso e un'alzata di spalle: «Nessuno può farti star male se stai bene con te stesso».

Questa massima, di una semplicità cristallina, per lui sembrava funzionare. Mio papà riusciva a scrollarsi di dosso quasi tutto. Non era una persona emotiva, una testa calda, anzi: era moderato e assennato, motivo per cui penso che la gente si presentasse così spesso a casa nostra a chiedere il suo parere e i suoi consigli, sapendo di trovare un'accoglienza senza pregiudizi. Teneva tre dollari piegati nella tasca anteriore della camicia e ne distribuiva due a chiunque gli chiedesse contanti, cosa che a quanto pare accadeva abbastanza spesso. Secondo mia madre, mio papà tratteneva deliberatamente il terzo dollaro per amore di dignità, in modo che chiunque gli avesse chiesto quei soldi potesse andarsene con la coscienza a posto, sapendo di non avergli portato via tutto quello che aveva.

Mio padre non si curava di come lo vedevano gli altri. Era soddisfatto di sé, sapeva quanto valeva ed era ben bilanciato pur essendo fisicamente instabile. Non so esattamente come fosse arrivato fin lì o che tipo di lezioni avesse dovuto apprendere lungo il percorso, ma in qualche modo aveva capito come vivere senza lasciarsi gravare dal giudizio altrui. Questa qualità era così vivida, in lui, che avreste potuto coglierla da lontano. Era una qualità che aveva la capacità di attirare gli altri ed emergeva come una sorta di serenità, non del tipo che scaturisce dai privilegi o dalla ricchezza, ma da qualcosa di diverso. Era una serenità nonostante le difficoltà. Nonostante le incertezze. Una serenità che veniva da dentro.

Tutto ciò lo metteva in luce, lo rendeva visibile nella maniera giusta.

Mio papà non permetteva alle ingiustizie del mondo di bruciarlo così come avevano bruciato suo padre. Credo fosse una scelta deliberata. Un altro esempio di ciò che poteva fare *nonostante*. Eppure, all'ingiustizia era stato esposto in prima persona: nato durante la Grande depressione, aveva cinque anni quando suo padre era partito per la guerra e non aveva potuto permettersi il college. Aveva vissuto sulla propria pelle le politiche di esclusione riguardo agli alloggi e all'istruzione, l'assassinio di alcuni dei suoi eroi e l'insorgenza di una malattia incurabile e invalidante. Ma aveva anche visto in suo padre – mio nonno Dandy – i limiti innalzati dalla paura, il tributo richiesto dall'acredine.

Quindi scelse la direzione opposta, preservando l'anima da tutto questo. Fece il possibile per non aggrapparsi al dolore o al disagio, sapendo che non gli sarebbero stati d'aiuto e riconoscendo che c'era un certo potere nella capacità di scrollarsi le cose di dosso, di aspettare che un determinato momento passasse. Comprendeva che le ingiustizie esistevano ma si rifiutava di lasciarsi abbattere, consapevole che gran parte di esse non era sotto il suo controllo.

Piuttosto, insegnò a me e a Craig la curiosità per il mondo e il suo funzionamento, educandoci sui grandi temi come l'uguaglianza e la giustizia, e rispondendo – a cena – alle nostre domande su questioni come le leggi di Jim Crow o le rivolte scoppiate nel West Side di Chicago in seguito all'omicidio di Martin Luther King Jr. Quando c'erano le elezioni, ci portava al seggio elettorale situato nel seminterrato della chiesa di fronte alla nostra scuola elementare, perché potessimo vedere quanto era bello esprimere il proprio voto. La domenica, poi, ci portava a fare un giro con la sua Buick per mostrarci il quartiere del South Side dove vivevano gli afroamericani più ricchi, perché nella nostra testa si imprimesse a chiare lettere la differenza che poteva fare un'istruzione universitaria, spingendoci così a perseverare nello studio e a mantenere la mente aperta. Era come se ci stesse guidando ai piedi di una montagna per indicarci la cima. Era il suo modo di dire: *Voi potete arrivarci, anche se io non posso.*

Grazie al suo equilibrio, papà era in grado di guardare al di là di qualsiasi specchio il mondo potesse porgergli, al di là di tutti i modi in cui un operaio di colore che camminava con le stampelle avrebbe potuto sentirsi inutile o invisibile. Non si curava di chi non era o di cosa non aveva. Al contrario, misurava il proprio valore in base a chi era e a ciò che aveva: amore, comunità, cibo nel frigorifero, due figli alti e chiassosi e tanti amici che bussavano alla sua porta. Vedeva tutte queste cose come un successo e come una ragione per andare avanti. Per lui, era l'unico argomento che contava.

Il modo in cui vi vedete è tutto. Rappresenta la vostra base d'appoggio il punto di partenza per cambiare il mondo che vi circonda. L'ho imparato da mio padre. Il suo modo di vedersi mi ha aiutato a trovare il mio.

Nessuno può farti star male se stai bene con te stesso. Mi ci sono voluti anni perché la massima di mio papà impregnasse pienamente la mia vita. Ho acquistato fiducia lentamente, a singhiozzo. Solo poco per volta ho imparato a portare la mia diversità con orgoglio.

In una certa misura, questo processo ha avuto inizio con l'accettazione. A un certo punto, alle elementari, mi sono abituata al fatto di essere la bambina più alta della mia classe. Che altra scelta avevo, in effetti? E più tardi, al college, mi sono dovuta adattare a essere un'eccezione nei corsi che frequentavo e agli eventi organizzati dal campus. Ancora una volta, non c'era altra scelta. Con il tempo, mi sono assuefatta agli spazi in cui gli uomini erano più numerosi delle donne e, solitamente, parlavano a voce più alta. Questi ambienti erano semplicemente così. E ho cominciato a capire che se volevo cambiarne le dinamiche – per me e per chiunque sarebbe venuto dopo, per creare più spazio per la diversità e ampliare la definizione di appartenenza – dovevo prima trovare le mie fondamenta, dare solidità al mio orgoglio. Imparare a non nascondere chi ero, ma a riconoscerlo.

Non potevo partire sconfitta o iniziare a evitare certe situazioni solo perché mi veniva più semplice. Dovevo rendere più serena la mia paura. A meno che non avessi intenzione di mollare, dovevo andare avanti. E anche in questo caso la vita di mio padre rappresentava una dimostrazione pratica: prendi ciò che hai e fallo progredire. Trova i tuoi strumenti, adattati secondo necessità e prosegui per la tua strada. Persevera, pur consapevole di tutti i «nonostante».

Per certi versi, comunque, il mio temperamento è diverso dal suo. Sono meno costante, forse. Tendo a esprimere le mie opinioni con più forza. Non sono in grado di scrollarmi di dosso le ingiustizie come faceva lui, e d'altra parte non lo considero necessariamente un mio obiettivo. Ma la lezione che mi ha insegnato riguarda il fatto che la vera stabilità proviene da dentro. E quella stabilità, ho scoperto, diventa la piattaforma da cui aspirare a un'esistenza migliore.

Vedendo la tranquillità con cui mio padre gestiva la sua diversità, la dignità che portava con sé ovunque andasse, pian piano ho iniziato a capire come tenere la mente al riparo dalla paura e rivendicare i miei diritti nelle situazioni più disparate. Mi sono resa conto del fatto che c'era qualcosa che *potevo* scegliere, qualcosa su cui *potevo* esercitare un controllo: ovvero ciò che dicevo a me stessa nei momenti di sconforto, i messaggi che lasciavo entrare nella mia mente ogni volta che facevo un passo dentro un nuovo contesto, ogni volta che mi trovavo in una stanza piena di estranei e avvertivo la pungente consapevolezza di non essere integrata o di venire giudicata.

Quali che fossero i segnali che mi arrivavano da quegli spazi – se le persone mi vedevano come diversa, o non autorizzata a condividere il loro ambiente, o in qualche modo problematica, anche se quello che percepivo era inconscio o non intenzionale – non ero costretta ad assorbirli. La scelta era soltanto mia. Potevo lasciare che fossero la mia vita, le mie azioni, a rappresentare la mia verità. Potevo continuare a mostrarmi e a fare ciò che dovevo fare. Quel veleno non era il mio.

Ho imparato che potevo attribuire sentimenti migliori alla mia diversità. Era utile soprattutto quando entravo in uno spazio nuovo: una sorta di raddrizzata di spalle psicologica. Bastava prendermi qualche istante per ricordare a me stessa ciò che sapevo essere vero tra le mura di casa mia o nel rifugio dell'amicizia. Il riconoscimento di cui avevo bisogno arrivava da dentro. Ed era un vantaggio poter portare quella forza in qualsiasi posto nuovo in cui mettessi piede.

Nella mia testa, in tempo reale e a mio beneficio, potevo riscrivere la storia dell'irrilevanza:

Sono alta, e questa è una buona cosa.
Sono donna, e questa è una buona cosa.
Sono nera, e questa è una buona cosa.
Sono me stessa, e questa è un'ottima cosa.

Quando cominci a riscrivere la storia dell'irrilevanza, ecco che inizi a trovare un nuovo centro. Ti allontani dagli specchi degli altri e puoi parlare con maggior pienezza partendo dalla tua esperienza personale, dal luogo che conosci più di ogni altro. Diventi capace di appellarti all'orgoglio e di scavalcare con prontezza tutti i «nonostante». Non è che questo rimuova gli ostacoli, ma ho scoperto che aiuta a ridurli. Ti aiuta a contare le vittorie, anche quelle modeste, e a dirti che stai andando bene.

Credo che sia questa la radice della vera fiducia in sé stessi, il luogo da cui muoversi verso una maggiore visibilità, verso una maggiore capacità di agire e dar vita a un cambiamento più ampio. Non lo si conquista provandoci una, due o persino una decina di volte. Occorre faticare per sottrarsi agli specchi degli altri. Occorre fare pratica perché nella testa trovino spazio solo i messaggi giusti.

È anche utile riconoscere ciò che rende questo compito così difficile. Siamo chiamati a scrivere il nostro copione su strati e strati di copioni già scritti. A cercare di sovrapporre la nostra verità a narrazioni che da tempo ci vogliono inadatti, estranei o per le quali, semplicemente, non esistiamo. Storie custodite dalla tradizione e cementate nella vita quotidiana al punto da formare, in molti casi, lo sfondo delle nostre giornate, modellando inconsciamente la nostra concezione di noi stessi e dell'altro, pretendendo di dirci chi vale di più e chi meno, chi è forte e chi è debole. Storie che hanno consacrato eroi e stabilito norme: *Ecco quali sono le persone importanti. Ecco cosa vuol dire avere successo. Ecco come sono fatti un medico, uno scienziato, una madre, un senatore, un criminale, una vittoria.*

Che siate cresciuti con la bandiera confederata che sventola sul vostro Campidoglio, giocando nei parchi pubblici puntellati da tributi bronzei a proprietari di schiavi, o che abbiate imparato la storia del vostro Paese attraverso un canone quasi esclusivamente legato all'identità bianca, quelle storie sono dentro di voi. La Mellon Foundation ha di recente finanziato uno studio sui monumenti negli Stati Uniti e ha scoperto che la stragrande maggioranza di essi è stata eretta per onorare uomini bianchi, la metà dei quali schiavisti e il 40 per cento nati ricchi. Solo il 10 per cento delle personalità commemorate è costituito da neri e nativi americani; e solo il 6 per cento è rappresentato da donne. Per ogni statua di un membro donna del Congresso ce ne sono undici dedicate a una sirena.[4]

Lo ripeto: è difficile sognare ciò che non vediamo, impegnarci per ottenere qualcosa che è invisibile agli occhi. Riscrivere la storia dell'irrilevanza richiede coraggio e tenacia. Per quanto sia avvilente, in questo mondo ci sono persone che si sentono più a loro agio o più potenti quando altre vengono isolate, violate o trattate come indesiderate. Persone che godono se possono sminuirvi. La visibilità è al centro di molti dei nostri dibattiti pubblici attuali e più controversi. In un momento in cui i parlamenti statali discutono sull'opportunità di vietare agli insegnanti di affrontare il tema del razzismo sistemico nelle scuole pubbliche e in cui i consigli scolastici votano per rimuovere i libri sull'Olocausto, sul razzismo o sulle persone LGBTQ+ dalle biblioteche degli istituti, dobbiamo essere consapevoli di quali storie vengono raccontate e di quali vengono invece cancellate. Questa è la battaglia per stabilire chi è importante, chi ha diritto o meno alla visibilità.

Gli Stati Uniti sono un Paese giovane dominato da narrazioni antiche. Molte di queste storie sono state mitizzate, ripetute e mai messe in dubbio, al punto che ormai le riconosciamo a stento come storie. Piuttosto, le abbiamo interiorizzate come verità. Ci dimentichiamo di fare lo sforzo di decodificarle.

Quando mio fratello ebbe compiuto dodici anni, per esempio, si ritrovò troppo grosso per la sua bici. Era cresciuto così in fretta che la vecchia bici da bambino non era più adatta alla sua stazza nemmeno alzando il sellino al massimo. Così, i miei genitori gli comprarono una bici da adulto, una dieci marce di un giallo fiammante trovata a prezzo scontato ai grandi magazzini Goldblatt's. Craig ne fu entusiasta. Ci correva sopra come un re, orgoglioso di quei pedali, emozionato che gli calzasse a pennello. Finché un pomeriggio non si spinse fino al parco pubblico in riva al lago, non lontano da casa nostra, dove fu prontamente fermato da un agente di polizia che lo accusava di averla rubata.

Per quale motivo? Perché era un ragazzino di colore su una bella bici. Evidentemente, l'immagine non combaciava con quello che il poliziotto pensava dei ragazzini neri e delle bici su cui giravano (e questo benché lui stesso fosse nero). Aveva accettato una determinata storia come verità di fatto, interiorizzando uno stereotipo che lo spingeva a separare un ragazzino non solo dalla sua bicicletta ma anche dal suo orgoglio.

(In seguito l'uomo si sarebbe scusato, anche se solo dopo una lavata di capo con i fiocchi da parte di nostra madre.)

Il messaggio che l'agente intendeva trasmettere a mio fratello era tanto chiaro quanto diffuso:

Non credo proprio che tu abbia diritto a ciò che possiedi.
Dubito che questa cosa che ti ha reso così orgoglioso ti si addica.

È esattamente il genere di dubbio che molti di noi avvertono negli sguardi degli altri quando entrano in una stanza sconosciuta, quando sperimentano le dinamiche di un nuovo campo di forza. Captiamo la sensazione che gli altri ci vedano come trasgressori, che il nostro orgoglio richieda ulteriori verifiche. Sono queste le narrazioni che dobbiamo provare a riscrivere, non soltanto per noi stessi ma per un mondo che non ci accetta.

Stacey Abrams, politica e attivista per i diritti elettorali, racconta la storia di come, dopo essere stata chiamata a pronunciare il discorso di commiato della sua classe alla consegna dei diplomi delle superiori nel 1991, fosse stata invitata a unirsi ad altri oratori del suo Stato natale, la Georgia, a un ricevimento pomeridiano presso la residenza del governatore ad Atlanta per celebrare il loro successo scolastico. Entusiasti per quell'opportunità, lei e i suoi genitori avevano indossato gli abiti migliori ed erano andati in autobus da Decatur, vicino a dove vivevano, fino a Buckhead, l'esclusivo quartiere immerso nel verde in cui sorgeva la residenza. Scesi dall'autobus, racconta Abrams, avevano proseguito a piedi lungo il vialetto ed erano stati fermati da un addetto alla sicurezza che li aveva squadrati prima di dire: «Questo è un evento privato. Non potete stare qui».

Una famiglia nera che, essendo troppo povera per possedere un'auto, arrivava su un autobus urbano non rientrava nell'idea che l'addetto alla sicurezza si era fatto circa i possibili invitati a un evento in casa del governatore.

Il messaggio era familiare: *Non credo proprio che ne abbiate il diritto. Siete diversi dagli altri; non contate niente.*

Fortunatamente per Stacey Abrams, i suoi genitori non si lasciarono condizionare. Sua madre, ricorda, le strinse il braccio per impedirle di voltarsi e tornare di corsa alla fermata dell'autobus. Suo padre prese a discutere con l'addetto alla sicurezza. Alla fine, riuscirono a partecipare al ricevimento – dopo aver costretto l'uomo a trovare il cognome di Stacey proprio in cima alla lista degli invitati, stilata in ordine alfabetico –, ma il danno era già fatto, una goccia di veleno era sfuggita; una giovane donna era stata ferita nel suo orgoglio e questa cosa avrebbe contaminato l'intera esperienza.[5]

«Non ricordo l'incontro con il governatore della Georgia o con i miei compagni oratori», avrebbe raccontato la stessa Abrams al «New York Times» anni dopo. «Tutto quello che ricordo di quel giorno è un uomo che, davanti a un cancello, mi dice che quello non è il mio posto.»[6]

Questi messaggi hanno il potere di annientare, specialmente quando vengono rivolti a una persona giovane che sta formando il proprio senso di sé, e più ancora quando provengono da qualcuno che riveste un'autorità in un momento in cui chi li riceve è pieno di orgoglio e di fiducia verso il mondo. È impossibile dimenticare chi ci rivolge un messaggio di questo tipo. Queste persone ci perseguitano come fantasmi. Quanti di noi alimentano dentro di sé lo scambio con qualcuno che li ha umiliati o sminuiti anche decenni fa? Quanti di noi parlano ancora silenziosamente con quella persona che ha tentato di sbarrargli la via di accesso a un posto che cercavano di raggiungere? Non facciamo che tornare con la mente a quei cancelli, ripercorrendo mille volte la stessa storia e lavorando sodo per riappropriarci dell'orgoglio perduto. In *Becoming*, ho scritto di come la mia tutor per l'orientamento alle superiori avesse spazzato via le mie aspirazioni dopo nemmeno dieci minuti di colloquio, suggerendo di non prendermi la briga di inoltrare la domanda di ammissione a Princeton perché, a suo dire, non avevo «la stoffa».

Mi sentivo ferita e arrabbiata, devastata non soltanto dalle sue parole, ma anche dall'indifferenza e dalla sbrigatività con cui mi erano state rivolte. Mi aveva guardato, mi aveva soppesato con un'occhiata e non aveva visto alcuna luce. O almeno così mi era parso. Il mio percorso da quel momento in avanti sarebbe stato modellato, perlomeno in parte, da quell'unica osservazione: un unico commento pronunciato in modo estemporaneo da una perfetta sconosciuta.

Ecco quanto possono essere potenti i messaggi e perché dobbiamo prestare molta attenzione a come li trasmettiamo e a come li riceviamo. I bambini sono per natura portati a desiderare che gli altri riconoscano la luce che è in loro. Lo desiderano con tutte le forze ed è grazie a quel riconoscimento che crescono. Se gli altri li fanno sentire invisibili, il più delle volte troveranno modi meno produttivi per farsi notare. Agiranno nell'oscurità in cui sono stati lasciati. È quello che penso quando leggo storie di giovani coinvolti in atti criminali o in qualche guaio. Se ai ragazzi non viene data la possibilità di sentirsi orgogliosi, non avranno mai un motivo per rispettare gli spazi in cui si trovano o le autorità che li hanno spinti ai margini. È molto più facile distruggere qualcosa che non suscita in te alcun senso di appartenenza.

Grazie soprattutto al sostegno di altri adulti, fui prontamente in grado di convertire in carburante il dolore provato per il giudizio di quella tutor. La mia motivazione a dimostrare che si sbagliava triplicò. La mia vita divenne una specie di obiezione: *I tuoi limiti non sono i miei.* Ancora oggi non posso rivolgerle alcun pensiero di gratitudine, ma in risposta alla sua indifferenza ho potuto scoprire qualcosa dentro di me, una sorta di determinazione. Mi sono risolta a cercare di dar forma a un'esistenza che fosse più importante e più propositiva di quella che mi avrebbe consentito lei, se le avessi concesso il potere di stabilire a quale posto potessi aspirare e a quale no. Le basse aspettative che nutriva nei miei confronti divennero una parte del mio «nonostante».

È possibile che l'addetto alla sicurezza che ha fermato Stacey Abrams ai cancelli della residenza del governatore sia tornato a casa alla fine del turno, abbia cenato con la famiglia e non abbia mai più pensato all'accaduto. Ma lei, ovviamente, non lo ha dimenticato. Lui e il suo messaggio di non appartenenza l'hanno accompagnata mentre andava al college, conseguiva due lauree, scriveva una dozzina di libri e lanciava una delle mobilitazioni al voto di maggior successo nella storia. E sono stati con lei anche mentre, per due volte, si candidava alla carica di governatrice della Georgia, nella speranza di poter spalancare ancora di più quei cancelli. Lui è parte del suo «nonostante».

Stacey Abrams parla ancora della sua esperienza con l'addetto alla sicurezza, guardandola principalmente attraverso la lente di ciò che ha cristallizzato dentro di lei, la sua profonda determinazione. «Ho passato la mia vita, intenzionalmente o meno, a dimostrargli che si sbagliava», ha detto. «Ma la questione non era tanto lui. Non era tanto ciò che vedeva o non vedeva in me. La vera questione è chi sono veramente e chi intendo essere.»[7]

Immagino che, per lei, quell'addetto alla sicurezza rimanga tuttora davanti al cancello, allo stesso modo in cui nella mia testa la tutor per l'orientamento rimarrà seduta per sempre dietro una scrivania. Vivono silenziosamente ai margini delle nostre menti, insieme a tutti gli altri «nonostante» – ridimensionati dalla nostra eccellenza, dalle risposte che abbiamo saputo dare. Saranno ricordati solo per ciò che non sono riusciti a realizzare. Solo per gli ostacoli che ci hanno dato da scavalcare.

Sono diventate comparse dentro le nostre storie – storie più complesse e senza dubbio più interessanti – di appartenenza. Il loro unico potere, alla fine, è quello di ricordarci il motivo per cui perseveriamo.

SECONDA PARTE

Siamo il raccolto
l'uno dell'altro;
siamo gli affari
l'uno dell'altro;
siamo la grandezza e il legame
l'uno dell'altro.[1]

Gwendolyn Brooks, *Paul Robeson*

5. IL MIO KITCHEN TABLE

Io e le mie amiche ci appoggiamo l'una all'altra per darci forza, conforto e gioia.

Non sono il tipo che prende l'amicizia alla leggera. Posso impegnarmi a fondo nell'allacciarne di nuove e ancor più nel mantenerle. A volte le mie amiche mi dicono scherzando che quando si tratta di tenere vivo il nostro legame assomiglio a un istruttore militare. Lo dicono con affetto e sbuffando un po'. E io capisco benissimo, accetto sia il loro affetto sia la loro insofferenza. È vero che posso essere molto pedante quando cerco di rimanere in contatto con le persone a cui tengo. Sono un'appassionata organizzatrice di uscite di gruppo, weekend fuori porta, partite di tennis e camminate lungo il fiume Potomac. Adoro avere sempre un appuntamento da aspettare, una persona cara da vedere a breve. Per me l'amicizia è un impegno e, insieme, un'ancora di salvezza e mi ci tengo aggrappata con vigore e forza di volontà.

Ho già scritto di come, durante il periodo trascorso alla Casa Bianca, durante l'anno invitavo in varie occasioni una decina di amiche a raggiungermi a Camp David per quello che io definivo un «fine settimana alla spa» o un «viaggio del benessere», ma ben presto – dopo aver scoperto che avevo iscritto tutte noi a tre allenamenti in palestra al giorno e dato disposizioni perché non venissero serviti carne, cibo spazzatura o alcol – loro ribattezzarono i nostri ritiri «Boot Camp», centro addestramento reclute. Con il tempo cominciarono anche a sostenere che se volevo che continuassero a venire e ad allenarsi così avremmo dovuto includere almeno *qualche* bistecca, *qualche* dessert e decisamente *qualche* bicchiere di vino. Eravamo tutte donne in carriera con troppo poco tempo a disposizione, perciò quando ci rilassavamo volevamo tutto subito. La maggior parte di noi aveva figli in età scolare, coniugi indaffarati, lavori impegnativi. Eravamo abituate a infilare a fatica dettagli come il sonno, l'esercizio fisico, il divertimento e l'intimità nei ritagli di tempo che le nostre vite affollate da tante persone che dipendevano da noi ci concedevano, con risultati decisamente altalenanti. Chi riesce a rilassarsi quando ha il cervello pieno zeppo di sciocche domande che suscitano paranoia, il tipo di interrogativi che ti tendono un agguato a tarda notte o durante un meeting con un cliente? *Ho dimenticato la scadenza per l'iscrizione al campo estivo? Abbiamo finito il burro di arachidi? Quando è stata l'ultima volta che qualcuno ha dato da mangiare ai gerbilli?*

Consideravo quei fine settimana una boccata di aria fresca, un'occasione di resettare le nostre priorità, anche se solo per qualche ora. L'occasione di dimenticare figli, partner e lavoro, di dimenticare faccende domestiche non terminate e scadenze imminenti, di dimenticare i dannati gerbilli. In quei tre giorni mettevamo noi stesse al primo posto e qualsiasi altra cosa all'ultimo. E per me non esiste metodo più rapido o efficace per eliminare lo stress e concentrarsi sul momento presente del buttarmi anima e corpo in una intensa sessione di allenamento, ai limiti della resistenza fisica. O, ancora meglio, in una serie di sessioni. Si potrebbe dire che il vigore sia uno dei miei Linguaggi d'amore. Mi piace ciò che diventiamo quando ci sentiamo sottoposte a un leggero sforzo. Mi piace avere amiche che si divertono a sudare un po', che riescono a vedere il lato spassoso dello scovare le proprie riserve di determinazione e forza, e che più tardi, stremate, si lasciano cadere sui divani davanti al caminetto per chiacchierare fino a tarda notte.

O almeno è quello che è successo dopo che ho restituito alle mie compagne vino e snack. Questa è un'altra cosa importante da ricordare sull'amicizia: sei pazzo se pensi di poter fissare tu tutte le regole. L'importante era continuare a essere presenti l'una per le altre, con intimità, impegno, compromessi e persino stanchezza. Per me esserci è tutto ciò che conta.

Sono fermamente convinta che fai più strada nella vita quando hai accanto almeno un paio di amici fedeli, quando ti dedichi a loro – e loro a te – in modo affidabile e aperto.

Me ne sono resa conto chiaramente durante gli anni a Princeton, quando ho scoperto l'importanza di avere un gruppo di persone che mi fornivano un rifugio emotivo, una riserva di buonumore e un'energia condivisa da portare con me nelle lotte quotidiane della vita da studente.

Più tardi, quando ho sposato un uomo che stava via per lavoro vari giorni di seguito, ho goduto del sostegno delle mie amiche, soprattutto quelle i cui figli amavano giocare con le mie. Abbiamo sviluppato una forte sorellanza, facendo i turni per accompagnarli alle lezioni di danza e di nuoto, sfamando l'una i figli dell'altra quando qualcuna di noi doveva rimanere al lavoro fino a tardi, ascoltando con comprensione ogni volta che qualcuna aveva bisogno di sfogarsi, o stava soffrendo, o stava tentando di prendere una decisione importante. Per quanto la mia vita potesse sembrare indaffarata o frenetica, avevo una manciata di amiche per le quali ero pronta a mettere da parte le mie preoccupazioni quando ce n'era bisogno. Ci davamo una mano a vicenda, spianando la strada per tutte. Tra di noi il messaggio era sempre: *Ti guardo le spalle. Ci sarò.*

Ho scoperto, inoltre, che avere alcune amicizie intime contribuisce a ridurre il livello di pressione nel matrimonio. Barack e io non abbiamo mai preteso di essere «tutto» l'uno per l'altra, di reggere da soli l'intero carico di attenzioni che entrambi richiediamo. Non mi aspetto che lui desideri ascoltare tutti i miei aneddoti o pensieri, vagliare insieme a me ogni mia preoccupazione o essere l'unico responsabile dei miei svaghi e della mia felicità quotidiani. E io non desidero fare tutto questo per lui. Distribuiamo il carico, piuttosto. Disponiamo di altre forme di soccorso e sollievo emotivi. Siamo supportati da una vasta gamma di amicizie – alcune sue, alcune mie, alcune di entrambi – e facciamo del nostro meglio per sostenere i nostri amici.

Credo di essermi concentrata ancora di più sulle mie amicizie nel periodo in cui arrivai a Washington all'inizio del 2009, quando mi sentivo particolarmente sotto pressione, costretta ad attingere al fondo nelle mie riserve di energia. Barack era stato eletto presidente e nel giro di nove settimane avevamo infilato negli scatoloni la nostra casa di Chicago, tolto da scuola Sasha e Malia e traslocato a Washington, una città in cui non conoscevo quasi nessuno. Durante il periodo precedente l'insediamento alloggiammo per un paio di settimane in un albergo, mentre le ragazze si ambientavano nella nuova scuola e Barack lavorava il triplo del solito per formare la sua futura amministrazione. Io prendevo decine di decisioni al giorno su un futuro che a stento riuscivo a immaginare – dalla scelta dei copriletti e delle posate da usare alla Casa Bianca all'assunzione del personale per i miei uffici nella East Wing. Avevamo inoltre deciso di invitare alla cerimonia di insediamento circa centocinquanta ospiti privati – amici, famigliari e un sacco di bambini – che avevano tutti bisogno di itinerari, biglietti per gli eventi e una sistemazione.

Quello che ricordo più vividamente di quei giorni è la strana nuova patina che rivestiva tutto, la sensazione che una miriade di cose della nostra vecchia esistenza venisse rimpiazzata con estrema rapidità. Ci trovavamo in una nuova città, con uno stuolo di persone nuove, con nuovi lavori, una nuova vita. Le mie giornate divennero un surreale miscuglio di cose banali e straordinarie, legate alla quotidianità e alla storia. Avevamo bisogno di un astuccio per Sasha e di un abito da sera per me, ci serviva un portaspazzolino da denti e un pacchetto di misure per salvare l'economia del Paese. Inoltre, me ne stavo rendendo conto in fretta, avremmo avuto davvero bisogno dei nostri amici.

Ero felice di averne invitati così tanti a Washington perché ci aiutassero a festeggiare, perché assistessero a ciò che per l'America rappresentava un trasferimento di potere politico, ma che io percepivo anche come uno snervante passaggio da una vita a un'altra, da un modo di essere a un altro. E per tutto questo avevo bisogno dei miei testimoni, di amici che potessero gioire della gloria della giornata e di tutto ciò che questa diceva sull'uguaglianza e il progresso e il duro lavoro di mio marito, *e* che in seguito mi avrebbero cercato e abbracciato forte, sapendo esattamente di quanta parte della nostra vecchia vita avrei sentito la mancanza. La mia amica Elizabeth sarebbe arrivata da New Haven e la mia amica Verna della Law School da Cincinnati. La mia amica Kelly, mia fedele compagna durante la gravidanza e i miei primi anni come madre che si era trasferita a Washington un anno prima, sarebbe stata presente insieme a un folto gruppo di altre amiche di Chicago. Si erano date tutte un gran daffare per comprare abiti e architettare piani. Avevo dato disposizioni perché venissero loro assegnati dei posti vicino al palco, sapendo che sarei stata nervosa e avrei voluto percepire la loro presenza e il loro sostegno, anche se non avrei saputo di preciso dove cercarle tra la folla. L'importante era poterle sapere lì, quasi come uccellini sugli alberi.

Trasferendomi alla Casa Bianca nutrivo il vago ma assillante timore che le mie amicizie non avrebbero potuto restare illese, che tutti i rapporti importanti per la nostra famiglia fossero vulnerabili al cambiamento, per via dello sfarzo e dell'imponenza anomali che adesso ci circondavano, dell'improvvisa metamorfosi di come venivamo visti. Mi preoccupavo di come Sasha e Malia sarebbero riuscite a legare con altri bambini, adesso che avrebbero avuto alcuni agenti dei Servizi segreti ad accompagnarle a ogni lezione, allenamento sportivo e festa di compleanno. Non sapevo bene come Barack sarebbe riuscito a trovare il tempo di dedicarsi a una vita sociale, fra tutte le crisi terribilmente urgenti di cui si stava occupando. Quanto a me, mi chiedevo come avrei fatto, in mezzo a tutto quel trambusto e a quelle misure di sicurezza, a restare vicina alle mie amiche intime mentre creavo spazio per qualche nuova amicizia.

Fino a quel momento avevo imbastito la maggior parte dei miei legami da adulta in maniera graduale e spesso non pianificata, seguendo combinazioni diverse e spesso arbitrarie di fortuna, geografia e interessi comuni. Avevo conosciuto la mia amica Sandy quando, da un parrucchiere in centro a Chicago, avendo notato che eravamo entrambe incinte, avevamo iniziato a chiacchierare. Avevo conosciuto Kelly al lavoro, pur avendo cominciato a frequentarla con più regolarità solo dopo che aveva avuto un bambino nello stesso periodo. Anita, un'ostetrica e ginecologa, aveva *fatto nascere* le mie figlie ed eravamo diventate amiche dopo che i nostri mariti avevano iniziato a giocare a basket insieme. Il punto è che le nuove amicizie tendevano a spuntare nella mia vita come margherite e io mi sforzavo di coltivarle. Se incontravo una persona che sembrava interessante al lavoro o a un party natalizio o da un parrucchiere oppure, come accadeva sempre più di frequente, tramite le mie figlie e le loro attività, di solito mi premuravo di dare seguito alla cosa chiedendo il numero di telefono o l'indirizzo e-mail, proponendo di pranzare insieme o di incontrarci al parco giochi.

Oggi, quando parlo con i giovani, li sento spesso esprimere timore o titubanza proprio riguardo all'alba di una nuova amicizia, al punto di svolta in cui si passa dal *Piacere di conoscerti* al *Ehi, facciamo qualcosa insieme.* Ammettono di trovare strano o imbarazzante inseguire un potenziale amico, proporre a qualcuno di bere un caffè insieme o di frequentarsi al di fuori del lavoro o della scuola, o tentare di parlare di persona con qualcuno che conoscono solo online. Temono di apparire troppo insistenti e pensano che questo possa farli sembrare disperati o impopolari. Hanno paura di affrontare quel rischio, preoccupati di un possibile rifiuto. In tal modo le loro paure – cosa non certo sorprendente – diventano i loro limiti. E i numeri sembrano suggerire che questi limiti siano reali. Secondo un sondaggio del 2021, un terzo degli adulti statunitensi ha riferito di avere meno di tre amici intimi e il 12 per cento ha affermato di non averne nessuno.[2]

Una delle prime cose che fece il dottor Vivek Murthy, una volta nominato da Barack capo operativo della Sanità nel 2014, fu viaggiare per tutto il Paese chiedendo agli americani di parlare della loro salute fisica e mentale. A colpirlo maggiormente fu il grado di solitudine che emergeva dai racconti delle persone. «Uomini, donne, bambini. Professionisti altamente qualificati. Commercianti. Lavoratori a paga minima. Nessun gruppo, per quanto istruito, benestante o realizzato, sembrava esserne esente»,[3] ha scritto nel suo libro del 2020 *Together: The Healing Power of Human Connection in a Sometimes Lonely World*, uscito proprio quando è scoppiata la pandemia. Anche prima che il coronavirus si abbattesse come uno schiacciasassi sulle nostre amicizie e sulla nostra socialità, gli americani riferivano sistematicamente che ciò che mancava nella loro vita era un senso di appartenenza, il semplice sentirsi «a casa» con altre persone.

Moltissimi di noi vorrebbero sentirsi a casa. Mi rendo conto che non è una sensazione scontata. Murthy (che in seguito è tornato a ricoprire il ruolo di capo operativo della Sanità con il presidente Biden) scoprì inoltre che le persone tendono a provare imbarazzo e vergogna nell'ammettere di soffrire di solitudine,[4] soprattutto in una cultura in cui la fiducia in sé stessi è considerata una virtù nazionale. Non vogliamo apparire bisognosi o inadeguati né riconoscere di sentirci ai margini. Eppure molti di noi si consegnano a sistemi creati per inviare proprio quel messaggio: un rapido passaggio sui social vi dirà che tutti hanno capito come essere felici, amati e di successo. Tutti tranne voi.

Stabilire un legame genuino con un'altra persona aiuta a contrastare questa deriva. E non mi riferisco agli «amici» di Instagram o Facebook, ma piuttosto a rapporti a tu per tu, faccia a faccia, nella vita reale. Sono questi ad aprirci alla vera vita degli altri, non solo alle esistenze filtrate e accuratamente selezionate che incontriamo online. In una vera amicizia elimini i tuoi filtri. I miei veri amici sanno che aspetto ho senza trucco, sotto una luce sgradevole e osservata da angolazioni poco propizie. Mi hanno visto in disordine. Probabilmente sanno persino che odore hanno i miei piedi. Ma, cosa più importante, conoscono i miei sentimenti più veri, il mio io più vero, e io conosco i loro.

Leggendo le statistiche ho cominciato a chiedermi se, in fatto di amicizia, ci siamo disabituati a sviluppare e utilizzare determinate capacità. La pandemia non ha certo aiutato su questo fronte, ma forse il problema ha radici più profonde. Penso a come molti di noi, me compresa, abbiano cresciuto i figli animati dalle migliori intenzioni, ma anche spinti da un pizzico di ansietà legata al dubbio di non dare abbastanza. Organizziamo in anticipo ogni loro incontro perché giochino con gli amichetti e riempiamo i loro programmi di attività

– sport, lezioni, arricchimento educativo, qualsiasi cosa siamo in grado di trovare e possiamo permetterci –, ma così facendo, anche nell'ambito di ciò che riteniamo utile a tutelare la loro sicurezza, li distogliamo da situazioni più rilassate e improvvisate in cui potrebbero essere spinti a utilizzare una gamma più vasta di strumenti sociali.

Se siete mai stati bambini autorizzati a scorrazzare in un quartiere pieno di altri ragazzini con del tempo libero a disposizione, probabilmente sapete di cosa sto parlando. La maggior parte delle persone della mia generazione è cresciuta in comunità che somigliavano un po' di più al Far West, dove i bambini venivano lasciati liberi di trovarsi degli amici da soli, stringere alleanze, dirimere conflitti e conquistare vittorie. Il tutto senza regole precise, senza adulti a sovrintendere e a influenzare le interazioni e senza nessuno che vi consegnasse un trofeo per meriti insignificanti. Un ambiente di questo genere può diventare talvolta caotico, certo, ma è anche quello in cui si verifica l'apprendimento. Le esperienze non sono sempre confortevoli o gratificanti, almeno non come potrebbero esserlo le lezioni di karate o di pianoforte, ma credo che questo faccia parte di ciò che abbiamo dimenticato: il disagio è un maestro, così come lo è la mancanza di una ricompensa. Imparare ad affrontarli ci consente di fare pratica nella vita, aiutandoci a capire chi siamo nel momento in cui veniamo sottoposti a un po' di pressione. Nel momento in cui quello strumento non è presente nella tua cassetta degli attrezzi, diventa più difficile orientarti nel mondo degli adulti e nella complessa danza dell'amicizia.

Ecco perché ritengo che dobbiamo continuare a praticare l'arte di aprirci e connetterci con gli altri. La semplice verità è che farsi un amico implica correre un rischio, il che naturalmente significa inghiottire un po' di paura. Almeno all'inizio, l'amicizia può essere una scommessa emotiva, come l'uscire con qualcuno. Devi mostrare qualcosa di te stesso affinché il rapporto funzioni. E nel mostrare te stesso ti esponi al giudizio o addirittura al rifiuto altrui. Devi essere disposto ad accettare la possibilità che forse, per un certo numero di validi motivi, non finirai per legare con quella persona.

Ogni amicizia ha un punto di partenza. Comporta necessariamente una deliberata estensione della curiosità da una persona all'altra e credo che questa sia un'offerta che non dovreste mai vergognarvi di fare. Dire *Sono incuriosito da te* è una forma di gioia e la gioia, come abbiamo già stabilito, fornisce nutrimento. All'inizio, magari, occorre superare un po' di imbarazzo nel chiedere a qualcuno di prendere un caffè insieme o venire alla tua festa di compleanno, ma quando quella persona lo fa *davvero* e tu ne sei *davvero* felice ricevete entrambi il dono. State trovando la luce uno nell'altro, state creando qualcosa di nuovo insieme. State costruendo un senso di casa.

Ecco una storia divertente. Uno dei miei primi incontri con la mia amica Denielle è avvenuto sul viale d'accesso della Casa Bianca, quando lei è venuta a prendere la figlia Olivia, che aveva trascorso il pomeriggio a giocare con Sasha. Le nostre due figlie stavano iniziando timidamente a fare amicizia, approfondendo la conoscenza a scuola e giocando nella stessa squadra di minibasket. Avevo inoltre notato Denielle al capo opposto della stanza durante un paio di eventi scolastici a cui avevo partecipato, accorgendomi che si teneva in disparte rispetto alla folla e, se devo essere sincera, apprezzando che sembrasse ben poco interessata a conoscermi.

Non solo ero nuova a Washington, una straniera fra stranieri, ma stavo anche cercando di abituarmi al fatto che, essendo la first lady, ero ormai un oggetto di vivo interesse per gli altri. La mia presenza tendeva a modificare le dinamiche in una stanza, non a causa di chi ero ma di *ciò* che ero, ragion per cui tendevo a scoprirmi un po' meno interessata alle persone che puntavano dritte verso di me con aria bramosa e più incuriosita da quelle che invece rimanevano defilate.

In ogni caso, le mie ansie in fatto di socialità riguardavano soprattutto le nostre figlie. Mi aveva entusiasmato che Sasha avesse voluto invitare Olivia e un paio di altre bambine a trascorrere un sabato correndo in giro per la residenza e poi guardando un film nel cinema interno. Avevo passato gran parte della mattinata fingendo di fare altro mentre indugiavo in silenzio ai margini dei loro giochi, quietamente sopraffatta dall'emozione ogni volta che sentivo arrivare un nuovo scoppio di risate dalla camera di Sasha. Dopo mesi passati a preoccuparmi dei dettagli del nostro trasferimento alla Casa Bianca provai un'ondata di sollievo. Era un segno di normalità, una sorta di momento spartiacque per la nostra famiglia: *C'erano degli amici in casa.*

Denielle, nel frattempo, aveva avuto le sue gatte da pelare. Da uno dei miei assistenti aveva ricevuto via e-mail istruzioni particolareggiate su come portare da noi e poi riprendere Olivia. E si era sentita chiedere, come succedeva a tutti i visitatori, di comunicare con qualche giorno di anticipo il suo numero di previdenza sociale e il numero di targa in modo che i Servizi segreti potessero lasciarla entrare. Anche solo accompagnare un bambino fino alla nostra porta richiedeva una procedura complessa. E, grazie a Dio, Denielle tentava di mostrarsi disinvolta, come se fosse del tutto normale che la sua figlioletta di terza elementare fosse stata invitata a scorrazzare in giro per la casa del presidente un sabato pomeriggio. Ma naturalmente non era normale per niente. Anni dopo, quando ormai riuscivamo a riderci su, mi confessò che, sapendo di dover percorrere l'imponente viale d'accesso che gira intorno al vasto Prato meridionale con l'auto di famiglia, l'aveva portata a lavare. Era anche andata dal parrucchiere e dalla manicure. Non importava che le istruzioni non lasciassero dubbi circa il fatto che non sarebbe mai scesa dalla macchina.

Quella era un'altra bizzarra sfaccettatura della nostra nuova vita da first family: le persone si sentivano tenute a cercare di adeguarsi al glamour dell'ambiente. Mi imbarazzava l'idea che qualcuno pensasse anche solo per un secondo di doversi mettere in ghingheri per noi. Capivo ma non apprezzavo affatto che il presentarsi a casa mia, il semplice *guidare* fino a casa mia, fosse motivo di stress per gli altri. Ma eccoci là, una famiglia di persone un tempo normali di Chicago che adesso vivevano in una reggia di 132 stanze, circondate da guardie. Non eravamo esattamente alla mano. C'era ben poco di casuale e assolutamente nulla di arbitrario. Io stavo ancora tentando di adattarmi, mi stavo ancora sforzando di trovare il modo di istillare la maggior dose possibile di realtà nelle nostre vite, quando al termine del pomeriggio decisi di accompagnare giù la piccola Olivia per salutare la sua mamma.

Era un po' una violazione del protocollo, perché di solito era un usciere della Casa Bianca a scortare i visitatori dalle loro auto alla residenza e viceversa. Ma io avevo una mia versione personale di normalità, che comportava di concludere il pomeriggio salutando il genitore di ogni bambino e riferendogli com'era andata. Non mi importava quale fosse il mio titolo: quella era la cosa giusta da fare, perciò mi assicurai di portarla a termine. Stavo scoprendo, con un certo stupore, che ogni volta che decidevo di modificare senza preavviso il protocollo della Casa Bianca, i membri dello staff si affrettavano ad assecondare i miei desideri, anche se questo tendeva a provocare un certo scompiglio. Lo percepivo nei fruscii intorno a me, nel fatto che gli agenti dei Servizi segreti cominciassero improvvisamente a parlare nella ricetrasmittente fissata al polso, nei passi che acceleravano alle mie spalle se svoltavo in una direzione inaspettata.

Quel giorno, uscendo con Olivia nella luce del sole, vidi Denielle che, seduta a bordo della propria auto appena lavata e ben lucidata, cercava di capire cosa stesse succedendo mentre i membri massicciamente armati di un Counter Assault Team, un reparto d'élite dei Servizi segreti, comparivano come per magia e si disponevano intorno alla vettura.

Anche quello faceva parte del protocollo: ogniqualvolta Barack o io uscivamo dall'edificio le squadre entravano in stato di massima allerta.

«Ehilà!» chiamai, facendole cenno di scendere dall'auto.

Lei ebbe un attimo di esitazione, fissò gli occhi sulle guardie con il casco e la divisa tattica neri – rammentando gli agenti al cancello che le avevano dato specifiche e stringenti istruzioni di «rimanere sempre a bordo del veicolo, signora» –, poi aprì con estrema cautela la portiera e scese.

Mi sembra di ricordare che quel primo giorno chiacchierammo solo per pochi minuti, ma mi bastarono per farmi un'idea di quale tipo di amica avrebbe potuto diventare Denielle. Aveva grandi occhi castani e un sorriso gentile. Riuscendo a ignorare la stranezza intorno a noi chiese come fosse andato il pomeriggio. Parlò un poco della scuola delle bambine e del suo lavoro nell'emittenza pubblica. Dopo aver allacciato la cintura di sicurezza di Olivia salì in auto, salutò disinvolta con la mano e si allontanò, lasciandomi contenta e insieme incuriosita.

Ecco che era spuntata un'altra margherita.

Cominciai a sedermi accanto a Denielle quando andavo a vedere le partite di basket delle bambine e di lì a breve le proposi di fermarsi a fare due chiacchiere quando Olivia fosse tornata a giocare da noi. Persino quando sei la first lady, persino quando hai dei maggiordomi che servono il pranzo alla tua nuova amica, devi combattere il leggero impaccio che caratterizza la prima fase della conoscenza. Per me, ora che vivevamo alla Casa Bianca, c'era anche una nuova complicazione: dovevo preoccuparmi dei pettegolezzi. Ero consapevole del rischio che qualsiasi cosa io dicessi a una persona nuova venisse rivelata a terzi, che qualsiasi impressione dessi o commento casuale facessi, che fossero positivi o negativi, accurati o meno, diventassero una storia da raccontare. Era l'ennesimo aspetto di quella nuova esistenza che capivo ma non amavo: la mia vita privata suscitava un certo interesse. Ero una cattiva madre? Ero una first lady impertinente e irascibile? Amavo davvero mio marito? Lui amava davvero me? Là fuori c'erano persone perennemente in cerca di una prova del fatto che fossimo in qualche modo degli impostori, il che aggiungeva un grado superiore di cautela al modo in cui agivo, a cosa mostravo e a chi. Sapevo che non ci potevamo permettere un solo passo falso, un solo fraintendimento. Stavo ancora contando i passi, sempre leggermente spaventata.

Non era certo facile abbassare la guardia, non soltanto con Denielle ma con qualsiasi persona nuova che entrasse nella mia vita in quel periodo. Ma capivo anche cosa sarebbe successo se non l'avessi fatto. Sapevo che avrei finito per sentirmi isolata, un po' paranoica e bloccata lì dov'ero, con una visione limitata del mondo fuori dalle mie mura. Se non avessi abbandonato i miei timori e non mi fossi aperta a nuovi amici e a nuove persone, non avrei potuto coinvolgermi in maniera normale nella vita delle mie figlie. Non mi sarei sentita a mio agio agli eventi scolastici e alle cene in cui ognuno porta una pietanza. Le persone non si sarebbero sentite a proprio agio con me, e in tal caso come avrei mai potuto essere una valida first lady? Rimanere aperta agli altri mi sembrava una componente fondamentale del mio nuovo lavoro.

Le ricerche hanno dimostrato che la solitudine si autoalimenta. Un cervello solitario si sintonizza troppo sulle minacce sociali, cosa che può spingerci a isolarci ancora di più.[5] Non essere legati agli altri ci rende più inclini a pensieri improntati a complottismo e superstizione.[6] E questo, a sua volta, può renderci diffidenti nei confronti di chi non è come noi, il che diventa naturalmente un altro modo di rimanere bloccati.

Per quanto mi sentissi vulnerabile nel mio nuovo ruolo ero decisa a non imboccare quella direzione. Era una cosa di cui Barack e io avevamo parlato, un fine che ci eravamo prefissati non solo per noi stessi ma anche per la Casa Bianca in generale: volevamo essere il più possibile aperti. Volevamo invitare più gente, ecco perché aumentammo il numero di tour disponibili per il pubblico, quasi raddoppiammo le dimensioni dell'annuale caccia alle uova a Pasqua e cominciammo a organizzare feste di Halloween e cene di Stato per i bambini. Ritenevamo fosse la scelta migliore.

Nelle relazioni personali mi muovevo un po' più lentamente, benché con lo stesso obiettivo. Le mie amicizie tendono a costruirsi in maniera graduale. È un po' come abbassare il finestrino dell'auto per parlare con una persona nuova. Magari all'inizio fai conversazione attraverso uno spiraglio di soli pochi centimetri, con una certa cautela, attento a quanto riveli. Se ti senti al sicuro, se il tuo nuovo amico riesce a udirti, puoi abbassare il vetro ancora un po' e condividere più cose. E se questo funziona lo abbassi ancora di più, fino in fondo, e alla fine la portiera si apre e all'improvviso tra voi due non c'è altro che aria fresca.

Non so a che punto Denielle si sia sentita abbastanza a proprio agio da smettere di far lavare l'auto e andare dal parrucchiere prima di venire a trovarmi, ma il nostro aspetto fisico, che impressione stessimo dando, cominciarono a perdere importanza. Ci spostammo lentamente nel reale, smettendo di guardarci al di sopra di un baratro di ansia o aspettative, felici di rimanere sedute sul divano dopo aver scalciato via le scarpe. Ogni volta che ci incontravamo abbassavamo la guardia un altro po', trovando gli stessi ritmi naturali che le nostre figlie avevano vissuto durante le ore trascorse a giocare con le Polly Pocket o ad arrampicarsi sugli alberi nel Prato meridionale. Denielle e io ridevamo con più facilità, parlavamo più apertamente dei nostri sentimenti. I rischi diminuirono. Non avevo più bisogno di preoccuparmi di quanto avrei potuto rivelare, che fosse una lagnanza sciocca e insignificante oppure un'ansia profonda e concreta.

Io ero al sicuro con lei e lei era al sicuro con me. Eravamo diventate amiche, e tali saremmo rimaste.

Un paio di anni fa l'attrice della sitcom *Black-ish* Tracee Ellis Ross ha scritto su Facebook un commovente omaggio a una sua amica, la giornalista di moda Samira Nasr, raccontando come si erano conosciute e avevano legato mentre lavoravano per la stessa rivista. Tracee aveva visto Samira dall'altra parte della stanza e aveva pensato: «Ha dei capelli simili ai miei... scommetto che potremmo diventare amiche».[7] Si scoprì che aveva ragione. Ormai sono amiche per la pelle da più di venticinque anni. «Non potrei affrontare questa faccenda del vivere, senza di lei», ha scritto Tracee nel post. «Sono un cirripede sulla sua vita.»

L'ho trovata una metafora magnifica. Sono giunta ad apprezzare le mie amiche come margherite e uccellini nella mia esistenza – capaci di rischiarare ogni mia giornata – ma questo è un altro modo calzante di pensarle. Se avete mai trascorso del tempo vicino al mare e vi siete imbattuti in questi crostacei dal guscio duro e bombato, abbarbicati agli scogli sott'acqua e alla chiglia delle imbarcazioni, sapete che non esiste nulla di più ostinato o saldo. Si potrebbe dire la stessa cosa di un amico eccezionale. Se siete fortunati potreste finire per averne almeno alcuni accozzati alla vostra vita, persone intrepide e irremovibili, il genere di amici che vi accettano senza giudicarvi, ci sono sempre per le cose importanti e vi danno gioia non solo per un semestre o per il biennio in cui vivete nella stessa città, ma nel corso del tempo. Inoltre i cirripedi non sono appariscenti, il che secondo me vale anche per le amicizie migliori. Non hanno bisogno di testimoni, non cercano di ottenere qualcosa che può essere misurato o sfruttato; ciò che conta si svolge prevalentemente dietro le quinte.

La mia amica Angela è uno dei miei cirripedi. Ci siamo conosciute agli inizi del college, e poi abbiamo condiviso una stanza insieme all'altra nostra amica, Suzanne. Angela era una ragazza di Washington che parlava a macchinetta, con un'intelligenza affilata e il guardaroba più fighetto che io avessi mai visto. Prima di incontrarla non mi ero imbattuta in molte ragazze nere che indossassero pullover rosa in maglia intrecciata di Ralph Lauren. Ma è proprio questo il bello del college: è un ampliamento dei confini. Vi riversa davanti una miriade di persone nuove, modificando le vostre nozioni di cosa è possibile, spesso rivelando realtà che pensavate non esistessero o non potessero esistere. Angela aveva una risata fragorosa e la tendenza ad alzarsi alle cinque del mattino per studiare e poi fare un pisolino a metà giornata. Io ho imparato da lei e lei da me. Un'estate abbiamo fatto insieme le animatrici in un campo estivo nell'Upstate New York. A un certo punto, visto che il viaggio fino a Chicago era troppo costoso, cominciai a tornare a casa con lei per il Ringraziamento e in alcuni fine settimana festivi, imparando a conoscerla anche nel contesto della sua famiglia, che si rivelò non poi così diversa dalla mia. Dopo il college Angela fu la prima delle mie amiche a sposarsi e ad avere dei figli, gestendo la maternità mentre frequentava la Law School, e vederla prendere dimestichezza con il suo ruolo di genitore

– vedere il modo tranquillo e paziente in cui cambiava i pannolini, sfamava e cullava i due figli – mi ha aiutato a pensare che un giorno sarei stata in grado di farlo anch'io.

Con il passare del tempo la nostra amicizia è diventata più salda e resistente – più simile ai cirripedi: non solo ci sbellicavamo ancora dalle risate come quando eravamo al college, ma condividevamo anche tutte le cupezze della vita, tutto ciò che avevamo perso e di cui invece avremmo avuto ancora bisogno per sopravvivere. Cinque anni dopo la laurea perdemmo la nostra compagna di stanza, Suzanne, a causa di un cancro. Non molto tempo dopo morì mio padre. All'inizio della mia relazione con Barack vi furono occasioni in cui il telefono squillava a tarda notte e io sentivo Angela sospirare all'altro capo del filo: il suo matrimonio stava naufragando e lei aveva bisogno di parlare. Angela mi ha aiutato a superare l'infertilità; io l'ho aiutata a superare il divorzio. Eravamo sottoposte a una miriade di pressioni diverse, e continuavamo a esserci l'una per l'altra.

Ogni volta che mi sentivo giù di morale, alla Casa Bianca, chiedevo ad Angela se poteva venire a trovarmi. E immancabilmente lei mi raggiungeva, sfoggiando abiti dai colori vivaci e una borsa sgargiante, senza battere ciglio davanti a tutte le misure di sicurezza e alla bizzarra *grandeur*, cominciando a parlare ancor prima di varcare la soglia. Nella borsa teneva un foglietto sgualcito con un elenco aggiornato di tutte le cose che le erano venute in mente mentre eravamo lontane e di cui adesso voleva parlare. È così ormai da decenni, la nostra conversazione non si conclude mai.

Angela fa parte di questa ampia cerchia di amicizie, alcune di lunga data e alcune più recenti, che mi hanno aiutato ad affrontare le diverse fasi della vita; sono le persone che ci sono sempre. In psicologia lo si definisce talvolta il proprio «convoglio di supporto sociale», l'insieme di rapporti fondamentali che viaggia insieme a te nel tempo, proteggendoti da ogni genere di insidie, come accade appunto nei convogli. Allacciare e mantenere amicizie salutari può anche non essere la più facile delle imprese, soprattutto adesso che una pandemia ha aggiunto tensione agli incontri e agli scambi, ma i benefici sono stati ampiamente accertati. Le ricerche dimostrano che se si vantano forti legami sociali si hanno maggiori probabilità di vivere più a lungo e con meno stress.[8] Gli scienziati hanno collegato la presenza di un solido sistema di sostegno sociale a livelli più bassi di depressione, ansia e disturbi cardiaci.[9] È stato dimostrato che persino minime interazioni sociali, come quelle che si hanno mentre si paga un caffè al bar o si porta a spasso il cane, migliorano la salute mentale e creano legami più saldi all'interno di una comunità.[10] Non so bene come l'amicizia, o persino il semplice interagire con un'altra persona durante i tre minuti necessari per prendere il caffè al bar la mattina, siano arrivati a sembrare un piccolo atto di coraggio, ma pare sia ogni giorno più vivo. Forse, come ho già detto, è perché adesso portiamo con noi piccoli scudi rettangolari contro la socialità faccia a faccia – i nostri cellulari – che credo ci riparino anche dalle piacevoli scoperte casuali, dalla cosiddetta serendipity. Ogni volta che evitiamo anche un piccolo legame nella vita reale stiamo evitando, in una certa misura, nuove possibilità. Scorriamo le notizie o giochiamo a Candy Crush mentre aspettiamo il caffè, ignari e indifferenti a chi ci circonda. Ci infiliamo gli auricolari e tagliamo fuori le persone quando siamo nell'area cani o nel negozio di alimentari, segnalando che la nostra mente si trova altrove. Mentre attraversiamo la vita immersi nei nostri smartphone stiamo anche rinunciando a decine di piccoli ma significativi sentieri che portano alla connessione con l'altro. Escludiamo la vita vibrante tutt'intorno a noi, limitando così il nostro accesso al calore che proviene dalla vicinanza di altre persone. Se durante i miei appuntamenti dal parrucchiere io avessi fissato Twitter sul cellulare, probabilmente non mi sarei mai degnata di attaccare discorso con Sandy, che adesso è una delle mie più care amiche. Se al suo arrivo a Princeton Angela fosse stata concentrata a chattare su Snapchat con tutta la sua combriccola di ex compagni fighetti del liceo, forse non saremmo mai diventate così intime.

Naturalmente, esistono anche argomentazioni a favore della tesi opposta. In fondo il cellulare è uno strumento e Internet non è altro che un portale su un universo praticamente sconfinato di potenziale connessione. Ha permesso a molti di noi di conoscere nuove prospettive, ha reso udibili voci finora inascoltate e incoraggiato collaborazione ed efficienza in tutti i settori della società. Nel migliore dei casi ci consente di scrutare più a fondo la realtà, permettendoci di essere testimoni di atrocità come di atti di coraggio o gentilezza di cui altrimenti rimarremmo all'oscuro. Ci ha reso possibile chiamare istituzioni potenti a rendere conto del loro operato, provare empatia e stabilire un legame superando frontiere e diversità culturali. Ho parlato con molte persone che online hanno trovato comunità poi diventate essenziali ancore di salvezza, portatrici di informazioni, conforto e affinità, che le hanno aiutate a sentirsi meno sole.

Tutto ciò è magnifico. Eppure, persino avendo sempre a disposizione questo portale ronzante per connetterci rimaniamo soli – forse più che mai – e persi in un ammasso di contenuti. Molti di noi faticano a capire a cosa e a chi dovremmo credere.

Di recente l'*Edelman Trust Barometer*, un sondaggio annuale che misura il livello di fiducia dell'opinione pubblica in ventotto Paesi del mondo, ha concluso che la diffidenza è diventata «l'emozione standard della società».[11] Intanto, i social media sono stati progettati per tenerci assetati, spingendo le nostre menti più giovani e brillanti a cercare ansiosamente like, clic e approvazione. Ciò significa che le immagini che vediamo e i messaggi che riceviamo sono spesso plasmati più dal genere di reazione che otterranno che da ciò che è vero. Lo sdegno vende; l'impulsività diverte. Come ha sottolineato lo psicologo sociale Jonathan Haidt, l'architettura dei social media fa sì che ci esibiamo più spesso di quanto non ci connettiamo agli altri.[12] E in questo modo veniamo manipolati e distolti da ciò che di vero c'è nelle altre persone e spesso da ciò che di più vero c'è in noi stessi.

Penso che gli smartphone non ci forniscano il genere di dati di cui abbiamo bisogno per superare la nostra diffidenza verso altre persone e altri punti di vista, almeno non abbastanza. Dico spesso che è molto più difficile odiare da vicino. Quando abbandoniamo i nostri timori sul nuovo e ci apriamo agli altri, persino attraverso interazioni rapide e fortuite, magari con indosso la mascherina – salutare qualcuno in ascensore o chiacchierare mentre si fa la fila in un negozio – stiamo praticando un'importante forma di microconnessione. Stiamo segnalando una generale intesa fra di noi, aggiungendo anche solo una goccia di collante sociale a un mondo che ne ha disperatamente bisogno.

Inoltre, quando ci si prende il tempo di stabilire un autentico rapporto con gli altri, spesso scopriamo che le nostre differenze non sono profonde come avremmo potuto pensare né consistono in ciò che determinati canali mediatici o personaggi pubblici vorrebbero farci credere. Le connessioni nel mondo reale tendono molto spesso a sfatare gli stereotipi. In effetti, possono rivelarsi straordinariamente rasserenanti: un mezzo modesto ma potente per sollevare l'umore o mettere in dubbio la fondatezza di più ampi sentimenti di sfiducia. Ma per poter arrivare fin là dovete prima posare i vostri scudi.

Il mio modo di vivera la socialità è di vecchia scuola, risale alla mia cucina d'infanzia in Euclid Avenue. Era il luogo in cui mi si permetteva sempre di essere me stessa, in cui i miei sentimenti, per quanto sciocchi potessero sembrare all'epoca, non venivano mai repressi. Potevo entrarvi di corsa dal Far West del quartiere e raccontare nel dettaglio ogni disputa insignificante, ogni cotta puerile e ogni segno tribale appena tracciato sulla pelle, sapendo che mi trovavo nel posto giusto, che ero al sicuro, accettata e a casa. La nostra vecchia cucina funzionava anche come calamita per gli altri: i vicini passavano di lì, i cugini venivano a mangiare qualcosa, i dinoccolati teenager amici di mio fratello si lasciavano cadere sulla sedia e chiedevano consiglio a mio padre, e mia madre preparava sandwich con burro di arachidi e marmellata per tutte le mie amiche, lasciando che giocassimo sul pavimento e spettegolassimo sulla scuola mentre lei pensava alla cena. La stanza era minuscola, poco più di tre metri per tre, con il soffitto basso, un piccolo tavolo con quattro sedie e una tovaglia di plastica, ma mi dava un enorme conforto e moltissima serenità.

Adesso cerco di offrire ai miei amici la stessa cosa: la sensazione di essere a casa, un senso di sicurezza e appartenenza, un luogo dove essere ascoltati. Ed è ciò che cerco nelle amicizie, quella stessa sensazione avvolgente. Definisco il mio gruppo di amiche «Kitchen Table», tavolo della cucina, le persone al di fuori della mia famiglia di cui mi fido di più, con cui sto meglio e su cui conto davvero, e per le quali farei qualsiasi cosa. Sono queste le amiche cui ho chiesto di prendere una sedia e sedersi accanto a me nella vita.

Ho anche imparato che sostegno, amore e riscontro possono arrivare da qualsiasi luogo, non soltanto dalla propria casa. Alcune delle persone più importanti che si sono sedute al mio tavolo sono quelle più anziane di me, che si sono prese il tempo di farmi da mentore quando ero giovane, offrendo la loro vita come esempio, fornendo ciò che i miei genitori non mi potevano dare. L'energica Czerny, il mio supervisore studio-lavoro a Princeton, mi ha preso sotto la sua ala permettendomi di seguire le sue acrobazie di genitore single e di professionista, offrendomi una lezione su come trovare l'equilibrio in una vita piena di impegni. In seguito Valerie Jarrett mi ha aiutato a compiere la transizione lavorativa più importante della mia vita, quella dal diritto aziendale al servizio pubblico, e per me è diventata come una sorella maggiore a livello personale e professionale. Mi ha guidato attraverso cambiamenti di ogni genere, mi consiglia quando sto cercando di prendere una decisione e mi tranquillizza quando sono turbata. Mi ha permesso di essere un cirripede sulla sua vita.

Il mio tavolo include anche un'ampia cerchia di persone più giovani la cui voce considero preziosa, che mi aiutano a serbare fresca la mia prospettiva e mi sfidano a tenere il passo con le novità. Mi parlano di qualsiasi cosa, dall'ultima moda nel nail design a come apprezzare la musica dembow. Hanno tentato di farmi comprendere Tinder e TikTok. E mi sgridano quando dico qualcosa che giudicano troppo anacronistica. I miei giovani amici fanno in modo che io continui a imparare.

Un Kitchen Table, in generale, non è mai stagnante. Gli amici vanno e vengono, assumendo una maggiore o minore importanza mentre attraversate le varie fasi della vita. Potreste avere un gruppetto consolidato o solo una manciata di amicizie individuali. Va benissimo. Ciò che più importa è la qualità delle vostre relazioni. È un bene essere selettivi riguardo alle persone di cui fidarsi, le persone da avvicinare. Con i nuovi rapporti mi ritrovo a valutare silenziosamente se mi sento al sicuro, se mi sento vista e apprezzata per ciò che sono. Con i nostri amici siamo alla perenne ricerca di rassicurazioni sul fatto che siamo importanti, che la nostra luce viene riconosciuta e la nostra voce viene sentita, e dobbiamo loro la stessa cosa. Vorrei anche sottolineare che va benissimo ritrarsi da un'amicizia difficile oppure ridimensionarla. A volte dobbiamo lasciar andare determinati amici, o se non altro iniziare a fare meno affidamento su di loro.

Non tutte le persone sedute intorno al mio Kitchen Table si conoscono a fondo; alcune non si sono mai nemmeno incontrate, ma insieme sono potenti. Mi appoggio a ognuna di loro in momenti e modi diversi, il che è un altro aspetto dell'amicizia che vale la pena riconoscere: nessuna persona, nessuna relazione, soddisferà ogni vostra esigenza. Non tutti gli amici possono offrirvi ogni giorno sicurezza o sostegno. Non tutti hanno la possibilità, o la voglia, di farsi vivi esattamente quando o come avete bisogno che lo facciano. Ecco perché è preferibile continuare sempre a fare spazio intorno al vostro tavolo, mantenervi aperti ad accogliere altri amici. Vi posso assicurare che non smetterete mai di aver bisogno di loro, e da loro non smetterete mai di imparare.

Il modo migliore per essere amici di qualcuno, dal mio punto di vista, è gioire della sua unicità, apprezzare ogni persona per ciò che porta, accoglierla semplicemente per ciò che è. Talvolta questo significa non biasimare gli amici per quello che non possono portare o non portano. Io ho amiche molto attive che desiderano scalare montagne e fare viaggi, e altre che sono felicissime di poltrire sul divano con una tazza di tè. Ce ne sono alcune che chiamerei in caso di emergenza e altre che invece non chiamerei. Alcune forniscono consigli, altre mi intrattengono raccontandomi della loro vita sentimentale. Alcune adorano più di qualsiasi altra cosa ballare tutta la notte, altre vanno rigorosamente a letto alle nove di sera. Ho amiche che sono insuperabili nel ricordare compleanni e date importanti, e amiche che se li scordano sempre ma ti fanno dono della loro sincera e totale attenzione quando sono insieme a te. Quello che conta è che riesco a vederle e ad apprezzarle, e loro riescono a vedere e ad apprezzare me. Le mie amiche mi spingono a mettere le cose nella giusta prospettiva. Contribuiscono a mostrarmi chi sono. Come uno dei personaggi di *Amatissima* di Toni Morrison dice di un altro: «È un'amica della mia mente. [...] Tutti i miei pezzi, me li rimette insieme e me li dà nell'ordine giusto».[13]

Nel corso del tempo, inoltre, alcune amiche appartenenti a fasi diverse della mia vita hanno stabilito uno stretto legame fra loro, in parte grazie alla mia indole da sergente istruttore, alla mia insistenza per riunirci ogniqualvolta qualcuna di noi può farlo. Insieme abbiamo formato quella che considero una cerchia di sostenitrici, un gruppo in cui ognuna di noi fa sempre il tifo per il successo delle altre. Annunciamo le nostre vittorie e riceviamo feedback sulle nostre sfide. Affrontiamo le difficoltà e ci sproniamo a vicenda in molti modi, incoraggiandoci e ascoltandoci con profonda attenzione. Con le mie amiche la conversazione non termina mai. Siamo tutte ospiti l'una alla tavola dell'altra, condividendo il privilegio dell'intimità e della franchezza.

«Non affrontate la vita da sole», ripeto spesso alle mie figlie. Soprattutto per coloro che convivono con la diversità è importante, per sopravvivere, creare spazi in cui ci si sente sicuri e a casa. Vale la pena di fare uno sforzo per trovare persone con cui potete sfilarvi l'armatura e abbandonare le preoccupazioni. Con i vostri amici più intimi potete dire tutte le cose che non avete espresso altrove. Potete mostrare senza freni la vostra rabbia, la vostra paura di fronte a torti e ingiustizie. Perché non potete tenervi tutto dentro, non potete elaborare da soli le sfide dell'essere diversi. È qualcosa di troppo grande, troppo doloroso. Cercare di portare quel fardello da soli può rivelarsi corrosivo, sfiancante.

Il vostro Kitchen Table è un porto sicuro, un luogo in cui rifugiarvi nella tempesta. È dove potete mettere in pausa l'interminabile ed estenuante battaglia con le sfide quotidiane e analizzare con più serenità la raffica di umiliazioni che si riversano su di voi. È dove potete strillare, urlare, imprecare e piangere. È un posto in cui leccarvi le ferite e recuperare le forze. Il vostro Kitchen Table è dove andate a cercare ossigeno in modo da poter respirare di nuovo.

Durante la sua presidenza, nella West Wing Barack era circondato da magnifici colleghi, indaffaratissimi e intelligentissimi membri del gabinetto e dello staff che formavano una squadra estremamente efficiente e un eccellente sistema di sostegno. Ma da vicino notavo comunque la solitudine del suo ruolo, l'enorme peso che mio marito portava sulle spalle in veste di responsabile ultimo delle decisioni, il modo in cui lo stress si accumulava senza alcuna valvola di sfogo. Lui si dedicava anima e corpo a gestire una crisi solo per vederne spuntare un'altra. Veniva regolarmente incolpato di cose che non poteva controllare, talvolta criticato aspramente da chi aspettava con impazienza un cambiamento. Aveva a che fare con un Congresso ostile, un Paese ferito dalla recessione e problemi di ogni genere oltreoceano. La sera, dopo aver cenato insieme, lo guardavo dirigersi verso il suo studio, sapendo che sarebbe rimasto dietro la scrivania fino alle due del mattino, solo, sveglio e impegnato nel tentativo di tenere tutto sotto controllo.

Non posso dire che soffrisse di solitudine – la vita era troppo piena – ma aveva bisogno di evadere. Mi preoccupavo della natura inesorabile del suo lavoro, di quale effetto potesse avere lo stress sulla sua salute. Qualche anno dopo il suo insediamento gli feci una sorpresa per il compleanno, invitando a Camp David una decina di suoi amici per un fine settimana di festeggiamenti e un pizzico di divertimento. Era agosto e il Congresso non era in sessione. Naturalmente Barack avrebbe viaggiato con un gruppo di consulenti e ricevuto i suoi briefing quotidiani, ma mi auguravo potesse staccare un po' la spina.

E la staccò. Credo di non aver mai visto nessuno tuffarsi nel divertimento come fece mio marito durante quel fine settimana, il che mi parve una chiara indicazione di quanto avesse bisogno di una tregua. Gli amici del liceo vennero dalle Hawaii, unendosi a qualche ex compagno di college e ad alcuni dei suoi migliori amici di Chicago. Che cosa fecero? Giocarono. Mentre Sasha, Malia e io, insieme a una manciata di altre mogli e figli, oziavamo accanto alla piscina, gli uomini si fiondarono su ogni attività che Camp David potesse offrire.

Era come se avessero ricevuto una carta esci-gratis-di-prigione che li liberava di colpo dal lavoro e dagli obblighi famigliari e, un po' come succedeva con le mie amiche durante i nostri fine settimana «Boot Camp», non erano disposti a sprecare nemmeno un secondo del tempo a disposizione. Giocarono a basket, a carte e a freccette, spararono un po' al piattello, giocarono a bowling, si sfidarono a baseball in una gara di battute fuoricampo e in una di lanci con il pallone da football. Tennero il punteggio di ogni minima cosa, scambiandosi continui sfottò, riesaminando chiassosamente le varie partite e le sconfitte inaspettate fino a tarda sera.

Arrivammo a chiamarlo «Campathalon» e ormai è una vera e propria istituzione nella vita di Barack, un raduno annuale che adesso teniamo a Martha's Vineyard e che include trofei e una cerimonia d'apertura. Per uno serio e compassato come lui, perennemente al lavoro, è una tregua su cui ormai conta, un ritorno alla spensieratezza dell'infanzia, un'occasione per recuperare il tempo perduto e svagarsi insieme alle persone a cui tiene. È come una ricreazione nel cortile della scuola, un momento in cui correre libero e un po' selvaggio, giocando con gli amici. Gli permette di entrare in relazione con la sua gioia.

La vita mi ha dimostrato che le amicizie forti sono quasi sempre il risultato di intenzioni forti. Il vostro tavolo dev'essere costruito, popolato e curato in maniera ponderata. Non dovete limitarvi a dire *Sono incuriosito da te* a qualcuno che potrebbe diventare un amico, dovreste anche investire in quella curiosità, dedicando tempo ed energia perché l'amicizia possa crescere e approfondirsi, anteponendola alle cose che si accumuleranno ed esigeranno la vostra attenzione come l'amicizia fa raramente. Ho scoperto che nell'amicizia è utile creare rituali e routine: caffè settimanali, cocktail mensili, raduni annuali. La mia amica Kathleen e io ci incontriamo regolarmente per una passeggiata mattutina lungo il fiume. Ho un gruppo che da più di un decennio organizza un fine settimana madre-figlia sulla neve: l'evento è cementato nel calendario di ognuna di noi e protetto a qualsiasi costo, persino dalle ragazze, che ormai hanno capito il valore di avere un Kitchen Table nella propria vita. I miei fine settimana «Boot Camp» sono diventati meno frequenti e anche meno rigorosi di un tempo, ma continua a piacermi ritrovarci per sudare tutte insieme.

Un giorno alcuni ricercatori dell'Università della Virginia hanno deciso di testare una certa teoria riguardante l'amicizia.[14] Hanno sistemato degli zaini pesanti sulla schiena di un gruppo di volontari che hanno poi piazzato ai piedi di una grande collina come se dovessero scalarla. A ogni volontario è stato chiesto di stimarne la pendenza. Metà di loro erano da soli, gli altri avevano accanto qualcuno che consideravano un amico. E sistematicamente chi aveva di fianco un amico giudicava la collina meno ripida, l'imminente scalata meno difficile. Quando si trattava di persone che erano amiche da lungo tempo la differenza nei risultati appariva ancora più marcata: la pendenza sembrava ridursi ulteriormente. È questo il potere di avere accanto altre persone. È un motivo per prendersi cura dei propri amici.

Ed è quello che più desidero dire a chi esita ai margini di una nuova amicizia, a chi si sta trattenendo. È ciò che mi preoccupa quando sento giovani ammettere che sono troppo nervosi per rischiare o sopportare il disagio di incontrare e conoscere nuovi amici. Voglio dirvi che negli altri si possono trovare ricchezza e sicurezza se siete disposti ad ampliare la vostra curiosità, se riuscite a mantenervi aperti nei suoi confronti. I vostri amici diventano il vostro ecosistema. Quando fate amicizia state piantando altre margherite nella vostra vita, state aggiungendo altri uccellini sugli alberi.

6. UNA COPPIA CHE FUNZIONA

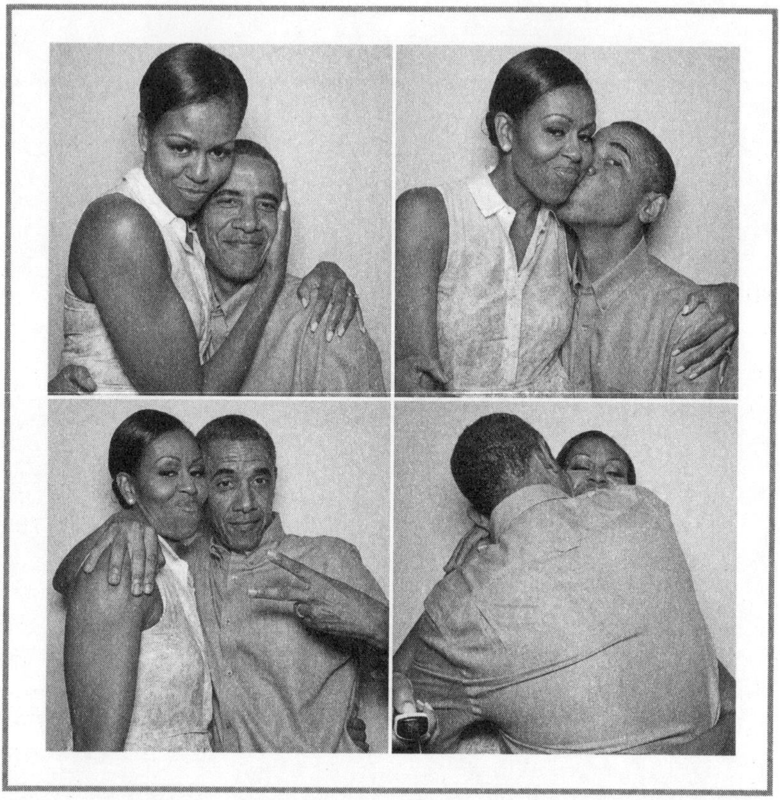

Barack è il mio migliore amico, il mio vero amore e la persona che più di ogni altra ha sconvolto la mia vita.

L'anno scorso, le nostre due figlie hanno preso in affitto un appartamento insieme. Hanno scoperto che avrebbero dovuto vivere nella stessa città – Sasha per andare al college, Malia per il suo primo lavoro come autrice – così si sono messe in cerca di una sistemazione, trovando infine un posto adatto in un quartiere tranquillo, comodo per tutte e due. Mi incanta il fatto che si siano scelte come coinquiline. Pensare che le due sorelle che abbiamo cresciuto riescano a essere anche amiche, ora che hanno poco più di vent'anni, mi rende molto felice.

Il primo giorno del primo mese d'affitto, hanno traslocato le loro cose nell'appartamento vuoto. Possedevano perlopiù vestiti, a quanto pare. Come molti ragazzi della loro età, fino a quel momento le nostre figlie avevano cambiato spesso indirizzo, se si eccettuano i mesi passati in casa per via della pandemia. Avevano vissuto nei dormitori del college e in appartamenti arredati in subaffitto, senza mai viaggiare con più di quanto potesse stare nel bagagliaio di un'auto. Qualche volta, nel corso dell'anno, una di loro o entrambe tornavano per trascorrere una o due settimane di vacanza con noi, e approfittavano dei comfort della nostra esistenza di adulti, godendosi il frigorifero pieno, l'assenza di coinquilini, il locale lavanderia sempre libero, la pigra dolcezza di un cane per casa. Durante questi periodi di pausa, facevano il pieno di cibo, sonno, privacy e famiglia. A un certo punto, veniva il momento in cui riaprivano l'armadio, sostituendo all'abbigliamento invernale quello estivo o viceversa, e ripartivano, spiccando il volo per andare lontano, come uccelli migratori.

Ma questa volta le cose stavano cambiando. Avevano trovato un posto tutto per loro dove vivere da giovani adulte, una sistemazione un po' meno provvisoria delle precedenti. Le nostre figlie cominciavano a sembrare più grandi, con un piede già nella vita adulta.

Per il primo mese o giù di lì, durante le nostre videochiamate iniziavo a intravedere qualche traccia del loro impegno nell'arredare la casa. Notavo una nuova sedia carina che avevano trovato da qualche parte oppure foto incorniciate e appese al muro ad arte. Si sono procurate un aspirapolvere, hanno comprato cuscini, asciugamani e persino un set di coltelli da bistecca, cosa che ho trovato divertente perché nessuna delle due ama particolarmente cucinare o mangiare carne – né, a dirla tutta, cucinare alcunché. Ma il punto era che si stavano sistemando, con tutta la loro buona volontà e il loro orgoglio. Stavano imparando da sole com'è fatta un'abitazione che possa essere chiamata «casa».

Una sera stavo parlando con Sasha su FaceTime, ma sono stata subito distratta da Malia che si muoveva sullo sfondo, passando un piumino Swiffer su uno scaffale pieno di libri e ninnoli vari. Stava spolverando! Mi è sembrata davvero un'adulta, anche se non ho potuto fare a meno di notare che non aveva ancora imparato a levare gli oggetti dallo scaffale, o almeno a spostarli, per poterli spolverare da tutti i lati.

Ma ehi!, la grande notizia era che stava dando una mezza spolverata! Il cuore a momenti mi scoppiava di gioia.

Non appena abbiamo potuto, Barack e io siamo andati a trovarle a Los Angeles. Sasha e Malia ci hanno mostrato con gioia il loro nuovo appartamento. Avevano fatto un buon lavoro, curiosando tra l'usato e facendo acquisti all'IKEA più vicina, attente a non sforare il budget. Dormivano su materassi poggiati su reti spoglie, ma avevano messo dei bei copriletti. Avevano preso alcuni tavolini originali in un mercatino delle pulci e un tavolo da pranzo, anche se non erano ancora riuscite a trovare delle sedie a un prezzo conveniente.

Quella sera saremmo usciti tutti insieme a cena, ma prima le ragazze hanno insistito per offrirci un aperitivo. Barack e io ci siamo seduti sul divano, ed ecco apparire Malia con un tagliere di salumi e formaggi preparato da lei, mentre ci diceva che non aveva mai avuto idea di quanto potesse essere scandalosamente costoso il formaggio.

«E non ho nemmeno preso quelli più ricercati!» ha esclamato.

Sasha, nel frattempo, ha fatto del suo meglio per prepararci due Martini leggeri – *Aspetta un attimo: com'è che tu sai fare i Martini?* – e ce li ha serviti nei bicchieri per l'acqua, non prima di aver sistemato sul tavolino due sottobicchieri appena acquistati, per non rovinare il loro mobiletto nuovo di zecca.

Assistevo a quello che stava accadendo di fronte a me con un certo stupore. A sorprendermi non era tanto constatare che le nostre bambine erano ormai due giovani donne; in qualche modo, era l'intera scena – e in particolare quei sottobicchieri – a rappresentare un punto di arrivo, quel genere di traguardo su cui ogni genitore fantastica per anni: il momento in cui i figli danno finalmente prova di buonsenso.

Quella sera, mentre Sasha appoggiava i drink sul tavolino, ho pensato a tutti i sottobicchieri che lei e la sorella non si erano degnate di usare quando vivevano sotto il nostro tetto, a tutte le volte in cui, nel corso degli anni, avevo provato a rimuovere i segni dei bicchieri da vari tavoli, inclusi quelli della Casa Bianca.

Ma ora la dinamica era cambiata. Adesso eravamo noi a sedere al *loro* tavolo. Erano loro a possederlo e a doverlo proteggere dall'usura. Ed era chiaro che avevano imparato.

Come si diventa adulti, con autentiche vite da adulti e autentiche relazioni da adulti? Pare proprio che accada per tentativi ed errori. Semplicemente cercando di capire come si fa. Credo che molti di noi risolvano il mistero della propria identità solo con il passare del tempo, capendo pian piano chi sono e di che cosa hanno bisogno per cavarsela. Ci incamminiamo sulla strada che ci porta verso la maturità, spesso seguendo una qualche vaga idea del modo in cui crediamo debba essere la vita adulta.

Facciamo pratica e impariamo, impariamo e facciamo pratica. Sbagliamo e poi ricominciamo da capo. Per molto tempo abbiamo la sensazione che tanti aspetti della nostra vita siano ancora in fase sperimentale, provvisori. Testiamo diversi modi di essere. Proviamo e scartiamo svariati atteggiamenti, strategie, suggestioni e strumenti per vivere, finché, poco alla volta, iniziamo a capire meglio quali sono gli elementi che ci si addicono di più e sono più utili per noi.

Ultimamente sto riflettendo parecchio su questi temi, mentre da lontano osservo le nostre figlie adattarsi alla loro nuova vita sulla West Coast, fare incetta di stoviglie e articoli per la casa, spolverare i mobili al meglio delle loro capacità.

Stanno facendo pratica. Stanno imparando. Sono nel vivo del processo, in qualche punto di quella strada che le porterà là dove vorrebbero arrivare. Ogni giorno affinano in qualche modo l'idea che hanno di sé stesse, della loro individualità e del modo in cui vogliono vivere, cercando di capire dove, come e con chi si sentono più serene e al sicuro.

Dal punto di vista della socialità, Sasha e Malia sono in quella fase della vita un po' selvaggia e disordinata in cui regna un'atmosfera da mercatino e sembra che i nuovi amici siano tesori entusiasmanti che si possono scovare quasi ovunque. Ricordo di aver vissuto questa fase quando ero poco più che ventenne. La caccia è divertente, il bazar è sempre pieno di colori e, in genere, la sensazione della scoperta è elettrizzante. Ma allo stesso tempo le mie figlie sono inconsapevolmente impegnate in un'attività più seria e sensata: stanno imparando su chi possono fare affidamento, quali sono le persone con cui si trovano bene, le relazioni sulle quali vogliono investire di più e che le accompagneranno per tutta la vita. Stanno iniziando a circondarsi degli amici che formeranno quello che io chiamo il loro Kitchen Table.

La stessa cosa vale per le relazioni sentimentali. Malia e Sasha stanno facendo esattamente quello che Barack e io facevamo alla loro età: hanno dei flirt. (Per inciso, mi dicono che «avere dei flirt» non rientra più nel genere di terminologia usato dai loro coetanei.) Quello che intendo dire, in generale, è che sono uscite con persone diverse e si sono misurate con diversi stili di relazione. È semplicemente un aspetto dell'attività di costruzione dell'esistenza in cui sono impegnate in questa fase della loro vita, una tessera che dovranno collocare all'interno di un puzzle più grande.

La verità è che spero che le nostre figlie non lascino troppo presto il mercatino delle pulci. Spero invece che vi restino ancora per un po', in modo che le loro relazioni possano mantenere quel carattere fluido tipico della gioventù. Ciò che vorrei più di ogni altra cosa è che le competenze che le renderanno indipendenti – come guadagnarsi da vivere, come mantenersi in salute, ben nutrite e felici – abbiano la priorità sull'impegnarsi a passare la vita con un'altra persona. Le invito a restare concentrate sul pieno sviluppo della loro personalità, in modo da diventare donne complete, donne che sanno camminare sulle proprie gambe. Quando si conosce la luce che si porta dentro, si è più preparati a condividerla con un'altra persona. Ma per raggiungere questa meta bisogna fare un bel po' di pratica.

Mi auguro con tutto il cuore che le mie figlie trovino il loro modo di maturare nelle relazioni, senza essere assillate dalla preoccupazione di una approvazione esterna. Non voglio che considerino il matrimonio una sorta di trofeo da rincorrere e conquistare, che credano che una cerimonia nuziale sia il genere di spettacolo imprescindibile per iniziare in modo adeguato una vita appagante, o che percepiscano la maternità come una specie di requisito da dover soddisfare. La mia speranza, invece, è che sperimentino diversi livelli di impegno e possano imparare a capire come porre fine alle relazioni che non funzionano e come iniziarne di nuove che sembrano promettenti. Voglio che sappiano come affrontare i conflitti, che comprendano le emozioni inebrianti dell'intimità e provino la sensazione di avere il cuore in fiamme. Infine, se e quando sceglieranno qualcuno con cui trascorrere tutta la vita, vorrei che lo facessero consapevoli della loro forza, sapendo veramente chi sono e di che cosa hanno bisogno.

Non dirò altro sulla vita sentimentale delle mie figlie, per rispetto della loro privacy (e perché sicuramente mi ucciderebbero, se mi azzardassi a farlo). Mi limito a dire che è bello vederle fare pratica e imparare come cavarsela in questo ambito dell'esistenza.

Qual è la mia più grande speranza per loro?

Che trovino un posto che possano chiamare casa, qualunque essa sia.

La gente spesso mi contatta per avere consigli sulle relazioni di coppia. Hanno in mente le fotografie di me e Barack – noi due che ridiamo o ci guardiamo negli occhi, visibilmente felici di essere fianco a fianco – e ne deducono che stare insieme ci piace. Ci chiedono come siamo riusciti a rimanere felicemente sposati per tutti questi anni – ormai sono trenta. Sapete cosa vorrei rispondere? *Già, davvero, anche noi a volte ce ne stupiamo!* Ed è proprio così, non sto scherzando. Abbiamo i nostri problemi, ovviamente, ma io lo amo e lui ama me e, a quanto pare, è così ora e continuerà a esserlo per sempre.

Il nostro amore non è perfetto, ma è autentico, e ci impegniamo a tenerlo vivo. Questa particolare certezza è salda in noi, come un pianoforte a coda al centro di ogni stanza in cui entriamo. Sotto tanti aspetti, mio marito e io siamo persone molto diverse. Lui è un nottambulo che ama le attività solitarie. Io sono mattiniera e mi piacciono le situazioni piene di gente. Io credo che lui dedichi troppo tempo a giocare a golf. Lui pensa che io guardi troppa televisione leggera. Ma tra noi regna un'amorevole sicurezza, la semplice consapevolezza che l'altro è lì per restare, qualunque cosa accada. Penso che sia questo ciò che la gente coglie nelle nostre foto insieme: il nostro piccolo trionfo nel realizzare che nessuno dei due se n'è andato, pur avendo passato ormai metà della nostra vita insieme, nonostante tutti i modi in cui ci diamo reciprocamente sui nervi e malgrado le grandi differenze tra noi. Siamo ancora qui. *Ed è qui che restiamo.*

Nel corso della mia vita adulta ho vissuto in diversi posti ma, per quanto mi riguarda, ho avuto una sola vera casa. La mia casa è la mia famiglia. La mia casa è Barack.

La nostra unione l'abbiamo creata insieme. La viviamo ogni

giorno, rafforzandola come possiamo, a volte lasciandola semplicemente esistere «così com'è» nei periodi in cui abbiamo altre preoccupazioni. Il nostro matrimonio è il punto da cui partiamo e al quale facciamo ritorno, un luogo in cui ciascuno di noi due può essere completamente, tranquillamente e spesso fastidiosamente sé stesso. Abbiamo imparato ad accettare che la sfera in cui abitiamo insieme, l'energia e le emozioni che traiamo dal nostro rapporto forse non sono sempre perfette e in ordine, o esattamente corrispondenti ai desideri dell'una o dell'altro; eppure tutto ciò resiste nel tempo, ed è un fatto evidente e rassicurante. La nostra unione è diventata per noi una solida certezza, in un mondo in cui la certezza sembra essere incredibilmente difficile da trovare.

Molte delle domande che le persone mi fanno sui social, nelle lettere e nelle e-mail che ricevo sembrano incentrate proprio su questa certezza intesa come fondamento di una relazione: quanto è grande, in quali momenti e con quale livello di intensità la dovremmo avvertire, nonché a quale grado di variabilità può essere sottoposta. Come faccio a sapere se ho trovato il partner giusto, il tipo di persona con cui vale la pena di impegnarsi? Se talvolta mi capita di detestare il mio partner, c'è qualcosa che non va in me? Come posso avere una buona relazione se i miei genitori non sono stati questo grande esempio di coppia? Come gestire il conflitto, l'irritazione, le difficoltà e gli ostacoli?

Ho sentito di coppie che prendono in considerazione l'idea di sposarsi nella convinzione che il matrimonio risolverà i loro problemi. Altre coppie pensano che avere un bambino potrà cementare la loro unione. C'è poi chi valuta l'opzione del divorzio, chiedendosi se continuare con un rapporto tormentato e ormai segnato dall'amarezza oppure porvi fine. Altri ancora giudicano il matrimonio una tradizione noiosa, patriarcale e ormai superata. E diversi giovani mi hanno raccontato che temono di commettere errori nelle loro relazioni, o che li hanno *già* commessi e ora si stanno chiedendo che cosa fare.

«Signora Michelle, ho un sacco di problemi con i ragazzi...» mi ha scritto qualche tempo fa Lexi, una giovane donna dell'Alabama, aprendomi il suo cuore nel seguito del messaggio.

La verità è che non ho risposte a questo genere di domande, né ricette che consentano a chicchessia di superare le difficoltà personali che sta vivendo. L'unica storia d'amore che conosco è quella che vivo ogni giorno. Il percorso che vi porterà a quella particolare certezza di cui tanti mi chiedono – sempre che sia quello che state cercando – sarà diverso dal mio, proprio come la vostra concezione di casa e del genere di persona che insieme a voi ne farà parte sarà sempre unica e peculiare.

Solo gradualmente la maggior parte di noi capisce ciò di cui ha bisogno e ciò che è in grado di dare nelle proprie relazioni personali. Facciamo pratica. Impariamo. Mandiamo tutto all'aria. Talvolta ci procuriamo strumenti che in realtà non ci servono e molto spesso all'inizio facciamo investimenti discutibili. Un po' come quando compriamo un set di coltelli da bistecca, convinti che sia la cosa giusta da fare.

Tendiamo a essere ossessionati, a pensare troppo e a usare male le nostre energie. A volte seguiamo i cattivi consigli o ignoriamo quelli buoni. Battiamo in ritirata quando veniamo feriti. Ci nascondiamo dietro un'armatura quando abbiamo paura. Attacchiamo quando veniamo provocati oppure ci arrendiamo quando proviamo vergogna. Potreste anche arrivare alla conclusione, come fanno molti, di essere perfettamente felici e soddisfatti standovene per conto vostro. E se così fosse, mi auguro che onoriate la vostra decisione per ciò che è: una scelta di vita valida e gratificante. Va detto poi che tanti di noi tendono a riprodurre senza rendersene conto le relazioni che avevano intorno a sé nell'infanzia – la versione di casa conosciuta da bambini, qualunque essa sia – e questo, ovviamente, può avere esiti splendidi, orribili o una via di mezzo. Credo che proprio nel vasto regno che corre tra gli estremi opposti nasca e prosperi l'amore vero e duraturo. Avete scelto di stare insieme ed è insieme che state rispondendo alla seguente domanda: *Noi chi siamo e chi vogliamo essere?*

In questo periodo, mi capita a volte di osservare mio marito da una certa distanza, come se lo stessi scrutando attraverso la tela tessuta dal passare del tempo. Ciò che vedo è una versione con i capelli grigi, un po' meno magra e più stanca di quel ragazzo ventisettenne che tanti anni fa arrivò per un tirocinio estivo nell'ufficio legale in cui lavoravo; si presentò fradicio, perché si era preso un acquazzone e non aveva l'ombrello, e mostrava giusto un filo di imbarazzo per essere arrivato in ritardo il primo giorno di lavoro. Che cosa rendeva il suo sorriso tanto memorabile? Perché la sua voce suonava così bene?

Era affascinante allora. È affascinante adesso. All'epoca non lo conosceva nessuno, o quasi: era ancora uno studente di legge la cui intelligenza aveva provocato un certo fermento nell'ambiente; oggi, invece, suppongo che lo si possa definire estremamente famoso. Eppure, detto questo, è davvero la stessa identica persona, con la stessa compostezza, lo stesso cuore e le stesse fissazioni, la stessa eterna fatica nel riuscire a essere puntuale o a ricordare qualcosa di semplice e funzionale come l'ombrello in una giornata piovosa. È la stessa persona idealista, per certi versi semplice e amabile e per altri cerebrale, che incontrai tanti anni fa nella sala d'attesa di quello studio: gli strinsi la mano e notai per la prima volta la sua figura alta, dinoccolata, e il suo viso insolito, senza rendermi conto che avevo di fronte il mio vero amore, colui che più di tutti avrebbe cambiato la mia vita.

Come capita a molti, qualche idea su come sarebbe stato il matrimonio me l'ero fatta, e solo poche di queste idee si sono rivelate corrette. Quand'ero una ragazzina, io e le mie amiche ci divertivamo con una serie di giochi incentrati sulla predizione del futuro: uno di questi si chiamava MASH e ci diceva in quale luogo avremmo vissuto, che tipo di macchina avremmo guidato e quanti bambini avremmo avuto, mentre un altro consisteva nel piegare un foglio in stile origami e scrivere sulla parte nascosta i nomi dei nostri ipotetici futuri mariti. Quando spiegavamo il foglio e leggevamo i vari risultati scoppiavamo a ridere: davvero avrei sposato Marlon Jackson dei Jackson 5, avrei vissuto in California e guidato una station wagon? Davvero la mia amica Terry avrebbe avuto nove figli con il nostro compagno di classe Teddy e avrebbe abitato in una villa in Florida?

Ciò che sapevo era che le possibilità ci sembravano grandiose e insieme infinite. Ciò che *pensavo* di sapere era che avremmo finito per sposarci e la cerimonia sarebbe stata spettacolare, un vero e proprio sogno a occhi aperti seguito da anni di gioia appassionata, vissuti nel modo travolgente di chi non si accontenta mai. C'era una qualche ragione per cui le cose non avrebbero dovuto andare così? Ero ancora troppo giovane per vedere nel matrimonio dei miei genitori qualcosa che un giorno avrei potuto volere per me stessa. Erano devoti l'uno all'altra, dei buoni compagni che si sostenevano a vicenda, impegnati nella gestione di un'impresa condivisa che era allo stesso tempo produttiva, affettuosa e governata dal buonsenso. Insieme ridevano molto e insieme sbrigavano tutte le faccende domestiche. Ogni anno, a San Valentino e per il compleanno di mia madre, mio padre prendeva la macchina e andava al centro commerciale Evergreen Plaza per comprarle un bel vestito nuovo, che poi le presentava ben incartato con tanto di fiocco.

Capivo che erano felici, ma d'altra parte avevo visto un sacco di puntate della soap opera *La valle dei pini* e mi ero immersa nelle leggendarie passioni infuocate e inestinguibili della protagonista Erica Kane, al cui confronto l'unione tra i miei genitori non poteva che risultare piatta e un poco scialba. Così davo sfogo alla fantasia, e immaginavo per me un matrimonio e una vita famigliare da sogno, facendomi suggestionare più che altro dagli amori glamour che io e le mie amiche inscenavamo con Barbie e Ken. In realtà sapevo anche che i matrimoni non sempre funzionavano, perché avevo avuto modo di vedere com'erano andate le cose tra i miei nonni. I genitori di mia madre si erano separati molto prima che io nascessi e, per quanto ne sapevo, da allora non si erano mai più rivolti la parola. I genitori di mio padre avevano vissuto separati per gran parte della sua infanzia, ma poi, sorprendentemente, in qualche maniera avevano sistemato le cose.

Ora mi rendo conto che avevo intorno a me tutte le indicazioni e gli esempi occorrenti per capire che raramente una coppia che dura nel tempo è glamour e senza macchia. Mia madre racconta ancora della prima grossa litigata con mio padre, che avvenne subito dopo il loro matrimonio nel 1960, quando lei aveva ventitré anni e lui venticinque. Dopo una breve luna di miele, erano andati a vivere insieme per la prima volta e si erano resi conto, piuttosto bruscamente, di come fossero approdati a questa loro nuova vita di coppia con alle spalle tutta una serie di abitudini e di modi consolidati di fare le cose profondamente diversi. Quale fu il motivo del contendere in quel loro primo storico scontro? La discussione non riguardava i soldi né la possibilità di avere figli né, ancora, un qualche argomento d'attualità. No, niente di tutto ciò. Si urlarono contro perché avevano idee opposte sul modo di appendere la carta igienica al rullo, se l'estremità libera del rotolo dovesse risultare sopra o sotto.

In casa di papà vigeva la regola del «sotto», mentre mamma era cresciuta in una famiglia che sosteneva il «sopra»: almeno per un breve periodo, il conflitto tra loro sembrò epico e insanabile. Poiché un'opzione escludeva l'altra, uno dei due avrebbe dovuto cedere e accettare l'abitudine dell'altro.

A volte può sembrare che un litigio avvenga per motivi insignificanti, ma spesso ciò che c'è dietro questi piccoli scontri non è di poco conto. Quando uniamo la nostra vita a quella di qualcuno, all'improvviso dobbiamo confrontarci con la storia e i modelli di comportamento di una famiglia diversa dalla nostra, e spesso ci viene chiesto di adattarci a un insieme di abitudini che ci risulta estraneo. Nel caso della Grande Disputa sulla Carta Igienica del 1960, alla fine fu mia madre a rinunciare alla strenua difesa della propria posizione, arrivando alla conclusione che si trattava di un motivo troppo stupido per urlarsi contro. Decise di lasciar perdere. Da allora, la nostra famiglia ha vissuto in pace sostenendo la scuola del «sotto» e non si è più tornati sull'argomento, almeno fino a quando Craig e io non siamo cresciuti e abbiamo incontrato i nostri partner. (Ho scoperto che gli Obama difendevano il «sopra», come del resto fanno ancora oggi.) Il matrimonio è costellato di trattative e compromessi, e la posta in gioco può essere di volta in volta alta oppure bassa.

In *Becoming* ho raccontato che mia madre, nonostante la solidità del rapporto con mio padre, prendeva periodicamente in considerazione l'eventualità di lasciarlo. Ogni tanto si esercitava in una sorta di esperimento mentale, consentendosi di sognare a occhi aperti cosa sarebbe successo se avesse scelto di uscire dalla porta che dava su Euclid Avenue per ritrovarsi in una vita diversa, con un uomo diverso, in un posto diverso. Cosa sarebbe successo se con gli origami avesse previsto per lei un futuro diverso? Se avesse sposato un milionario, un misterioso uomo del Sud o quel ragazzo che aveva conosciuto alle medie?

Di solito era in primavera che si concedeva questi pensieri, quando un altro gelido inverno, un'altra stagione di giorni bui passati perlopiù al chiuso, negli angusti spazi della nostra piccola casa, era ormai alle spalle. In quel periodo dell'anno, sognare una vita alternativa per lei era un piccolo piacere. Quelle fantasie erano come l'aria fresca che entrava dalle finestre quando finalmente iniziava a fare abbastanza caldo per tenerle di nuovo aperte. Erano fantasticherie appassionanti, lune di miele immaginarie che viveva nella sua testa.

E poi rideva tra sé, immaginando quali esotiche scocciature avrebbe potuto portare nella sua vita un misterioso uomo del Sud, ben sapendo che quel ragazzo delle medie aveva anche lui i suoi guai e che sicuramente un qualsiasi milionario avrebbe a sua volta generato un sacco di problemi.

E così quelle lune di miele immaginarie finivano, e lei tornava alla vita reale, da mio padre.

Credo fosse il suo modo di rinnovare silenziosamente qualcosa che teneva nel cuore, di ricordare a sé stessa la loro casa, piena d'amore e dignità, e le sue ragioni per restarvi.

Se sceglierete di costruirvi una vita insieme a un'altra persona, condurrete la vostra esistenza sulla base di questa scelta. Vi ritroverete a dover decidere infinite volte di restare invece di scappare via. E sarà meglio che iniziate una relazione seria essendo disposti a lavorare, pronti a sperimentare un qualche ridimensionamento, sinceramente intenzionati ad accettare la condivisione e persino a godervi la vita nello spazio che si apre tra gli estremi opposti, sapendo che vi capiterà di essere sballottati tra il bello e l'orribile, a volte nell'arco di una singola conversazione, a volte nel corso degli anni. E nel rinnovare quella scelta iniziale, con il passare del tempo quasi sicuramente arriverete alla constatazione che in un rapporto di coppia un perfetto equilibrio non esiste. Pensate piuttosto a un abaco con le palline che scivolano di continuo da una parte all'altra: i conti raramente sono portati a termine una volta per tutte, l'equazione non viene mai definitivamente risolta. La natura di un rapporto di coppia è dinamica, piena di cambiamenti, in continua evoluzione. Non ci sarà un momento in cui sentirete che le cose sono perfettamente giuste e bilanciate per entrambe le parti. Una delle due si dovrà sempre in qualche modo adattare. Una delle due si dovrà sempre sacrificare. In un rapporto di coppia forte, i partner si alterneranno nello scendere a compromessi, e in tal modo costruiranno insieme un senso condiviso di casa nello spazio comune che abitano insieme.

A prescindere dall'intensità selvaggia e profonda del vostro innamoramento, occorrerà che accettiate molte delle particolarità del vostro partner. Dovrete ignorare ogni sorta di piccole divergenze, e anche qualcuna che non sarà affatto piccola, cercando di mettere il vostro amore e la vostra costanza al di sopra di tutto, dei momenti difficili e delle inevitabili crisi. Dovrete farlo il più spesso possibile, con tutta la considerazione per l'altro di cui siete capaci. *E* dovrete farlo con qualcuno che sia capace di avere verso di voi la stessa comprensione e la stessa tolleranza, che sia pienamente intenzionato ad amarvi nonostante tutto il pesante bagaglio che vi portate dietro, a prescindere da che aspetto avrete e da come vi comporterete nei vostri momenti peggiori.

A ben vedere, è un proposito folle, che sembra andare contro ogni probabilità. E non sempre funziona (*non deve* sempre funzionare: se una relazione vi fa soffrire, è giusto che vi poniate fine). Ma quando funziona può sembrare un autentico miracolo – in effetti, a ben vedere, l'amore stesso è un miracolo. Ed è proprio questo il punto. Qualsiasi rapporto di coppia che dura nel tempo è un atto di fede ostinata.

Se Barack e io ci siamo impegnati a passare la vita insieme, non è stato perché avevamo garanzie ben fondate. A dire il vero, non potevo prevedere granché di come sarebbero andate le cose in senso lato. Non avevamo una sicurezza economica, perché entrambi dovevamo ancora ripagare anni di debiti universitari. Ovunque mi voltassi, non avevo prospettive chiare all'orizzonte. In realtà, l'ho sposato ben sapendo che non amava percorrere strade già battute e che, per raggiungere l'obiettivo, avrebbe sempre – e prevedibilmente – scelto la via meno sicura. Se cercate qualcuno che scarta sistematicamente il percorso standard e mette in discussione tutto ciò che si ottiene con troppa facilità, allora Barack è proprio il tipo che fa per voi. Aveva deciso di destreggiarsi tra diversi lavori, rifiutando comode posizioni aziendali, con la ferma intenzione a scrivere libri, insegnare e restare coerente con i propri valori. Né io né lui avevamo alle spalle famiglie ricche sulle quali fare affidamento. E ben presto abbiamo scoperto che anche la possibilità di avere figli non era scontata: è stato l'inizio di un periodo difficile che è durato anni e che ci ha visti alle prese con la nostra battaglia per la fertilità. E poi, a rendere ancora più movimentato il quadro, c'era un altro elemento: la corsa frenetica e spericolata su quella moto volante che era la sua carriera politica.

In tutto questo caos siamo entrati insieme, certi di un'unica cosa: conveniva affrontarlo come una squadra.

Ho imparato presto che il partner non è una soluzione ai nostri problemi né qualcuno che ha il compito di soddisfare le nostre esigenze. Ogni individuo è ciò che è; non possiamo costringere un altro a diventare qualcosa che non vuole essere, o a trasformarsi in un tipo di persona che non ha mai avuto come modello. Io volevo un compagno che si facesse guidare dai propri valori, a prescindere dal mio amore per lui. Volevo qualcuno che fosse onesto e fedele perché dava valore all'onestà e alla fedeltà.

Ed è questo che oggi dico alle mie figlie: non dovete mettervi con qualcuno perché siete alla ricerca di chi vi mantenga o si prenda cura di voi, di un genitore per i vostri figli o di una persona che venga a salvarvi dai vostri problemi. In base alla mia esperienza, questo genere di motivazioni raramente danno buoni frutti. L'obiettivo dev'essere invece trovare qualcuno che lavori *insieme* a voi, non per voi, dando il suo contributo in ogni ambito e in tutti i modi possibili. Se qualcuno vuole avere un unico ruolo nella relazione, dicendo cose del tipo «Io porto a casa i soldi, quindi non aspettarti che cambi i pannolini», vi consiglio vivamente di scappare a gambe levate. Alle mie ragazze dico che una coppia che funziona è come una squadra di basket vincente, composta da due giocatori validi che hanno sviluppato appieno una serie di abilità e sono in grado di usarle, servendosi all'occorrenza dell'una o dell'altra. Ciascuno dei due dev'essere capace non solo di tirare, ma anche di palleggiare, passare e difendere.

Questo non significa che in una coppia non ci debbano essere punti deboli o differenze che dovrete trovare il modo di compensare. Significa semplicemente che insieme dovrete coprire l'intero campo da basket, cercando di restare versatili nel tempo. Anche se le persone che hanno una relazione sono chiamate a tenere conto l'una dei bisogni dell'altra, essere in coppia non è affatto una condizione che cambia gli individui che la formano. Come Barack non è cambiato molto nei trentatré anni passati dal nostro primo incontro, così non sono cambiata io. Io sono sempre la donna determinata e giudiziosa che per prima gli ha teso la mano, e lui è ancora oggi l'uomo studioso e ottimista che pensa su tre piani contemporaneamente.

Il cambiamento ha coinvolto piuttosto lo spazio che abitiamo insieme come coppia, il milione di piccoli accordi, compromessi e sacrifici che ciascuno di noi ha fatto per adeguarsi alla presenza dell'altro, questa energia ibrida prodotta da lui e me insieme – da noi due – che oggi ha tanti anni alle spalle ed è stata messa alla prova nel corso di lunghe battaglie. Qualunque sia stata la prima piccola scintilla che entrambi abbiamo avvertito il giorno in cui ci siamo conosciuti, qualunque sia stato il seme della curiosità reciproca che ha attecchito in noi nel momento in cui ci siamo stretti la mano e abbiamo iniziato a parlare, è proprio *questa* la cosa misteriosa che abbiamo fatto crescere e maturare nel tempo, fino a trasformarla in quella certezza che sta al fondamento della nostra unione. È il miracolo che continua, la conversazione ancora in corso, la casa in cui viviamo. Lui è lui. Io sono io. È solo che ora ci conosciamo. E ci conosciamo davvero, davvero, davvero bene.

Ho sempre cercato di invitare le persone a guardare oltre il lato scintillante della mia vita con Barack e a comprenderci nella realtà concreta del nostro rapporto. Ho voluto smontare di proposito il mito della perfezione di mio marito, della perfezione del nostro matrimonio e, più in generale, dell'amore inteso come un'impresa spensierata. Ho raccontato che, quando le nostre figlie erano piccole, io e Barack abbiamo fatto terapia di coppia, spiegando che ne avevamo un estremo bisogno perché ci sentivamo entrambi al limite e avevamo iniziato a prendercela l'uno con l'altra e ad allontanarci. Ho scherzato su tutte le volte in cui ero così stufa di mio marito da volerlo buttare fuori dalla finestra, su tutti i meschini risentimenti che sono in grado di covare, anche oggi e, probabilmente, per sempre. La vera intimità può essere esasperante. Eppure, eccoci ancora qui.

Per quanto abbia parlato spesso e senza filtri degli aspetti meno affascinanti del nostro rapporto, alcuni sembrano preferire l'immagine ripulita che proiettiamo all'esterno. Una volta sono stata aspramente criticata da un'opinionista del «New York Times» per aver detto in pubblico che mio marito non era un dio, ma un semplice mortale che a volte dimentica di raccogliere i calzini o di rimettere il burro nel frigorifero. Ma il mio personale parere al riguardo rimane immutato, e penso che valga in generale, per chiunque: quando nascondiamo la nostra realtà, non facciamo che danneggiare noi stessi.

Ho un'amica – qui la chiamerò Carissa – che ha passato più di un anno a eludere la realtà del rapporto che aveva con l'uomo che frequentava. Carissa ha poco più di trent'anni ed è una splendida afroamericana con un'attività in proprio e molti amici: è a tutti gli effetti una persona di successo. L'unico problema è stato che non amava essere single. Voleva un compagno. Sperava un giorno di avere dei figli. Ha incontrato online un ragazzo che le piaceva parecchio e hanno iniziato a frequentarsi. Hanno fatto un viaggio breve e travolgente ai Caraibi e si sono divertiti molto. Una volta tornati a casa, hanno continuato a vedersi, sebbene fossero entrambi impegnati con il lavoro e con i loro diversi giri di amicizie. L'idea, mi raccontava Carissa, era che la loro relazione «restasse senza impegno».

Quello che Carissa ha capito solo dopo era che lei e quest'uomo non stavano facendo altro che reiterare di volta in volta il loro primo appuntamento, resistendo a ogni minimo impulso di avvicinarsi emotivamente. Si trovavano bloccati in quella relazione «senza impegno», sicuramente divertendosi, ma senza mai arrischiarsi a sperimentare qualcosa di semplice come un piccolo disaccordo o una conversazione esplorativa, un momento che potesse aprire un varco o richiedere un approfondimento. Nelle loro intenzioni, «senza impegno» era sinonimo di «facile». Stare insieme non doveva comportare fatica o disagio. Ma la «realtà» presenta sempre il conto. In un modo o nell'altro, verrà a cercarvi e vi troverà.

Quando ormai era passato più di un anno dall'inizio della loro relazione, Carissa ha invitato il suo uomo e una delle sue amiche più care a casa sua per cena: i due non si erano ancora conosciuti e sono stati presentati quella sera. Durante la cena, Carissa è rimasta a guardare la sua amica estroversa sommergerlo di domande serie in modo del tutto innocente e spontaneo, e, così facendo, portare meticolosamente alla luce un sacco di informazioni su di lui che per Carissa erano del tutto inedite. A quanto pareva, il ragazzo aveva avuto un rapporto complicato con suo padre. Da bambino non si era sentito amato. Aveva fatto fatica a impegnarsi nelle relazioni che aveva avuto in passato.

Niente di tutto ciò rappresentava necessariamente un problema. Ma si trattava di novità assolute, di un aspetto di questa persona al quale Carissa fino ad allora non era mai arrivata. Quella sera si è resa conto che aveva avuto troppa paura di farlo. Lei non gli aveva mai chiesto molto né lui le aveva mai domandato nulla di profondo o di autentico che la riguardasse. Erano mesi ormai che si frequentavano e allo stesso tempo evitavano ogni vera intimità emotiva, cercando entrambi di restare invulnerabili. Carissa si era convinta che una storia «senza impegno» le andasse più che bene, anche se questo era in contraddizione con gli obiettivi che si era posta nella vita. E lui? Voleva anche lui un rapporto senza impegno? Carissa non sapeva nemmeno questo. Non ne avevano mai parlato. E ora sembrava troppo tardi anche solo per iniziare a farlo. Era come se avessero passato un anno intero a piluccare caramelle invece di mettersi davvero a mangiare.

Quella sera Carissa ha capito di essersi nascosta dietro una facciata, fingendo di non desiderare di più o di meglio e pensando che il semplice trascorrere del tempo bastasse a dire che la relazione stava in qualche modo progredendo.

In seguito, quando ormai lei e quel ragazzo si erano lasciati, Carissa mi ha detto che non aveva voluto mostrare troppa curiosità nei suoi confronti o far capire che era interessata a una relazione più seria perché era convinta che, se l'avesse fatto, sarebbe sembrata una donna «impegnativa e difficile da accontentare», una donna che quindi bisognava evitare, quasi fosse radioattiva. Non aveva alcun problema a mostrarsi ambiziosa sul lavoro ed esigente in ogni minimo dettaglio della sua vita quotidiana, ma aveva pensato che queste stesse caratteristiche le sarebbero state d'ostacolo nel rapporto con un uomo.

E così Carissa non aveva voluto mostrare il suo interesse a impegnarsi seriamente in una relazione, preoccupata che questo interesse l'avrebbe in qualche modo fatta apparire pesante e non meritevole di ulteriori attenzioni agli occhi di un ragazzo che peraltro conosceva a malapena, come si era scoperto.

«Non volevo dare l'idea di essere bisognosa d'affetto o di volere a tutti i costi un uomo», mi ha detto. «Stavo solo cercando di sembrare disinvolta.»

Ma alla fine, tutta quella disinvoltura non aveva portato né lei né la coppia da nessuna parte.

Mi capita a volte di parlare con giovani che delle relazioni disinvolte e senza impegno hanno fatto un'arte, evitando di confrontarsi con il fatto che l'autentica intimità si fonda sull'essere veri e vulnerabili. Non riescono a capire che in una relazione c'è spazio per la profondità e la realtà, persino nella fase della vita dominata da quell'atmosfera da mercatino delle pulci di cui abbiamo parlato. Passano i loro vent'anni vivendo storie incentrate sul sesso, senza mettersi in gioco imparando le basi dell'impegno e della buona comunicazione, dell'idea che è possibile condividere con il partner sentimenti reali e reali vulnerabilità. Mangiano un sacco di caramelle e non si fanno i muscoli. Poi, quando viene il momento di fare sul serio, quando iniziano a immaginare di costruirsi una vita famigliare e un'esistenza più stabile, ecco che all'improvviso si trovano a dover imparare da zero, in modo spesso frenetico, rendendosi conto che in un rapporto serio che dura nel tempo non c'è molto spazio per la mancanza di impegno e la disinvoltura.

Ciò che si capiva subito di Barack era che non gli interessavano minimamente le storielle. La schiettezza che ebbe con me fu persino un po' allarmante, all'inizio. Prima di incontrarlo, avevo frequentato uomini meno sicuri di sé e di ciò che volevano. Ero uscita con un paio di rubacuori, ragazzi belli da vedere e brillanti da frequentare ma che spesso sbirciavano oltre le mie spalle per guardare le altre già curiosi di nuove potenziali relazioni. I miei primi amori mi hanno insegnato le solite lezioni che tutti noi in qualche modo abbiamo appreso: è capitato talvolta che mi tradissero e mi mentissero. È accaduto durante la fase da mercatino delle pulci della mia vita, quando anch'io stavo sperimentando diversi modi di essere, facevo pratica e mi attrezzavo per il futuro. In quelle prime relazioni ero incerta. Non mostravo l'intenzione di impegnarmi in qualcosa di serio. Stavo ancora imparando, cercando di capire me stessa, provando a mettere a fuoco i miei bisogni e i miei desideri.

Barack era diverso da chiunque avessi conosciuto fino ad allora. Era diretto e chiaro su ciò che voleva, e mostrava una sicurezza insolita, almeno ai miei occhi. E probabilmente non mi sarei accorta di quanto fosse inconsueto, se non avessi già fatto un po' di pratica con le mie storie passate.

«Mi piaci», mi disse alcune settimane dopo il nostro primo incontro e qualche pranzo di lavoro insieme. «Penso che dovremmo iniziare a frequentarci. Mi piacerebbe uscire con te.»

Anche se io avevo qualche titubanza a cedere alla crescente attrazione che provavo per lui, temendo che una relazione sul posto di lavoro potesse risultare inopportuna, Barack era imperturbabile e continuava con discrezione a insistere perché uscissimo insieme, convinto che avremmo formato una bella coppia. Mi diede la possibilità di pensarci su, ma non smise per un attimo di essere chiaro sul fatto che era interessato a me, che stare con me gli piaceva e voleva di più. Mi esponeva le sue considerazioni su di noi più o meno con le stesse modalità che gli avrei visto adottare anni dopo nello Studio ovale: univa i polpastrelli e illustrava i suoi pensieri come voci di un elenco ben ragionato.

Punto uno: mi trovava intelligente e bella.

Punto due: era abbastanza sicuro che anche a me piacesse parlare con lui.

Punto tre: era improbabile che la nostra sarebbe stata considerata una storia tra colleghi, perché lui era solamente un tirocinante assunto per il periodo estivo.

Punto quattro: voleva passare del tempo insieme a me e a me soltanto. E dato che sarebbe tornato a frequentare la Law School nel giro di circa otto settimane, il tempo che avevamo a disposizione era davvero poco.

Quindi, seriamente: perché no?

Con lui non c'era spazio per le classiche schermaglie amorose. Non gli interessava perdere tempo con questi giochetti. Al contrario, fin da subito sgombrò il campo da ogni incertezza. Mise i suoi sentimenti in bella mostra davanti a me e li lasciò lì, come a dire: *Ecco l'interesse che provo per te. Ecco il rispetto che ho nei tuoi confronti. È da qui che intendo iniziare. E da qui possiamo solo andare avanti.*

Devo ammettere che questo mix di schiettezza e sicurezza era insieme lusinghiero e rigenerante. Ed era davvero molto seducente.

La sua sicurezza divenne il nostro fondamento. Prima di lui, non ero mai uscita con nessuno che avesse le idee tanto chiare, che fosse tanto libero dai dubbi e del tutto indifferente all'idea di fingersi strategicamente distaccato per tenermi sul filo. Mi faceva un sacco di domande – sui miei sentimenti, le mie convinzioni, la mia famiglia – e rispondeva a tutte le domande dello stesso tenore che gli facevo. Potevo mostrargli tutta la mia sete di conoscere la sua storia, di avere il suo amore e il suo sostegno, senza sentirmi insicura, dato che anche lui aveva la stessa sete nei miei confronti. Né io né lui provammo anche solo per un attimo a dissimulare il nostro reciproco interesse. Fu come se mi si fossero spalancate le porte di un mondo completamente nuovo. La curiosità che provavamo l'una per l'altro cancellò in me ogni traccia di imbarazzo. Erano finiti i giorni in cui sprecavo le mie energie a chiedermi se la persona con cui uscivo mi avrebbe richiamato. Erano finite le insicurezze che mi avevano accompagnata alle feste, in camera da letto, o durante le conversazioni profonde su ciò che volevo dalla vita. All'improvviso mi scoprivo più forte. Mi sentivo apprezzata. Mi sentivo rispettata. Mi sentivo vista.

Eravamo innamorati? Era troppo presto per dirlo. Ma eravamo pazzamente e profondamente incuriositi l'uno dall'altra. E fu quella curiosità ad accompagnarci per tutta l'estate e fino all'autunno, quando Barack tornò alla sua università sulla East Coast e io mi rituffai nella routine del mio lavoro di avvocata. Ma ormai camminavo in modo leggermente diverso, come se dentro di me fosse scattato un interruttore. Questo ragazzo, con la sua curiosità, aveva portato nel mio mondo una nuova luce.

Alcuni mesi dopo l'inizio della nostra relazione, Barack

mi chiese se per Natale mi sarebbe piaciuto andare a casa sua a Honolulu, per vedere il luogo in cui era cresciuto. Dissi subito di sì. Non ero mai stata alle Hawaii. Non avevo mai nemmeno immaginato di andare alle Hawaii. L'idea che ne avevo era una specie di fantasia alimentata dalla cultura pop dei media, a base di ukulele, torce tiki, gonnellini di raffia e noci di cocco. Un'idea che avevo elaborato in gran parte, se non del tutto, vedendo i tre episodi della sitcom *La famiglia Brady* ambientati a Oahu nel 1972, nei quali Greg iniziava a fare surf, Jan e Marcia indossavano bikini e Alice si faceva male alla schiena durante una lezione di hula, la tradizionale danza hawaiana.

Cominciai a usare ciò che pensavo di sapere sulle Hawaii come materiale per i miei sogni a occhi aperti sul Natale che ci attendeva. Barack e io eravamo ancora nella fase iniziale della nostra storia, quando sembra di vivere su una nuvola, e quelle fantasticherie risultavano del tutto appropriate. Tra noi non c'era stata ancora nessuna discussione. Le nostre telefonate erano perlopiù sdolcinate e allegre, cariche di un desiderio tutto da pregustare. Mettevo giù il telefono certa che le Hawaii sarebbero state l'ambientazione perfetta per la nostra prima vacanza insieme. Mentre Natale si avvicinava, a Chicago l'aria si faceva sempre più gelida e ogni giorno il sole tramontava un po' prima. Andavo al lavoro con il buio e con il buio tornavo a casa, scaldando il mio cuore all'idea di ciò che mi aspettava: le tiepide brezze e le palme al vento, i sonnellini sulla spiaggia e i cocktail Mai Tai al tramonto, una serie di languidi e pigri giorni di vacanza passati a innamorarci.

Dal finestrino dell'aereo, Oahu era da sogno, proprio come l'avevo immaginata: la realtà prendeva il posto della fantasia, in una sovrapposizione quasi perfetta. In quel pomeriggio di dicembre, mentre sorvolavamo Honolulu, avevo Barack seduto accanto a me e il paradiso sotto di noi. Potevo ammirare le scintillanti acque cristalline del Pacifico, le verdi e lussureggianti montagne vulcaniche e l'arco bianco e sinuoso di Waikiki Beach. Non riuscivo a credere che stesse davvero accadendo.

Dall'aeroporto, prendemmo un taxi per South Beretania Street, dove si trovava il condominio in cui Barack aveva vissuto con i nonni negli anni dell'adolescenza, mentre la madre, antropologa, era perlopiù via, per le sue ricerche sul campo in Indonesia. Di quel viaggio in auto ricordo che rimasi colpita dalle sorprendenti dimensioni di Honolulu e dal suo carattere spiccatamente urbano: si trattava di una città ammassata accanto a una grande distesa d'acqua, un po' come Chicago. C'erano un'autostrada, il traffico e i grattacieli, tutti elementi che non ricordavo di aver visto negli episodi della *Famiglia Brady* e che di certo non avevano fatto parte dei miei sogni a occhi aperti. La mia mente registrava tutto con foga, assorbendo ogni dettaglio, elaborandolo come fosse un dato da processare. Avevo venticinque anni e vedevo quel luogo per la prima volta, insieme a quel ragazzo che sentivo di conoscere ma in realtà non conoscevo ancora appieno, cercando di dare un senso all'esperienza che stavo vivendo. Passammo lungo una serie di fitti palazzoni a molti piani, con i balconi ingombri di biciclette, piante in vaso e panni stesi al sole ad asciugare. Ricordo di aver pensato: *Oh, giusto, questa è la vita reale.*

Anche l'edificio in cui vivevano i nonni di Barack aveva molti piani, benché non fosse particolarmente grande. Era un blocco di cemento moderno ed essenziale. Dall'altra parte della strada c'era una chiesa storica, con un ampio prato verde. Salimmo in ascensore fino al decimo piano, trascinammo i bagagli lungo un corridoio esterno del palazzone immersi in un'opprimente cappa di umidità e finalmente, dopo svariate ore di viaggio, eccoci davanti alla porta dell'appartamento che era stato la casa in cui Barack aveva passato la maggior parte della sua vita.

Nel giro di pochi minuti conobbi la sua famiglia: la mamma, i nonni – Toot e Gramps, come li chiamava lui – e la sorella minore, Maya, che all'epoca aveva diciannove anni (circa un anno più tardi avrei incontrato la parte keniota della sua famiglia, inclusa sua sorella Auma, alla quale Barack si era molto legato negli anni). Mi accolsero con calore e mostrarono curiosità nei miei confronti, ma soprattutto erano entusiasti che Barack – lo chiamavano «Bar», diminutivo di Barry, pronunciandolo «Bear» – fosse lì con loro, di nuovo a casa.

Nei dieci giorni seguenti conobbi un po' Honolulu e molto la famiglia di Barack. Stavamo da un amico di Maya. Al mattino camminavamo mano nella mano fino al palazzone di South Beretania Street e lì passavamo un paio d'ore a chiacchierare, ci dedicavamo tutti insieme a un puzzle o sedevamo nella piccola veranda che dava sulla chiesa dall'altra parte della strada. L'appartamento era piccolo ma accogliente, decorato con una mescolanza di batik indonesiani e ninnoli del Midwest che mi ricordavano il vecchio appartamento di Dandy e della nonna a Chicago. Vedendo la casa di Barack, capii subito che era cresciuto in condizioni modeste quanto le mie. La cucina non era abitabile e nel resto della casa non c'era spazio per un tavolo, così pranzavamo in soggiorno, sui tavolini pieghevoli che si usano per mangiare davanti alla TV, gustando i sandwich al tonno con senape French's e cetriolini sottaceto che Toot ci serviva, più o meno allo stesso modo in cui si mangiava a casa mia, in Euclid Avenue.

Eravamo al contempo simili e diversi, Barack e io. Alle Hawaii ebbi finalmente l'occasione di vedere meglio il quadro nel suo insieme. Lo osservavo ricongiungersi alla sua famiglia dopo un anno di separazione, e avevo la possibilità di valutare la distanza tra ciò che era familiare e ciò che non lo era.

Barack e sua madre riprendevano le fila del loro rapporto discutendo in modo intenso e tortuoso di geopolitica e della situazione mondiale mentre Gramps raccontava barzellette. Toot era andata in pensione qualche anno prima, dopo aver lavorato in banca: soffriva di mal di schiena, il che la rendeva un po' burbera, ma le piaceva giocare a carte. Era una donna senza fronzoli, essendosi in gran parte sobbarcata per molti anni il peso dell'intera famiglia. Maya era dolce ed esuberante: mi raccontava del suo primo anno di college a New York e chiedeva consigli a Barack su quali corsi seguire.

La loro famiglia mi sembrava una costellazione di stelle sparse nel cielo, con ciascuno al proprio posto ma in armonia con gli altri, un gruppo che disegnava una figura a cinque punte, del tutto unica e peculiare. La loro vita si era svolta senza particolari difficoltà attraverso gli oceani e i continenti. Cinque persone, tre cognomi diversi. Barack e Maya avevano padri diversi, di due culture diverse. La loro madre, Ann, era un'intellettuale dallo spirito libero, figlia di due bianchi del Kansas cresciuti in un ambiente conservatore, e aveva voluto a ogni costo prendere una strada diversa. Barack mi apparve allora come una persona che aveva trovato una sua precisa collocazione tra tutti quegli impulsi luminosi. Aveva ereditato lo spirito ribelle di sua madre, la frugalità e il profondo senso di responsabilità di sua nonna, l'eccentricità di suo nonno. Portava in sé l'assenza del padre, l'eredità di un certo Barack Obama Sr. che nella vita del figlio non era mai praticamente entrato, ma che era comunque riuscito a lasciarsi dietro una serie di aspettative assolutamente feroci quanto a disciplina e rigore intellettuale.

A differenza di ciò che accadeva nella mia famiglia, i parenti di Barack si abbracciavano spesso. Si ripetevano «Ti voglio bene» talmente tante volte che la cosa quasi mi metteva in imbarazzo, per il semplice fatto che quel genere di intimità esplicita era per me una novità. Il che, in un certo senso, mi aiutava a capire la franchezza rigenerante con la quale Barack esprimeva i suoi sentimenti. La sua famiglia, diversamente dalla mia, usava le parole per dimostrare qualcosa. Mi resi conto che questo modo di comunicare era probabilmente dovuto al fatto che, per sentirsi vicini, avevano a lungo dovuto fare affidamento sulle parole che si scambiavano in lettere sporadiche e in telefonate interurbane e intercontinentali: l'amore che li legava veniva pronunciato chiaro e forte nell'etere e la sua eco risuonava a lungo, grazie all'enfasi con cui veniva dichiarato. E la stessa spiegazione valeva per tutti quegli abbracci, le conversazioni appassionate, le ore dedicate a fare puzzle tutti insieme. Era come se stessero concentrando in quei momenti di vicinanza tutto l'amore di un anno passato lontani, sapendo che avevano solo dieci giorni da trascorrere insieme. Ogni volta che si incontravano, aleggiava sempre la sensazione che ci sarebbero voluti molti mesi prima che accadesse di nuovo.

La costellazione della mia famiglia aveva un'organizzazione e dinamiche completamente diverse. La maggior parte di noi viveva a Chicago, per di più in un'area relativamente ristretta del South Side; rispetto agli Obama, eravamo meno espansivi e vivevamo molto più vicini. Tutti, più o meno, ci eravamo sistemati a quindici minuti di macchina uno dall'altro. Anche quand'ero già una giovane professionista, vivevo letteralmente sopra i miei genitori, al secondo piano della casa di Euclid Avenue, e ogni domenica mangiavo maccheroni e costolette insieme a mio fratello e a diversi cugini. Non eravamo abituati a dire «Ti voglio bene» o a esprimere in modo eloquente i nostri sentimenti. Ci limitavamo a un'alzata di spalle e a salutarci dicendo: «Okay, bene, ci vediamo domenica», sapendo benissimo che ci sarebbero stati tutti. Erano abitudini di routine, ripetute nel tempo e radicate. Per i Robinson, regolarità significava amore.

Negli anni a venire, con queste profonde differenze Barack e io avremmo dovuto fare i conti, procedendo in gran parte per tentativi ed errori: le nostre idee spesso contrastanti sul significato del termine «impegno», il posizionamento reciproco delle nostre due stelle nel cielo, la capacità di gestire tutto ciò che non avevamo ancora chiaramente definito tra noi. Odiavo quando era in ritardo o noncurante riguardo alle sue incombenze. Lui si risentiva quando gli stavo addosso o facevo troppi progetti per noi, coinvolgendo troppe persone. Quali divari avremmo provato a colmare? Di quali avremmo invece semplicemente preso atto, lasciando le cose come stavano? Chi dei due si sarebbe adattato all'altro o avrebbe cercato di disimparare le abitudini pregresse?

Ci sono voluti tempo e molta pratica per capire come risolvere i nostri disaccordi. Ho scoperto che Barack è un tipo da pronto intervento. Va dritto al punto e cerca di risolvere un problema di coppia all'istante, non appena si manifesta.

Tende a gestire le sue emozioni massimizzando il profitto e senza inutili sprechi. Penso che anche questo tratto del suo carattere sia probabilmente dovuto a quei dieci giorni l'anno nei quali lui e la sua famiglia cercavano di concentrare tutto il loro amore in una volta. Nel corso degli anni avrei constatato in lui il desiderio di superare al volo le difficoltà, l'avrei visto schierare rapidamente il suo intero arsenale di intuizioni razionali, impaziente di arrivare al calore della riconciliazione che sta al di là di un conflitto. Proprio come ha dovuto fare da bambino, ancora oggi ci mette tutto il suo impegno, si comporta in modo efficiente, ansioso di trovare una soluzione.

Io, invece, mi scaldo molto di più e procedo molto più piano. L'irritazione monta veloce dentro di me e, dopo, ho bisogno di tempo per tornare gradualmente alla ragione, il che forse è una conseguenza dell'apertura che i miei genitori mi hanno insegnato da bambina, incoraggiandomi a esprimere ogni pensiero che mi passasse per la testa. Nella mia famiglia il tempo non è mai mancato. Quando scoppia un conflitto, il mio cervello a volte implode, e l'ultima cosa che voglio fare è ingaggiarmi in una disamina razionale e organizzata per punti su chi ha ragione o quale sia la soluzione. A quanto pare, quando mi sento messa alle strette, sono capace di dire cose stupide e offensive. Nella nostra relazione, ci sono stati momenti in cui Barack ha insistito per discutere subito dell'accaduto e si è ritrovato scottato dal fuoco della mia rabbia.

Abbiamo dovuto imparare a conciliare le nostre differenze. Abbiamo dovuto fare pratica per capire come reagire l'uno alle inclinazioni dell'altra tenendo nella giusta considerazione le nostre due storie, i nostri diversi bisogni e modi di essere. Barack ha capito che doveva darmi più spazio e tempo per sbollire la rabbia ed elaborare lentamente le emozioni, ben consapevole del fatto che sono stata cresciuta potendo disporre di quel tipo di spazio e di tempo. Da parte mia, ho imparato come diventare più efficiente e meno offensiva nella gestione delle mie emozioni. E cerco di fare in modo che un problema non rimanga troppo a lungo irrisolto, sapendo che lui è stato cresciuto con l'idea di evitare a ogni costo che i conflitti si inaspriscano.

Abbiamo scoperto che non esiste un modo giusto o sbagliato di vivere un rapporto. Non esiste un insieme prestabilito di principi della vita di coppia al quale attenersi. C'è solo ciò che possiamo far funzionare tra noi – vale a dire, due individui estremamente definiti nelle loro differenze specifiche – giorno dopo giorno e anno dopo anno, un po' facendo pressione e un po' cedendo il passo, attingendo a riserve profonde di pazienza, nel tentativo costante di capirci sempre un poco di più. Io do più valore alla presenza fisica che alle parole. Per me contano la puntualità, il tempo passato insieme, la routine e la regolarità – tutte cose che non erano altrettanto importanti nella casa in cui è cresciuto lui. Per Barack conta avere spazio per pensare, essere capace di resistere a qualsiasi forma di ordine prestabilito e vivere con leggerezza e un alto grado di flessibilità – tutte cose che non erano altrettanto importanti nella casa in cui sono cresciuta io. È sempre meglio dare un nome ai nostri sentimenti e ricondurre alcune differenze alla nostra storia personale, anziché incolparci a vicenda.

Durante quella vacanza di Natale, il pomeriggio Barack e io lasciavamo l'appartamento dei suoi nonni e camminavamo per diversi chilometri fino al tratto più tranquillo di Waikiki Beach, fermandoci in un minimarket lungo la strada a prendere qualcosa da sgranocchiare. Trovavamo uno spazio libero vicino all'acqua e stendevamo una stuoia di vimini sulla sabbia. In quei momenti sentivo che eravamo finalmente in vacanza, lontani dal lavoro e da casa, pienamente presenti l'uno per l'altra. Facevamo il bagno nell'oceano e poi ci sdraiavamo ad asciugarci al sole, parlando per ore, finché Barack si alzava, si levava la sabbia dal corpo e diceva: «Bene, dobbiamo rientrare».

Oh, giusto, pensavo un po' delusa. *Questa è la vita reale.*

La verità è che quello che desideravo in quell'istante era la versione romantica delle Hawaii. Invece di rifarci tutti i chilometri che ci separavano da South Beretania Street per una cena senza pretese con i nonni davanti al telegiornale, invece di guardare Barack fermarsi fino a tardi per aiutare Maya a capire il piano di pagamento delle tasse universitarie o per parlare con la madre della sua tesi di dottorato – in ritardo perenne sulla consegna – sull'economia della lavorazione dei metalli nelle zone rurali dell'Indonesia, mi sarebbe piaciuto restare noi due soli, liberi da ogni obbligo, a goderci l'aria vellutata della sera, seduti nel patio di un ristorante nelle vicinanze a bere Mai Tai, mentre il cielo sul Pacifico passava dal rosa al viola al nero. E dopo, per concludere in bellezza, mi sarebbe piaciuto finire un po' brilla in una suite nuziale all'ultimo piano di un hotel.

Era così che avevo sognato il viaggio alle Hawaii nel mio ufficio di Chicago, quando avevo chiesto quei preziosi giorni di ferie dal lavoro. Ed era la delusione di quella vacanza tanto diversa dai miei sogni che stavo provando a mascherare, mentre Barack arrotolava la stuoia di vimini e poi ci incamminavamo sulla lunga strada verso casa.

Dovete capirmi, ero ancora una ragazza. E in testa avevo l'immagine della pagina di un registro contabile divisa in due colonne: da una parte ciò che guadagnavo, dall'altra ciò che sacrificavo. Tuttavia, ancora non sapevo che cosa contasse davvero. Stavo mettendo insieme gli elementi di cui avrei avuto bisogno per gli anni e la vita a venire, e ancora non sapevo che cosa esattamente sarebbe stato capace di alimentare il mio cuore sul lungo termine.

Ora, invece, lo so, e posso dirvi che non sono i Mai Tai o le suite nuziali. Non sono i bei tramonti in luoghi esotici o una cerimonia nuziale fastosa, la ricchezza o la fama. Non è nulla di tutto ciò, nel modo più assoluto.

Mi ci volle del tempo per capire che cosa stavo avendo modo di vedere in quei giorni alle Hawaii. Non bastò una sera seduta in quel piccolo appartamento nel palazzone di South Beretania Street: ci vollero dieci sere di fila passate lì dentro per capire appieno a cosa stavo assistendo e quale enorme guadagno si prospettava per il mio bilancio personale. Al mio fianco c'era un uomo tenacemente devoto alla famiglia, che si presentava puntuale tutte le mattine e tutte le sere, consapevole del fatto che sarebbe trascorso un anno prima di poter tornare da loro. Stavo vedendo la sua personale interpretazione della costanza, la salda organizzazione che aveva dato al suo cielo. Anni dopo, quando già vivevamo insieme, avrei capito che Barack rimaneva al centro della sua famiglia pur essendone di fatto separato, svolgendo un ruolo che nessuno dei due mariti di sua madre aveva mai avuto, consigliando premurosamente Ann e Maya nei momenti di crisi, parlando al telefono con loro per trovare insieme soluzioni ai vari problemi che si presentavano.

Aver visto questo aspetto di Barack ci è stato di aiuto in seguito, nel periodo più difficile del nostro matrimonio, quando le nostre figlie erano ancora piccole e Barack stava via per tre o quattro notti alla settimana per il suo lavoro in politica. Ero stata cresciuta secondo un modello incentrato su un genere ben diverso di costanza e vicinanza, e perciò in quella fase mi sono sentita vulnerabile e instabile, un po' abbandonata per via della sua assenza. Temevo che tra noi potesse crearsi una distanza che alla fine sarebbe diventata troppo grande da colmare.

Ma non appena siamo riusciti a parlarne, soprattutto grazie all'aiuto di un consulente di coppia, ci siamo ricordati di quello che avevamo, della piattaforma già costruita insieme. Conoscevo la storia di Barack e lui conosceva la mia. E questa conoscenza reciproca ci ha aiutati a capire che saremmo sopravvissuti a quella distanza, a condizione di restare consapevoli della sua esistenza. Potevamo continuare a vivere nello spazio che avevamo creato insieme lì in mezzo. Sapevamo entrambi che quella distanza era qualcosa a cui lui era abituato, anche se io non lo ero. Sapeva amare anche quando era lontano. Era ciò che aveva fatto per tutta la vita, perché non gli era stata data scelta. Le ragazze e io saremmo rimaste al centro del suo universo, qualunque cosa fosse accaduta. Non sarei mai stata abbandonata. Me l'aveva dimostrato nel corso di quel nostro primo viaggio.

Sera dopo sera, nell'appartamento di Honolulu, durante le nostre prime vacanze di Natale e Capodanno insieme, avevo visto Barack lavare i piatti della cena, fare le parole crociate con suo nonno, consigliare libri a sua sorella, leggere tutte le minuscole clausole nei rendiconti finanziari di sua madre per assicurarsi che non la stessero imbrogliando. Era premuroso, paziente e presente. Non se ne sarebbe andato finché la giornata non fosse finita, con i piatti perfettamente puliti, le conversazioni terminate e tutti ormai in preda agli sbadigli.

Io desideravo egoisticamente la suite nuziale e la sua attenzione tutta per me, mentre lui mi stava mettendo nelle condizioni di vedere la realtà, mostrandomi una versione di quello che avrebbe potuto essere il nostro futuro, se avessimo scelto di passarlo insieme. Nessuno dei due era interessato alle schermaglie amorose di un semplice flirt, ed è così che ho iniziato a capire che non eravamo lì solo per farci un giro l'uno nella vita dell'altra.

Fu durante quel nostro primo viaggio che una sera, quando ormai era molto tardi, in un ascensore che scendeva dal decimo piano di un palazzone, nacque la certezza che sta alla base della nostra unione. Mentre uscivamo nella tiepida notte di Honolulu, con una volta di stelle sopra di noi, infilai la mia mano nella sua e all'improvviso ebbi la chiara e netta sensazione di essere a casa.

Barack e io torniamo insieme alle Hawaii ogni anno. Di solito ci andiamo per Natale, e lì ci incontriamo con le nostre figlie ormai adulte, che arrivano sull'isola direttamente dalle «loro» vite. Ci riuniamo a Maya e alla sua famiglia, andiamo a trovare i vecchi compagni del liceo di Barack e ospitiamo vari amici che vengono in visita sull'isola. Dopo oltre trent'anni di viaggi a Oahu, non resto più senza fiato quando dal finestrino dell'aereo cominciano a intravedersi le palme, né rimango sbalordita all'apparizione di Diamond Head, la montagna vulcanica che si erge come un enorme baluardo verde a sud-est di Waikiki.

Ciò che mi pervade ora è l'euforia che si prova quando si torna in un luogo familiare. Da bambina, non avrei mai immaginato di potermi legare a tal punto a un posto tanto esotico. Anche se resto una semplice visitatrice, conosco l'isola di Oahu molto bene, bene quanto conosco l'uomo che me l'ha mostrata durante i viaggi con cui ogni anno abbiamo fatto puntualmente e fedelmente ritorno. Mi sembra di conoscere ogni curva dell'autostrada che dall'aeroporto conduce alla North Shore. So dove andare per un'ottima granita o un barbecue coreano come si deve. So riconoscere il profumo della plumeria e godermi lo spettacolo dell'ombra sottomarina di una manta che scivola sinuosa dove l'oceano è poco profondo. Ho familiarità con le acque tranquille della baia di Hanauma, dove abbiamo insegnato a nuotare alle nostre figlie, così come con le ventose scogliere sul mare di Lanai Lookout, dove mio marito ha sparso le ceneri della madre e della nonna che ha tanto amato.

Un paio di anni fa, per festeggiare il nostro anniversario di matrimonio, Barack e io siamo andati a Honolulu e lui mi ha fatto una sorpresa, portandomi a cena fuori in un posto speciale in città. Aveva riservato uno spazio privato sulla terrazza panoramica di un hotel affacciato sull'oceano e ingaggiato una piccola band che suonasse per noi.

Siamo rimasti per un po' in piedi, l'uno accanto all'altra, ad ammirare il panorama. Era il calar della sera e riuscivamo a vedere l'arco di Waikiki Beach in tutta la sua estensione. I surfisti galleggiavano languidamente sulle loro tavole aspettando l'onda perfetta, mentre nel parco sottostante alcuni anziani giocavano a scacchi. Si vedeva lo zoo in cui un tempo portavamo Sasha e Malia durante i nostri annuali viaggi natalizi, e riuscivamo a distinguere anche il trambusto di Kalakaua Avenue, dove la sera spesso passeggiavamo con loro per ammirare i giocolieri e gli altri artisti di strada che intrattenevano i turisti. Abbiamo riconosciuto i vari hotel in cui siamo stati nel corso degli anni, quando ormai potevamo permetterci di non affidarci più alla famiglia di Barack perché ci trovasse una stanza da qualche amico o conoscente; mentre indicavamo uno a uno quegli hotel, ci siamo accorti che stavamo vedendo in un solo colpo d'occhio la traiettoria che avevamo disegnato insieme tornando ogni anno in quel luogo. È stato uno di quei momenti in cui il cerchio sembra chiudersi. Ecco che le mie ingenue fantasticherie di un tempo sulle Hawaii quella sera finalmente si avveravano. Ero su una terrazza panoramica, al tramonto, a tu per tu con la persona che amavo.

Barack e io ci siamo seduti e abbiamo ordinato due Martini. Abbiamo parlato un po' della sua famiglia, ricordando quella primissima visita a South Beretania Street, considerando insieme quanto fossimo giovani... e quanto poco, a pensarci adesso, ci conoscessimo. Abbiamo ricordato la stuoia di vimini e tutte quelle lunghe camminate per raggiungere la spiaggia e poi tornare a casa dai suoi nonni.

Abbiamo riso, riconoscendo che in effetti si trattava di una bella sfacchinata.

Poi abbiamo brindato e siamo rimasti lì a guardare il cielo diventare rosa.

7. VI PRESENTO MIA MADRE

Mia madre sostiene tutte noi.

All'indomani dell'elezione di Barack alla presidenza, si diffuse la voce che mia madre, Marian Robinson (all'epoca settantunenne), aveva intenzione di trasferirsi con noi alla Casa Bianca. L'idea era che ci aiutasse ad accudire Sasha e Malia, che in quel momento avevano sette e dieci anni, almeno finché non fosse stata certa che si erano abituate alla nuova vita. Poi avrebbe fatto ritorno a Chicago. I media, subito affascinati dalla prospettiva, iniziarono a chiederle interviste e a produrre articoli in serie, soprannominandola *First Granny* e *Grandmother-in-Chief.* Era come se un personaggio nuovo e potenzialmente appassionante fosse stato aggiunto al cast di una serie televisiva. A un tratto, mia madre era sui notiziari. Anzi, era proprio *la notizia.*

Chi ha conosciuto mia madre, però, sa che l'ultima cosa che desidera è la notorietà. Accettò di rilasciare qualche intervista, pensando che fosse solo una parte del più ampio processo di transizione, anche se non faceva che dirsi sorpresa che a qualcuno potesse importare di lei.

Secondo il suo stesso metro, mia mamma non è niente di speciale. Le piace anche ripetere che, benché ci ami con tutta l'anima, nemmeno io e mio fratello lo siamo. Siamo solo due ragazzi che dalla vita hanno ricevuto amore a sufficienza e una buona dose di fortuna, e che, di conseguenza, sono riusciti bene. E ricorda di continuo alla gente che quartieri come il South Side di Chicago sono pieni di «piccole Michelle e piccoli Craig». Ce ne sono in ogni scuola, in ogni isolato. È solo che troppi di loro vengono trascurati e sottovalutati e che, dunque, troppo di quel potenziale non viene riconosciuto. Questo sarebbe probabilmente il punto fondamentale della filosofia generale di mia madre: «Tutti i bambini sono importanti».

Adesso, a ottantacinque anni, si muove con una grazia pacata e gioiosa. Per lei, mondanità e solennità non hanno alcun significato. Guarda direttamente oltre, convinta com'è che tutte le persone dovrebbero essere trattate allo stesso modo. L'ho vista parlare con il papa e con il postino usando in entrambi i casi il medesimo atteggiamento mite e imperturbabile. Se qualcuno le rivolge una domanda, lei risponde in termini chiari e diretti, esercitando una sorta di divertito distacco e non modulando mai le proprie risposte in base alla persona che ha di fronte. Ecco un'altra caratteristica di mia madre: non ha interesse a mistificare la realtà.

E questo, durante il periodo di transizione alla Casa Bianca, significava che ogni volta che un giornalista le poneva una domanda mia mamma rispondeva con il massimo candore, senza smussare il proprio pensiero né attenersi alla scaletta preparata da uno staff delle comunicazioni perennemente in ansia. Imparammo subito, insomma, che se proprio doveva parlare con i media, la nonna lo avrebbe fatto dicendo la sua verità, punto e basta.

Ed è così che fece la sua comparsa sui telegiornali nazionali, dove raccontava di essere stata trascinata scalciante e urlante dalla sua tranquilla casetta in Euclid Avenue e più o meno costretta, dai suoi stessi figli, a trasferirsi presso l'indirizzo più famoso della nazione.

Non era scortese; era solo autentica. Il modo in cui mia madre parlava ai giornalisti dell'argomento non era diverso da come lo aveva fatto con me. (Sia il postino sia il papa avrebbero sentito la stessa cosa.) In un primo momento non voleva saperne di trasferirsi a Washington, ma io l'avevo supplicata in modo spudorato. E quando le suppliche non si erano rivelate sufficienti, avevo chiesto a Craig di insistere ulteriormente. Mia madre era la roccia della nostra famiglia. Ci teneva tutti ben saldi. Fin da quando le nostre figlie erano ancora in fasce, ci aveva aiutato a superare i limiti della nostra gestione domestica, colmando le lacune mentre io e Barack andavamo un po' a improvvisazione e provavamo a barcamenarci tra diverse transizioni di carriera, cicli di superlavoro e la vita sociale sempre più intensa delle ragazze.

Quindi, sì: in qualche modo, la costrinsi a trasferirsi.

Il problema era che stava bene a casa sua. Era da poco andata in pensione. Le piaceva la vita che conduceva nei suoi spazi e, in generale, non provava alcun interesse per i cambiamenti. La casa in Euclid Avenue custodiva tutti i suoi ninnoli. C'era il letto in cui aveva dormito per più di trent'anni. La sua sensazione era che la Casa Bianca fosse molto più simile a un museo che a una casa (e ovviamente confidò questa osservazione a un giornalista). Ma anche quando precisò che il suo trasferimento a Washington era di fatto forzato, e in ogni caso concepito per essere temporaneo, lo fece ribadendo che il suo amore per Sasha e Malia, il suo impegno perché crescessero bene, alla fine eclissava tutto il resto. «Se qualcuno oltre ai loro genitori dovrà stare con queste ragazze», disse a un cronista, alzando le spalle, «è meglio che quel qualcuno sia io.»[1]

Quindi decretò che non fosse più il caso di rilasciare interviste.

Dopo essersi trasferita, mia madre divenne molto popolare alla Casa Bianca, benché non fosse in alcun modo sua intenzione. Dico davvero: era la reginetta del ballo, e tutti la chiamavano semplicemente «Mrs R». I membri dello staff ne apprezzavano il profilo informale. Ai maggiordomi, che erano perlopiù di colore, faceva piacere avere una nonna nera in casa. Le mostravano le foto dei loro nipoti e, di tanto in tanto, le chiedevano consigli di vita. I fioristi della Casa Bianca che venivano a cambiare le composizioni floreali si intrattenevano a chiacchierare con lei. Gli agenti dei Servizi segreti la tenevano d'occhio nei giorni in cui usciva dai cancelli per andare alla farmacia CVS sulla Quattordicesima Strada, o ai grandi magazzini Filene's Basement, nella direzione opposta, o quando passava a casa di Betty Currie – l'ex segretaria personale di Bill Clinton – per una partita a carte. Gli addetti alle pulizie cercavano spesso di convincerla a lasciar loro più incombenze, ma lei ogni volta metteva in chiaro che nessuno doveva assisterla o pulire al posto suo, dal momento che era perfettamente in grado di sbrigarsela da sola.

«Basta che mi facciate vedere come si usa la lavatrice e sono a posto», diceva.

Consapevoli del favore che ci stava facendo, cercavamo di non sovraccaricarla. Accompagnava Sasha e Malia nel tragitto da casa a scuola e al ritorno, aiutandole a adattarsi alla nuova routine. Nei giorni in cui ero impegnata in veste di FLOTUS, *First Lady of the United States,* si occupava della merenda delle ragazze e faceva in modo che avessero tutto quello che occorreva loro per le attività del doposcuola. Proprio come aveva fatto con me quando andavo alle elementari, ascoltava con interesse i loro resoconti giornalieri. Quando potevo trascorrere un po' di tempo da sola con lei, mi informava su tutto ciò che mi ero persa della loro giornata e poi nella stessa misura ascoltava me, fungendo da spugna e cassa di risonanza.

Quando non si occupava di Malia e Sasha, mia mamma tendeva a sparire dalla circolazione, convinta che dovessimo avere la nostra vita famigliare indipendentemente da lei. E sentiva che anche lei doveva avere una vita indipendente da noi. La sua libertà le piaceva. Le piaceva avere i suoi spazi. Come regola generale, evitava di mettere becco. Era venuta a Washington con un solo intento: sostenere me e Barack ed essere una nonna premurosa per le nostre bambine. Tutto il resto, per come la vedeva lei, era solo molto rumore per nulla.

A volte accoglievamo ospiti famosi per una cena alla Casa Bianca. Regolarmente, gli ospiti si guardavano intorno e chiedevano dove fosse mia madre e se ci avrebbe raggiunti a tavola.

Di solito ridevo e indicavo il terzo piano, dove aveva una camera da letto e le piaceva passare il tempo in un salotto attiguo con ampie finestre che davano sul Monumento a Washington. «No», dicevo, «la nonna è di sopra, nel suo angoletto felice.»

Questa era essenzialmente una frase in codice per: «Spiacente, Bono, in TV danno *Jeopardy!* e mia mamma si è piazzata sul divano con un bicchiere di vino e un vassoio di costolette di maiale. Non pensare nemmeno per un secondo di poter competere...».

Nel complesso, la sistemazione sembrava funzionare. Alla fine, mia madre è rimasta con noi per tutti gli otto anni di permanenza alla Casa Bianca. La sua presenza costante e il suo approccio moderato e senza drammi alla vita ci sono stati utili, soprattutto perché il lavoro di Barack era invece ad alto carico di tensione. La nonna ci teneva con i piedi per terra. Non era lì per seguire cosa stesse succedendo con Ebola, l'ostruzionismo al Congresso o chi creava problemi testando missili balistici sul Mar del Giappone.

Era lì semplicemente per assicurarsi che la nostra famiglia reggesse. Ed era ciò di cui avevamo bisogno. Avevamo bisogno di lei. Era la nostra ancora.

Nel corso di quegli otto anni, le nostre ragazze si sono trasformate da scolarette delle elementari con gli occhi sgranati in adolescenti in fiore, intenzionate a raggiungere l'indipendenza e i privilegi della vita adulta. Come tutti gli adolescenti, hanno testato certi limiti e commesso stupidaggini. Una è stata messa in punizione per non aver rispettato il coprifuoco. L'altra ha postato su Instagram un selfie in bikini da far inarcare le sopracciglia e ha prontamente ricevuto indicazioni dal team dell'East Wing di rimuoverlo. Una è stata trascinata via dagli agenti dei Servizi segreti da una festa di liceali ormai fuori controllo e senza supervisione, proprio un attimo prima che sopraggiungessero le forze dell'ordine. L'altra ha replicato in modo impertinente al presidente degli Stati Uniti quando questi ha avuto l'ardire di chiederle (con scarsa diplomazia) come potesse studiare spagnolo mentre ascoltava musica rap.

Un episodio di disobbedienza anche lieve o un comportamento inappropriato da parte delle nostre figlie adolescenti innescava in me un'ondata di preoccupazione, facendo leva su quello che era il mio timore più grande, ovvero che vivere alla Casa Bianca le stesse scombussolando. Il che, naturalmente, sarebbe stato imputabile esclusivamente a noi genitori. In queste situazioni, la mia vecchia amica, la mia mente pavida, prendeva il sopravvento, scatenando dubbi e sensi di colpa a cascata. (Ho già detto che la mente pavida ama particolarmente i bambini? Conosce tutti i tuoi punti deboli e darà loro la caccia.)

Bastava che la minima cosa andasse storta perché si manifestasse il mio senso di colpa materno. Cominciavo così a mettere in dubbio tutte le scelte che Barack e io avevamo fatto, qualsiasi bivio avessimo imboccato. L'autocritica, come già detto, è qualcosa in cui le donne sono programmate per eccellere, essendo state catapultate fin da bambine in un sistema di disuguaglianza e rimpinzate di immagini completamente irrealistiche sulla cosiddetta «perfezione» femminile. Nessuna di noi – davvero nessuna – è mai all'altezza. Eppure, non smettiamo di provarci. Proprio come accade con il matrimonio e la convivenza, genitori di fantasia siedono in prima linea nel nostro immaginario, mentre la realtà è molto – molto, molto – meno perfetta.

Per le madri, il sentimento di inadeguatezza può rivelarsi particolarmente intenso. Le immagini di perfezione materna in cui ci imbattiamo nelle pubblicità e sui social media spesso non sono meno fuorvianti o false di quelle dei corpi femminili esaltati e photoshoppati – corpi affamati, scolpiti e trattati con filler –, così spesso considerati dalla società il canone di ogni bellezza. Tuttavia, siamo condizionate ad accettarle, sempre alla ricerca non solo del corpo perfetto, ma anche dei bambini perfetti, del perfetto equilibrio tra lavoro e vita privata, delle perfette esperienze famigliari e di livelli perfetti di calma e pazienza, nonostante il fatto che nessuna di noi – davvero nessuna, ripeto – sarà mai all'altezza. Il dubbio generato da tutto questo artificio può essere potente e dannoso. Come madre, è difficile non guardarsi intorno e pensare: *Possibile che lo sappiano fare tutte alla perfezione tranne me?*

Sono incline a questo tipo di autolacerazione come chiunque altro. Al primo segno di conflitto o di difficoltà con le nostre figlie, cominciavo subito a esaminare ferocemente i miei errori. Ero stata troppo dura con loro o troppo indulgente? Ero stata troppo presente o troppo assente? C'era qualche libro sul ruolo di genitori che avevo dimenticato di studiare quindici anni prima? Era una crisi vera e propria, un sintomo di problemi più grandi? Quali fondamentali lezioni di vita avevo tralasciato di impartire? Era troppo tardi per farlo?

Se siete in qualche modo responsabili della vita di un bambino, conoscerete sicuramente questo particolare tipo di paura e di affanno, il tormento che ti induce a preoccuparti dei tuoi figli al punto da rubarti il sonno – la sensazione inquietante e sconcertante di non aver fatto abbastanza per loro, o di aver sbagliato tutto, costringendoli a pagare il prezzo della tua negligenza o della tua scarsa capacità decisionale. Credo che si tratti di una sensazione intensa e quasi incessante per molti di noi, a cominciare da quei primissimi momenti in cui accogliamo la perfezione preziosa e innocente di un visetto appena nato e pensiamo: *Ti prego, non permettermi di rovinarti.*

Come genitore, sei sempre in lotta con l'angoscia di fallire il compito che ti è stato assegnato. Ci sono interi settori del mercato costruiti per alimentare questa angoscia e trarne vantaggio, dagli esercizi di Brain Gym per bambini e i passeggini ergonomici ai tutor per prepararsi ai test attitudinali di ammissione al college. È come un buco che non può mai essere riempito. E poiché moltissimi genitori negli Stati Uniti devono far fronte al costo spropositato dell'assistenza all'infanzia (che può erodere circa il 20 per cento dello stipendio di un lavoratore medio), lo stress non fa che aumentare.[2] Puoi arrivare a convincerti che se molli anche solo un attimo, rinunciando magari a un piccolo beneficio che non hai capito come fornire o come permetterti, hai potenzialmente condannato tuo figlio.

Mi dispiace dover ammettere che questa cosa non finisce nemmeno una volta raggiunto un certo traguardo. L'angoscia non evapora quando tuo figlio impara a dormire, a camminare, o va all'asilo, si diploma alle superiori o si trasferisce nel suo primo appartamento e acquista un set di coltelli da bistecca. Continuerai a preoccuparti! Continuerai a stare in pena per lui! Finché avrai respiro, ti chiederai che cos'altro puoi fare. Il mondo sembrerà sempre infinitamente più sinistro e pericoloso quando hai un figlio, anche adulto, che vi si aggira. E la maggior parte di noi farà qualsiasi cosa per convincersi di avere anche solo un minimo di controllo. Perfino adesso, mio marito, l'ex comandante in capo, non può trattenersi dall'inviare alle nostre figlie notizie ammonitrici circa i pericoli per chi guida in autostrada o cammina da solo di notte. Quando si sono trasferite in California, ha inviato loro un lungo articolo su come farsi trovare pronti in caso di terremoti e si è offerto di chiedere ai Servizi segreti un briefing su come reagire ai disastri naturali. (Richiesta accolta con un gentile: «No, grazie».)

Prendersi cura dei propri figli e vederli crescere è una delle imprese più gratificanti al mondo; al tempo stesso, però, può anche farti impazzire.

Nel corso degli anni, comunque, ho avuto un'arma segreta con cui arginare la marea dell'ansia genitoriale: mia madre. È stata la mia rete di protezione, il mio Buddha, una placida testimone, mai giudicante, delle mie varie manchevolezze e, come tale, una fonte vitale di salute mentale. Per tutta la giovane vita delle nostre figlie, mia madre ha vigilato sulla loro crescita e il loro sviluppo, rimanendo sempre sullo sfondo, senza mai intromettersi nelle scelte che Barack e io facevamo lungo la strada.

Quello che ha da offrire è la sua presenza e il suo punto di vista. È un'ascoltatrice attenta ed è in grado di scacciare in pochi istanti ogni mia paura o di tenermi a bada quando sto esagerando con l'agitazione. Non fa che ripetermi quanto è importante presumere sempre il meglio riguardo ai figli, che è preferibile lasciare che soddisfino le tue aspettative e la tua grande considerazione, piuttosto che chiedere loro di adeguarsi ai tuoi dubbi e alle tue preoccupazioni. Insiste nel dire che bisogna concedere ai figli la propria fiducia, piuttosto che fargliela guadagnare. Per lei «iniziare con gentilezza» significa esattamente questo.

Durante gli anni alla Casa Bianca, il ruolo di mia mamma è stato quello di mettermi a confronto diretto con la realtà. Nei suoi occhi impassibili da settantenne mi restituiva il riflesso dell'adolescenza di Sasha e di Malia, come a volermi ricordare che qualsiasi cosa stesse accadendo non era un fallimento ma un passaggio appropriato dal punto di vista dello sviluppo e, comunque, situato all'interno del regno delle aspettative, e che un tempo avevo commesso anch'io alcune di quelle stupidaggini. I suoi discorsi di incoraggiamento erano brevi e discreti, in linea con il suo carattere, ma erano anche rassicuranti.

«Le ragazze sono a posto», diceva con un'alzata di spalle delle sue. «Stanno solo cercando di imparare la vita.»

In questo modo, mi stava dicendo che ero a posto anch'io, che potevo tranquillizzarmi e fare affidamento sul mio giudizio. Questo è sempre stato il nucleo fondamentale del suo messaggio.

Chi le sta abbastanza vicino inizierà a notare che mia madre è incline a infilare piccole perle di saggezza nelle conversazioni di tutti i giorni. Di solito, sono legate alla sua convinzione che è possibile crescere figli perbene senza drammi o complicazioni. I suoi non sono mai proclami avventati pronunciati con furia o passione. Anzi, devi quasi avvicinarti per sentirli. Tendono a essere pensieri ironici che scivolano via in sordina, quasi come monetine che le cadono dalla tasca.

Sono ormai anni che colleziono queste monetine: me le metto in borsa, le uso come guida e come strumento per compensare i miei dubbi e le mie preoccupazioni di genitore. Per un po', ho pensato che forse mia madre avrebbe dovuto scrivere un libro tutto suo, in cui raccontare la sua storia e condividere alcune delle intuizioni che personalmente ho sempre trovato così preziose. Quando gliel'ho suggerito, però, si è limitata a liquidarmi con un cenno, dicendo: «Questa, poi! Perché diamine dovrei farlo?».

A ogni modo, mi ha dato il permesso di condividere qui alcune delle sue massime più collaudate, alcune delle indicazioni che mi hanno aiutato a diventare una madre un po' più serena, un po' meno in balia dei sensi di colpa, un po' più brava per le mie figlie. A patto, però, che riportassi la seguente avvertenza: «Purché sia chiaro che non sono solita dire a nessuno come deve vivere».

1. Bisogna insegnare ai figli a darsi una svegliata

Quando avevo cinque anni e mi accingevo a iniziare la scuola materna, i miei genitori mi regalarono una piccola sveglia elettrica. Aveva un quadrante squadrato, con piccole lancette di un verde brillante che indicavano le ore e i minuti anche al buio. Mia mamma mi mostrò come impostare l'ora della sveglia e come disattivare l'allarme non appena suonava. Poi mi aiutò a ripercorrere tutte le cose che dovevo sbrigare al mattino – fare colazione, spazzolarmi denti e capelli, scegliere i vestiti, allacciarmi le scarpe e così via – per calcolare quanti minuti mi ci volevano da quando mi alzavo dal letto a quando uscivo da casa. Lei era lì per darmi istruzioni: mi aveva fornito lo strumento, ma dovevo essere io a capire come usarlo in maniera efficace.

E mi piaceva da impazzire quella sveglia.

Apprezzavo quello che mi dava, ovvero la possibilità di gestire la mia piccola esistenza. Mia mamma, me ne rendo conto adesso, mi aveva abituato a questo particolare strumento in un momento volutamente precoce del mio sviluppo, prima che fossi abbastanza grande da diventare cinica sul fatto di dovermi alzare al mattino per andare a scuola; in altre parole, prima che fosse costretta a buttarmi giù dal letto a suon di scossoni. La scelta le risparmiò il fastidio, in un certo senso, ma il vero regalo era per me: potevo svegliarmi da sola. *Potevo svegliarmi da sola!*

Se mai mi capitava di rimandare la sveglia o di tergiversare pigra per non andare a scuola, mia madre non nutriva alcun interesse ad assillarmi o a cercare di blandirmi. Se ne stava sulle sue, come a voler mettere in chiaro che la mia vita era fondamentalmente affare mio. «Ascoltami», diceva. «Io la mia istruzione l'ho ricevuta. A scuola ci sono già andata. Qui non si parla di me.»

2. Qui non *si parla di te. I buoni genitori agiscono sempre con l'obiettivo di togliersi dai piedi*

L'approccio con la sveglia era rappresentativo di un impegno ancora più serio da parte dei miei genitori: quello di aiutare noi figli a imparare a camminare con le nostre gambe e continuare in quella direzione, non solo fisicamente ma anche emotivamente. Dal giorno in cui ha dato alla luce Craig e me, mia madre si è sforzata di raggiungere un unico obiettivo, vale a dire rendersi più o meno obsoleta nelle nostre vite. Dal momento che ho appena finito di raccontare quanto ho avuto bisogno della sua presenza rasserenante negli ultimi anni, suppongo sia chiaro che non c'è ancora riuscita del tutto. Ma non è stato certo perché non ci ha provato abbastanza.

Mia mamma non si faceva problemi ad ammettere che, specie nelle incombenze quotidiane, il suo piano era quello di diventare quanto più superflua possibile nel minor tempo possibile. Quanto prima fosse arrivato quel momento (il momento, cioè, in cui avesse sentito che io e Craig eravamo in grado di gestire le nostre faccende), maggiore sarebbe stato il suo successo come madre. «Non sto crescendo dei bambini», diceva sempre. «Sto crescendo persone adulte.»

Può suonare scandaloso, soprattutto in un'epoca in cui essere genitori iperprotettivi sembra diventato d'obbligo, ma sono abbastanza sicura del fatto che a guidare le decisioni di mia mamma sia stata una domanda fondamentale: *Qual è il minimo che posso fare per loro in questo momento?*

Non era una domanda distaccata o egoistica; piuttosto, era ben ponderata. In casa nostra, essere autosufficienti contava più di ogni altra cosa. I miei genitori sapevano di operare con un budget limitato – di denaro, spazio, accesso ai privilegi e, nel caso della salute di mio padre, non solo di energia ma anche di tempo rimasto da vivere sulla terra –, e questo li portava a fare economia su tutti i fronti. Dal punto di vista di mio papà, eravamo fortunati e non avremmo mai dovuto dare per scontata neanche una goccia di quella fortuna. Ci è stato insegnato ad apprezzare ciò che avevamo, i doni che ricevevamo, che si trattasse di una coppa di gelato o di una serata al circo. Papà voleva che assaporassimo il momento, che resistessimo all'impulso di cercare l'appagamento e il brivido immediatamente successivi, o di invidiare quello che avevano gli altri.

I suoi rimproveri erano gentili e canzonatori, ma la lezione era seria: «Non siete mai soddisfatti!» diceva con leggerezza se qualcuno scartava un regalo di compleanno per poi passare subito al successivo. «Non siete mai soddisfatti!» diceva se chiedevamo una seconda porzione di gelato senza nemmeno aver finito la prima. Ci spingeva a riflettere sui nostri desideri.

Insegnarci a fare affidamento su noi stessi e a pensare con lucidità a ciò di cui avevamo bisogno era di fatto l'unico capitale che i nostri genitori potevano lasciarci. Non potendo fornirci scorciatoie, hanno lavorato per darci le competenze. Le loro speranze per i figli erano racchiuse in questa idea: se Craig e io dovevamo arrivare più lontano di dov'erano arrivati loro nella vita, avevamo bisogno di motori potenti e di serbatoi pieni, per non parlare della capacità di provvedere autonomamente alle riparazioni.

Mia mamma credeva che le sue mani fossero soltanto d'intralcio alle nostre. Se c'era qualcosa di nuovo da imparare, ci mostrava come farlo e poi subito si faceva da parte. Questo significava che, con l'aiuto di uno sgabello, io e Craig imparammo a lavare e ad asciugare i piatti molto prima che fossimo abbastanza alti da raggiungere il lavello. Eravamo tenuti a rassettarci i letti e a fare il bucato in autonomia. Come ho già detto, poi, la mamma mi incoraggiava a compiere da sola il tragitto a piedi da casa a scuola e viceversa, consentendomi di trovare la mia strada. Erano tutte piccole abilità, ma costituivano una pratica quotidiana di autosufficienza e *problem solving*, un superamento graduale del dubbio e della paura perché in generale ci fosse sempre meno da temere, meno di cui dubitare. Con il tempo, è diventato più facile sia esplorare sia scoprire. Partendo da una singola abitudine consolidata, siamo stati sempre più capaci di aggiungere mattoni alla costruzione.

Facevamo buona parte di queste cose in maniera imperfetta, ma il punto era proprio che eravamo noi a farle: nessun altro provvedeva per noi. Mia madre non interveniva. Non correggeva i nostri errori né inibiva il nostro modo di fare, per quanto fosse leggermente diverso dal suo. Questo, credo, è stato per me il primo assaggio di cosa significasse esercitare un vero potere. Mi piaceva che gli altri si fidassero, che mi reputassero in grado di fare qualcosa. «È più facile che i figli commettano errori, quando sono piccoli», mi ha detto di recente, allorché le ho chiesto un parere in merito. «Bisogna lasciare che li commettano. E poi non puoi nemmeno farne un dramma perché, altrimenti, smetteranno di provarci.»

Ci stava accanto, lasciando che faticassimo e che commettessimo i nostri errori: con le faccende domestiche, i compiti e le relazioni con gli insegnanti, gli allenatori e gli amici. Niente di tutto ciò era legato alla sua autostima o al suo ego, e niente era fatto per poi potersene vantare. Qui non si parlava di lei. Dopotutto, se ne lavava le mani. Questo significava che il suo umore non dipendeva dalle nostre vittorie. La sua felicità non era determinata dal fatto che rientrassimo a casa con un 10 in pagella, o che Craig avesse segnato molti punti nella partita di basket o che io fossi stata eletta nel consiglio studentesco. Quando succedevano cose belle, era felice per noi. Quando succedevano cose brutte, ci aiutava a elaborarle prima di tornare alle sue faccende e ai suoi problemi. L'importante era amarci a prescindere da successi e fallimenti. Si illuminava di gioia ogni volta che ci vedeva tornare a casa.

Mia mamma rimaneva silenziosamente vigile rispetto a quanto accadeva nelle nostre vite, ma non si offriva su due piedi di combattere le nostre battaglie. Molto di ciò che andavamo imparando era legato al sociale e serviva a sviluppare la capacità di capire chi volevamo intorno, quali voci lasciare entrare nella nostra testa e perché. Quando poteva, la mamma trovava il tempo per fare volontariato nelle nostre classi a scuola, cosa che le concedeva una finestra sulla nostra routine quotidiana e, a sua volta, le permetteva probabilmente di discernere le occasioni in cui avevamo davvero bisogno di aiuto da quelle (la maggior parte, a dire il vero) in cui stavamo solo «apprendendo lezioni di vita».

Nei giorni in cui tornavo a casa furente per qualcosa che qualche insegnante aveva fatto (e, devo ammetterlo, accadeva con una certa regolarità), mia mamma se ne stava in piedi in cucina ad ascoltare le mie filippiche su quanto fosse stata ingiusta l'osservazione del professore o su quanto fosse stupido un compito o su come con tutta evidenza la signora Tal dei Tali non sapesse cosa stava facendo.

E quando avevo finito, quando i fumi della mia rabbia si erano dissipati al punto da permettermi di pensare con lucidità, lei mi poneva una semplice domanda, una domanda del tutto sincera e, al tempo stesso, capace di orientare un pochino la mia risposta: «Hai bisogno che io intervenga?».

Nel corso degli anni, si sono verificate alcune situazioni in cui questo bisogno l'ho avuto davvero, e in quei casi il suo aiuto non è mancato. Ma nel 99 per cento degli altri non avevo la reale necessità che lo facesse. Solo ponendomi quella domanda e dandomi la possibilità di rispondere, mi spingeva con discrezione a ragionare sulla situazione. Fino a che punto era brutta? Quali erano le soluzioni? Cosa potevo fare?

Così, alla fine, di solito sapevo di potermi fidare della mia stessa risposta, vale a dire: «Penso di potermela cavare».

Mia madre mi ha aiutato a imparare come gestire i miei stati d'animo e le mie strategie al riguardo, per lo più limitandosi a dar loro spazio e facendo attenzione a non soffocarli con i suoi sentimenti o le sue opinioni. Se ero un po' troppo imbronciata per qualcosa, mi mandava a sbrigare una delle faccende domestiche che toccavano a me, non tanto per punizione quanto, piuttosto, come mezzo attraverso il quale ridimensionare il problema. «Alzati e vai a pulire il bagno», diceva. «Così la tua mente si concentrerà su qualcosa che non sei tu.»

All'interno della nostra piccola casa, ha creato un ambiente emotivo protetto in cui Craig e io potevamo mettere alla prova in sicurezza i nostri sentimenti e analizzare le nostre reazioni a qualunque cosa accadesse nelle nostre giovani vite. Ci ascoltava mentre elaboravamo i nostri problemi ad alta voce, che si trattasse di un'equazione matematica o di una qualsiasi questione sorta al parco giochi. I suoi consigli, quando ne dava, tendevano ad avere uno stile pratico e asciutto. Molto spesso, si risolveranno in un invito a mantenere la giusta prospettiva e a pensare a ritroso rispetto all'esito sperato, in modo che quello rimanesse sempre il fulcro della nostra attenzione.

Una volta, quando alle superiori dichiarai tutto il mio malcontento nei confronti di un'insegnante di matematica che giudicavo arrogante, mia mamma ascoltò le mie lamentele, annuì con fare comprensivo e poi fece spallucce. «La tua insegnante non deve piacerti per forza, e tu non devi per forza piacere a lei», disse. «Ma nella sua testa c'è una conoscenza matematica che hai bisogno di assimilare; quindi, forse dovresti semplicemente andare a scuola e fare matematica.»

Poi mi guardò e sorrise, come se avesse enunciato il concetto più facile al mondo da afferrare. «Per sentirti apprezzata c'è sempre casa tua», concluse. «Qui ti apprezzeremo sempre.»

3. Cerca di capire quali sono le cose davvero preziose

Mia mamma ricorda che al centro del soggiorno della casa in cui è cresciuta, nel South Side, c'era un bel tavolino da caffè fatto di un vetro sottile e delicato. Era così fragile che tutti i membri della famiglia erano costretti a girarci intorno quasi in punta di piedi.

Mia madre era un'attenta osservatrice della sua famiglia. Era la quarta di sette figli e, da quella posizione mediana, aveva molto da osservare, in effetti: aveva tre fratelli maggiori e tre più piccoli, oltre a due genitori che sembravano agli antipodi e non andavano molto d'accordo. Così, per anni aveva assorbito le dinamiche circostanti, formulando in silenzio, e forse inconsciamente, le proprie idee su come un giorno avrebbe cresciuto una famiglia tutta sua.

Vedeva come suo padre – mio nonno, Southside – tendeva a viziare i figli, in particolare le tre sorelle maggiori. Li portava in giro con l'auto perché non prendessero l'autobus, spaventato da tutto ciò che sfuggiva al suo controllo. Li svegliava la mattina perché non avessero bisogno di una sveglia. Sembrava godere del fatto che dipendessero da lui.

E mia mamma, intanto, prendeva nota.

La mia nonna materna, Rebecca, era invece rigida e formale, palesemente infelice e forse (crede adesso mia madre) clinicamente depressa. Quando era giovane, sognava di fare l'infermiera, ma a quanto pare sua madre, una lavandaia che aveva cresciuto sette figli in Virginia e nella Carolina del Nord, l'aveva scoraggiata dicendole che andare alla scuola per infermiere costava un sacco di soldi e che solo di rado le infermiere di colore rimediavano un buon lavoro. Così, Rebecca aveva sposato mio nonno e aveva avuto sette figli, senza mai sembrare troppo contenta di ciò che la vita le aveva riservato. (Alla fine, la sua infelicità l'avrebbe spinta ad andarsene via da casa quando mia madre aveva circa quattordici anni, mantenendosi grazie a un lavoro come assistente infermieristica. Senza di lei, Southside avrebbe poi gestito una famiglia più tranquilla.)

La regola che vigeva in casa di nonna Rebecca era che i bambini andavano visti e non sentiti. A tavola, mia madre e i suoi fratelli ricevevano l'ordine di starsene zitti e ascoltare rispettosamente la conversazione degli adulti senza mai prendervi parte. Mia madre ricorda vividamente la sensazione di avere un mucchio di pensieri inespressi che le si accumulavano in testa. Era sgradevole. Non le piaceva per niente. Anche da un punto di vista psicologico, procedevano tutti con estrema cautela, ben attenti a come e a dove mettevano i piedi.

Quando le amiche della nonna venivano a farle visita, mia mamma e i suoi fratelli dovevano unirsi a loro in soggiorno. Tutti e sette, dai marmocchi agli adolescenti, erano tenuti a sedersi educatamente ai margini, senza poter dire nient'altro che ciao.

Mia madre ha ben presenti le lunghe serate trascorse in quella stanza e la sofferenza di dover tenere la bocca chiusa mentre le toccava ascoltare un sacco di discorsi da grandi ai quali avrebbe voluto partecipare, un sacco di idee delle quali avrebbe voluto discutere o che, quantomeno, avrebbe voluto capire meglio. Passava ore intere cercando di trattenere le proprie opinioni, lo sguardo fisso sul tavolino di vetro che era tenuto immacolato e brillante a ogni ora del giorno, senza mai una macchia o anche solo un'impronta. Dev'essere stato durante queste ore che mia madre, anche inconsciamente, ha maturato l'idea che un giorno i suoi figli non solo avrebbero avuto il permesso di parlare, ma sarebbero stati incoraggiati a farlo. Anni dopo, questo sarebbe diventato il credo consolidato nella casa di Euclid Avenue. Ogni pensiero poteva essere espresso, ogni opinione veniva apprezzata. Nessuna domanda seria sarebbe mai stata respinta. Le risate e le lacrime erano consentite. Nessuno doveva procedere in punta di piedi.

Una sera venne da loro un'amica che non era mai passata a trovarli prima di allora, e mia mamma ricorda come la donna avesse osservato tutti quei volti giovani e quei corpi irrequieti stipati nel soggiorno prima di porre una domanda logica: «Com'è possibile che abbiate un tavolo di vetro come quello e tutti questi figli?».

Non ricorda cosa disse mia nonna, ma in cuor suo mia mamma sapeva qual era la vera risposta: sua madre non aveva colto una lezione fondamentale su cosa fosse prezioso e su cosa non lo fosse. Che senso aveva vedere i bambini senza sentirli, senza ascoltarli?

Nessuno dei suoi figli avrebbe mai osato toccare quel tavolo di vetro, così come nessuno di loro avrebbe osato parlare, sapendo di incappare in una punizione anche solo per averci provato. Venivano tenuti al loro posto invece di essere autorizzati a crescere.

Una sera, però, quando mia mamma aveva circa dodici anni, alcuni amici dei genitori fecero loro visita e, per qualche stupida ragione, uno di questi si sedette sul tavolo. Con grande orrore di mia nonna, sotto gli occhi silenziosi dei suoi figli, il tavolo finì in frantumi sul pavimento.

Per la mamma, fu quasi un atto di giustizia cosmica. Ancora oggi, questa storia la fa piegare in due dalle risate.

4. Cresci i figli che hai

L'appartamento in cui i miei genitori ci hanno cresciuti non conteneva niente che somigliasse a un tavolo di vetro. Nelle nostre vite c'era ben poco di fragile o delicato. È vero che non potevamo permetterci nulla di troppo raffinato, ma è altrettanto vero che, sulla scia della sua stessa educazione, mia madre non aveva interesse a possedere oggetti da esposizione di alcun tipo. Non avrebbe mai finto che sotto il nostro tetto ci fosse qualcosa di realmente prezioso, al di là del nostro corpo e della nostra anima.

A casa, io e Craig potevamo essere noi stessi. Craig aveva l'indole del custode e, come ho già detto, tendeva un po' all'ansia. Io ero esuberante e indipendente. I nostri genitori coglievano questa diversità e ci trattavano di conseguenza. Il loro ruolo era orientato a promuovere i nostri punti di forza individuali, a tirare fuori ciò che c'era di meglio in noi, piuttosto che a spingerci a adattarci a un qualsiasi standard predefinito. Io e mio fratello eravamo rispettosi degli anziani e osservavamo certe regole generali, ma questo non ci impediva di esprimere le nostre opinioni a tavola, di lanciare palloni in casa, di ascoltare musica a tutto volume allo stereo e fare i buffoni sul divano. Quando si rompeva qualcosa – un bicchiere o una tazza da caffè o, ogni tanto, il vetro di una finestra – non cascava certo il mondo.

Ho cercato di riproporre questo stesso approccio con Sasha e Malia. Volevo che entrambe sapessero che le vedevo *e* le ascoltavo, che potevano sempre esprimere i loro pensieri, esplorare senza limiti e senza avere mai l'impressione di dover procedere in punta di piedi. Io e Barack abbiamo stabilito le regole di base e i principi guida per la nostra famiglia: così come aveva fatto mia mamma, ho preteso che le nostre figlie si rifacessero il letto dal giorno in cui sono diventate abbastanza grandi per dormirci. E come aveva fatto sua madre con lui, Barack si è prodigato perché apprezzassero fin dalla tenera età il piacere offerto dai libri.

Tuttavia, non ci abbiamo messo molto a capire che allevare due bimbe seguiva la stessa traiettoria di base che avevamo sperimentato sia con la gravidanza sia con il parto: potete passare tutto il tempo che volete a sognare, a prepararvi e a pianificare una vita famigliare perfetta ma, alla fin fine, vi tocca semplicemente affrontare quello che succede. Potete stabilire metodi e routine, sceglervi i più svariati guru di riferimento (ne esistono in quantità sbalorditiva) per quanto riguarda il sonno, l'alimentazione e la disciplina. Potete scrivere lo statuto di famiglia e proclamare a gran voce la vostra religione e la vostra filosofia, discutendone fino alla nausea con il partner. Ma a un certo punto, possibilmente quanto prima, dovrete arrendervi all'evidenza che, nonostante tutti gli sforzi, il vostro controllo sulle cose è soltanto marginale (e, talvolta, *estremamente* marginale). Potreste aver passato anni capitanando il vostro transatlantico con ammirevole autorità e livelli esemplari di ordine e pulizia, ma adesso dovete prendere coscienza del fatto che a bordo ci sono pirati alti un tappo che, vi piaccia o no, metteranno tutto sottosopra.

Per quanto vi amino, i vostri figli avranno i loro piani. Sono individui a sé e impareranno le lezioni della vita a modo loro, a prescindere dall'attenzione con cui potete averle pianificate. Muoiono dalla voglia di esplorare, sperimentare e toccare tutto ciò che li circonda. Si introdurranno sul ponte della vostra nave, metteranno le mani su ogni cosa e finiranno per rompere inavvertitamente quanto c'è di fragile, compresa la vostra pazienza.

Ecco una storia di cui non vado propriamente fiera. È successa una sera in cui vivevamo ancora a Chicago, quando Malia aveva circa sette anni e Sasha appena quattro. Ero rientrata a casa dopo una lunga giornata di lavoro. Come spesso a quei tempi, Barack si trovava dall'altra parte del Paese, a Washington, nel bel mezzo di una sessione del Senato per la quale, probabilmente, provavo un certo risentimento. Avevo fatto cenare le bambine, chiesto com'era stata la loro giornata, supervisionato l'ora del bagno, e stavo finendo di lavare i piatti, più morta che viva, con l'unico, disperato obiettivo di potermene stare seduta una mezz'oretta da sola in pace.

Le bambine avrebbero dovuto lavarsi i denti e mettersi a letto, ma le sentivo correre su e giù per le scale fino alla stanza dei giochi al terzo piano, ridacchiando a più non posso.

«Ehi, Malia, Sasha, è ora che vi diate una calmata!» ho urlato dal fondo delle scale. «*Subito!*»

È seguita una breve pausa – tre secondi, forse – e poi riecco il calpestio fragoroso accompagnato da un nuovo scoppio di risa.

«È ora di darci un taglio!» ho urlato ancora una volta.

Ma era evidente che stavo parlando al vento e che le mie figlie mi stavano bellamente ignorando. Ho sentito una vampata di calore sulle guance, mentre la mia pazienza si sgretolava. Ero come una pentola a pressione sul punto di esplodere.

L'unica cosa che volevo era che andassero a letto.

Fin da quando ero piccola, mia mamma mi aveva sempre consigliato di contare fino a dieci, in momenti come questi, e prendermi il tempo sufficiente per aggrapparmi al raziocinio: di rispondere, piuttosto che reagire.

Penso di essere arrivata fino a otto: impossibile resistere un secondo di più. Ero cotta. E furibonda. Sono corsa su per le scale, gridando alle ragazze di scendere dalla stanza dei giochi e raggiungermi sul pianerottolo. Poi ho preso fiato e ho contato gli ultimi due secondi, cercando di sedare la rabbia.

Quando sono comparse, entrambe arrossate e un po' sudate nei loro pigiami, del tutto indifferenti agli ordini che avevo urlato, ho detto loro che mollavo. Che davo le dimissioni dal mio ruolo di madre.

Chiamando a raccolta quel poco di calma che mi restava, esclamai: «Insomma, a quanto pare non mi ascoltate. Sembrate convinte di non aver bisogno di una madre. Ben contente di poter badare a voi stesse. Quindi, fate pure… D'ora in avanti potrete prepararvi da mangiare e vestirvi da sole. E andare a letto quando volete. Vi sto affidando la gestione delle vostre piccole vite. Non è più affar mio». Poi ho alzato le mani, mostrando loro quanto mi sentissi ferita e impotente. «Sono stufa», ho aggiunto.

È stato in quel preciso istante che mi sono fatta un'idea veramente chiara delle persone con cui avevo a che fare.

Malia ha spalancato gli occhi, il labbro inferiore scosso dai tremiti.

«Oh, mamma», ha esclamato, «non voglio che succeda!» E poi si è precipitata in bagno a lavarsi i denti.

Ho sentito di potermi rilassare. *Wow*, ho pensato. *Direi che ha funzionato in fretta!*

La piccola Sasha, invece, è rimasta a stringere la copertina blu che amava portarsi dietro, prendendosi un istante per elaborare la notizia delle mie dimissioni prima di approdare a una risposta emotiva di puro e illimitato sollievo.

Non appena la sorella si è allontanata obbediente, Sasha si è voltata senza dire una parola ed è tornata di corsa alla stanza dei giochi al piano di sopra, come per dire: *Questa signora si è tolta dai piedi, finalmente!* Qualche secondo dopo, ho sentito che accendeva la TV.

In un momento di profonda stanchezza e frustrazione, avevo consegnato a quella bambina di quattro anni le chiavi della sua stessa esistenza, scoprendo che era felicissima di riceverle molto prima di essere effettivamente pronta. Per quanto mi piacesse l'idea di mia mamma, ovvero quella di rendermi obsoleta per la vita delle mie figlie, era comunque troppo presto. (Ho prontamente richiamato Sasha dalla stanza dei giochi, l'ho portata a lavarsi i denti e poi di corsa a letto.)

Quest'episodio mi ha impartito una lezione importante su come comportarmi con le mie figlie. Una delle due voleva più barriere protettive e l'altra ne voleva di meno; una delle due era più sensibile circa le mie emozioni mentre l'altra prendeva alla lettera le mie parole.

Ciascuna delle due aveva il proprio temperamento, la propria sensibilità, i propri bisogni, i propri punti di forza, i propri limiti e il proprio modo di interpretare il mondo circostante. Nel corso degli anni, mentre le nostre figlie crescevano, Barack e io abbiamo visto manifestarsi più e più volte queste stesse dinamiche. Sulle piste da sci, Malia tracciava curve misurate e precise, mentre Sasha preferiva fiondarsi giù per la discesa con la giacca svolazzante. Se chiedevo a Sasha com'era andata la giornata a scuola, lei rispondeva con cinque parole prima di saltellare dritta in camera sua, mentre Malia forniva una descrizione dettagliata di ogni ora trascorsa in classe. Malia ci chiedeva spesso consiglio – come suo padre, le piace prendere decisioni ponderate anche grazie al contributo degli altri –, là dove Sasha dava il meglio di sé, proprio come facevo io da bambina, quando lasciavamo che se la sbrigasse da sola. Nessuna delle due agiva in maniera giusta o sbagliata, buona o cattiva. Erano, e sono, semplicemente diverse.

Come madre, ho iniziato a fare sempre meno affidamento sui libri per genitori e sui guru del settore e sempre più sul mio istinto, attingendo al monito senza tempo di mia mamma: darmi una calmata e fidarmi del mio giudizio. Io e Barack abbiamo imparato poco per volta a leggere i segnali che ci mandavano le nostre figlie, adattandoci a ciò che ognuna di loro ci mostrava, cercando di interpretare il loro sviluppo alla luce di quanto comprendevamo dei loro talenti e dei loro bisogni. Ho iniziato a pensare alla genitorialità come a una sorta di arte praticata un po' come la pesca con la mosca, in cui te ne stai per ore in piedi con le ginocchia affondate in un fiume vorticoso cercando di calcolare non solo la corrente dell'acqua ma anche il movimento del vento e la posizione del sole, una pratica in cui le manovre migliori vengono eseguite solo attraverso delicati movimenti del polso. Contano la pazienza, la visione prospettica e la precisione.

Alla fine, i vostri figli diventeranno le persone che sono destinate a essere. Impareranno la vita a modo loro. Potrete esercitare un certo controllo su qualcosa, ma di sicuro non avrete modo di orientare tutti gli accadimenti che li coinvolgeranno. Non potrete proteggerli dall'infelicità né risparmiare loro le difficoltà. Quello che potete dare ai vostri figli – quello che possiamo dare a tutti i bambini, in realtà – è l'opportunità di essere visti e ascoltati, la pratica di cui hanno bisogno per prendere decisioni razionali basate su valori significativi e la costanza della gioia che provate per la loro presenza.

5. Vieni a casa. Qui sarai sempre apprezzato

A Craig e a me mia madre non si è limitata a dirlo una volta sola: ce lo ripeteva di continuo, anzi. È il messaggio che valeva più di qualsiasi altra cosa. Tornavi a casa per sentirti apprezzato. Casa era il posto in cui dimorava la gioia.

In questi capitoli ho scritto molto sull'idea di casa. So di essere stata fortunata a nascere dove sono nata. Ho avuto modo di sguazzare nella gioia, da bambina, e questo mi ha enormemente avvantaggiata mentre crescevo e mi sviluppavo come individuo. Sapendo com'è fatta la gioia, ho potuto guardarmi intorno e cercarne altra, trovare amici e relazioni e, alla fine, un partner che ha contribuito a portare ancora più luce e più gioia nel mio mondo, una luce e una gioia che ho poi provato a riversare nelle vite delle mie figlie, sperando di dar loro la stessa energia. La pratica che ho fatto nel trovare e apprezzare la luce interiore degli altri è diventata forse il mio strumento più prezioso per superare l'incertezza e affrontare i momenti difficili, per gettare lo sguardo oltre il cinismo e la disperazione, e – cosa più importante – per mantenere intatta la speranza.

Mi rendo conto che, per molte persone, la parola «casa» sottende un'idea più complicata e meno confortevole. Può rappresentare un luogo, un insieme di persone o un tipo di esperienza emotiva che, magari, state legittimamente cercando di lasciarvi alle spalle. Un luogo doloroso in cui non vorreste mai fare ritorno. E va bene così. Sapere dove non volete andare è una forma di potere.

E poi c'è anche il potere di scoprire quale sarà il vostro passo successivo.

Come costruire luoghi in cui dimora la gioia – per noi stessi e per gli altri, soprattutto per i bambini – e in cui avremo sempre voglia di tornare?

Potreste trovarvi obbligati a rivedere con coraggio la vostra idea di casa, a ritagliarvi un rifugio, alimentando quelle parti della vostra fiamma non riconosciute o sopite quando eravate bambini. Potreste aver bisogno di coltivare la famiglia che vi siete scelti, piuttosto che quella biologica, proteggendo quei confini che vi fanno sentire al sicuro. Alcuni di noi dovranno apportare cambiamenti radicali alla propria vita, ricostruendo e ripopolando i propri spazi molte volte prima di scoprire cosa vuol dire sentirsi veramente a casa, cosa significa essere accettati, sostenuti e amati.

Mia mamma si è trasferita con noi a Washington (e sì, scalciando e urlando) in parte per aiutarci con le bambine, ma in parte anche perché avevo bisogno della sua gioia. Io stessa non sono altro che una bambina cresciuta, una che, alla fine di una lunga giornata, sfinita e un po' bisognosa di attenzioni, varca la porta di casa in cerca di conforto, accettazione e, magari, qualcosa da mettere sotto i denti.

Nel suo modo saggio e schietto, mia madre ci ha edificati. Si illuminava per noi ogni giorno, affinché a nostra volta potessimo illuminarci per gli altri. Ha contribuito a far sì che la Casa Bianca sembrasse davvero una casa, più che un museo. Nel corso di quegli otto anni, Barack e io abbiamo cercato di spalancare le porte di quella casa a più persone, di più razze e più contesti sociali, e in particolare a più bambini, invitandoli a mettere le mani sul mobilio e a esplorare. Speravamo che potessero entrare in connessione con la storia e al tempo stesso comprendere che erano abbastanza importanti – abbastanza preziosi – da essere in grado di plasmarne il futuro. Volevamo che la Casa Bianca sembrasse un palazzo di gioia, alimentato da un senso di appartenenza che trasmettesse un messaggio semplice e potente: *Qui sarai sempre apprezzato.*

Di tutto questo, ovviamente, mia mamma non si prenderà alcun merito. Sarà la prima a dirvi che non è niente di speciale e che, in ogni caso, lei non ha fatto nulla.

Verso la fine del 2016, circa un mese prima che il nuovo presidente prestasse giuramento, mia madre ha fatto allegramente le valigie. Non ci sono stati squilli di tromba e, su sua insistenza, nemmeno una festa d'addio. Molto semplicemente, ha lasciato la Casa Bianca e ha fatto ritorno a Chicago, al suo letto e ai suoi ninnoli che l'aspettavano in Euclid Avenue, felice di aver portato a termine il lavoro.

TERZA PARTE

Ciò che non vediamo, presumiamo non possa esistere.
Che supposizione distruttiva.[1]
Octavia Butler

8. LA NOSTRA INTEREZZA

Poco dopo che gli avvenimenti del 6 gennaio al Campidoglio degli Stati Uniti mi avevano turbata profondamente, è stato importante partecipare al rituale democratico del 20 gennaio 2021, l'insediamento del presidente Joe Biden.

A volte leggo profili di donne di successo e dal lauto stipendio che sostengono di avere e di fare qualunque cosa. Tendono a dare l'impressione che avvenga tutto senza sforzo: sono molto curate, eleganti, bravissime nel guidare qualsiasi impero si ritrovino tra le mani mentre, apparentemente, preparano la cena per i figli ogni sera, piegano il bucato di casa e trovano comunque il tempo per fare yoga e una capatina nei mercati contadini durante i fine settimana. Talora ci lasciano qualche dritta, piccoli trucchi per gestire il tempo o consigli che coinvolgono il mascara o quale incenso bruciare o cosa aggiungere a un frullato di açai. Il tutto offerto insieme a un elenco di cinque importanti opere letterarie che hanno appena finito di leggere.

Sono qui per dirvi che è più complicato di così. Il più delle volte ciò che vedete in quei profili è una persona che si ritrova in cima a una piramide simbolica, mostrandosi aggraziata, equilibrata e con il pieno controllo della situazione. Ma, per prima cosa, ogni equilibrio è quasi sempre solo momentaneo. E, secondo, dipende unicamente dagli sforzi congiunti di una squadra che spesso include manager, addetti alla cura dei bambini, governanti, parrucchieri e altri professionisti che si sono votati al compito di rendere efficiente quella persona e di accudirla. Molti di noi, me inclusa, sono sorretti dall'impegno silenzioso e spesso non celebrato di altri. Nessuno ottiene il successo da solo. Ritengo importante che quanti fra noi dispongono di un aiuto dietro le quinte si premurino di citarlo come parte della propria storia.

Se mi conoscete avrete senza dubbio sentito parlare anche delle persone di straordinario e solido talento che hanno fatto parte della mia squadra nel corso degli anni. Sono coloro che risolvono molteplici problemi, che seguono le tracce di una miriade di dettagli, che potenziano la mia efficienza e la mia capacità di agire. Mentre ero alla Casa Bianca sono stata assistita da due energiche giovani donne – Kristen Jarvis durante il primo mandato e Kristin Jones durante il secondo – che sono rimaste al mio fianco a ogni mio passo pubblico, o quasi, consentendomi di andare avanti, equipaggiata per affrontare qualsiasi circostanza. Ancora oggi sono come sorelle maggiori per Sasha e Malia.

Da quando ho lasciato la Casa Bianca mi sono dedicata a una vasta gamma di nuovi progetti, dalla scrittura di libri alla produzione esecutiva di programmi televisivi fino a contribuire a gestire l'Obama Foundation, mentre proseguo la mia attività di sostegno a varie cause tra cui il diritto di voto, l'istruzione femminile e la salute dei bambini. Nulla di tutto ciò avviene senza la guida di Melissa Winter, che nel 2007 ha lasciato un impiego a Capitol Hill per aiutarmi durante la campagna presidenziale di Barack, poi è diventata un'importante risorsa nella East Wing e dopo quindici anni è ancora con me, attualmente nel ruolo di capo dello staff, a gestire con perizia il mio ufficio e un ampio carico di responsabilità legate a ogni aspetto della mia vita professionale. Non so dire quanto io faccia affidamento su di lei.

Negli ultimi cinque anni, dopo avere lasciato la Casa Bianca, sono stata così fortunata da avere un'assistente straordinariamente in gamba di nome Chynna Clayton, che è entrata a far parte del mio staff nella East Wing nel 2015 e ha poi accettato di rimanere con me quando sono tornata a essere una privata cittadina. Chynna è stata il mio controllore del traffico aereo, la coordinatrice della mia vita giorno per giorno, secondo per secondo. Quando qualcuno mi chiedeva se ero libera per una cena il martedì seguente, di solito scoppiavo a ridere e replicavo: «Devi chiederlo a mia mamma». La mamma, naturalmente, era Chynna, che aveva in mano il mio calendario.

Chynna teneva le mie carte di credito e aveva il numero di telefono di mia madre. Parlava con i miei medici, programmava i miei viaggi, collaborava con la mia scorta dei Servizi segreti e fissava le mie uscite con gli amici. Sapeva adattarsi a qualsiasi tipo di ambiente, restando imperturbabile davanti al cambiamento. Nello stesso giorno potevo passare da una conversazione con un gruppo di studenti in una scuola alle riprese di uno spettacolo televisivo o alla registrazione di un podcast. Potevo incontrare un leader mondiale o il capo di un'organizzazione filantropica e poi cenare con celebrità di altissimo livello. Era Chynna a facilitare ogni mossa.

Il suo incarico faceva sì che in pratica fossimo sempre insieme. Viaggiavamo in auto insieme, sedevamo vicine sull'aereo, dormivamo in camere attigue negli alberghi. I chilometri percorsi ci hanno unito. Chynna ha pianto insieme a me quando abbiamo perso il nostro dolce e anziano cane Bo, io ho festeggiato con lei quando ha comprato la sua prima casa. Chynna è diventata non solo parte integrante della mia vita, ma anche una cara amica.

Ecco perché sono stata assalita dal nervosismo quando, circa un anno dopo che abbiamo lasciato la Casa Bianca, Chynna ha chiesto se potevamo avere un incontro formale, a tu per tu. Visto quanto tempo passavamo insieme era una richiesta insolita e in più lei aveva l'aria ansiosa, il che ha catapultato subito anche me in uno stato d'apprensione. Ho immaginato che l'incontro potesse significare soltanto una cosa: Chynna voleva dirmi che si licenziava.

Quando è entrata nel mio ufficio e si è seduta, mi sono preparata psicologicamente alla notizia.

«Ehm, *ma'am*?» (L'abitudine di chiamarmi *ma'am* è un bizzarro retaggio del periodo alla Casa Bianca, un segno di rispetto che alcuni dei nostri collaboratori di lunga data insistono a mantenere.) «Volevo dirle una cosa...»

«Okay, ti ascolto.»

«Be', si tratta della mia famiglia.»

L'ho guardata dimenarsi sulla sedia, a disagio. «D'accordo», ho detto.

«Di mio padre, nello specifico.»

«Continua.»

«Be', credo di non aver mai menzionato la cosa, ma penso che probabilmente dovrei farlo. È finito in prigione.»

«Oh, Chynna», ho replicato, immaginando che fosse una notizia fresca. Conoscevo la madre, Doris King, ma non avevo mai incontrato suo padre né lei me ne aveva mai parlato. «È terribile. Mi dispiace tanto. Quando è successo?»

«Be', quando avevo tre anni.»

Mi sono interrotta per un attimo, facendo mentalmente i calcoli. «Vuoi dire che è finito dietro le sbarre venticinque anni fa?»

«Sì, qualcosa del genere. È uscito quando io ne avevo tredici.» Mi ha rivolto un'occhiata inquisitoria. «Ho solo pensato che lei dovesse saperlo, nel caso fosse un problema.»

«Un *problema*? Perché dovrebbe?»

«Non saprei, temevo solo che potesse esserlo.»

«Aspetta», ho detto. «Ti sei preoccupata della cosa durante tutto il tempo in cui hai lavorato per me?»

Ha fatto un sorriso dolce, timido. «Un po'. Sì.»

«Ed è per questo che hai voluto questo incontro?»

Chynna ha annuito.

«Quindi non vuoi licenziarti?»

Pareva sconvolta dall'insinuazione. «Che cosa? No.»

Ci siamo guardate per qualche secondo, probabilmente ammutolite dal sollievo condiviso.

Alla fine sono scoppiata a ridere. «Sai, mi hai quasi fatto venire un colpo», ho spiegato. «Ho pensato che tu stessi per andartene.»

«No, *ma'am*, niente affatto.» Ormai anche Chynna stava ridendo. «Avevo solo bisogno di rivelarle quella cosa. Mi sembrava che fosse arrivato il momento di farlo.»

Siamo rimaste sedute a parlare per un po', riconoscendo quanta importanza aveva in effetti «quella cosa».

Raccontare quella parte della sua storia ha consentito a Chynna di togliersi un bel peso, in un certo senso, di lasciar andare qualcosa che si era tenuta dentro a lungo. Mi ha spiegato che per tutta la vita si era vergognata di dire alle persone che suo padre era stato in prigione. Quando era giovane l'aveva tenuto nascosto a insegnanti e amici, per paura di essere giudicata o classificata secondo uno stereotipo per il modo in cui era composta la sua famiglia. Quando era andata al college e poi aveva cominciato a lavorare con la crème della crème alla Casa Bianca, aveva avuto l'impressione che la posta in gioco diventasse sempre più alta, che il divario fra le circostanze della sua infanzia e il posto in cui si ritrovava al momento non facesse che ampliarsi. Come fai a spiegare con disinvoltura a chi ti siede accanto sull'Air Force One che da bambina hai visto tuo padre solo durante le visite in un penitenziario federale?

Per lei tralasciare quella parte della sua storia era diventata una questione di abitudine oltre che di strategia. Eppure, nel corso degli anni, lo sforzo che talvolta le costava girare intorno alla cosa, evitare di lasciarsi coinvolgere in qualsiasi tipo di conversazione che rischiasse di sfiorare la sua infanzia, l'aveva condizionata a tal punto da renderla sempre cauta e guardinga, e così aveva indossato uno strato supplementare di armatura. Aveva convissuto in silenzio con il timore di venire considerata un'impostora, cosa che ovviamente non era.

Quel giorno, nel mio ufficio, non avrei mai potuto rassicurarla abbastanza sul fatto che la sua storia – la sua intera storia – andasse benissimo, per me. Sono stata grata di conoscerla. Riusciva solo, semmai, ad accentuare il rispetto che provavo per Chynna, illuminando meglio la giovane donna straordinariamente competente che mi sedeva di fronte. Il fatto che durante tutta l'infanzia fosse stata in grado di gestire con successo lo stress di un genitore in prigione ne attestava la resilienza, l'indipendenza, la tenacia. Aiutava a capire come fosse diventata un tale asso nel *problem solving* e nella logistica, avendo imparato già da molto giovane a riflettere rapidamente e su vari livelli. Forse i suoi sforzi per capire cosa fare con quell'aspetto della sua storia spiegavano anche perché lei continuasse a essere uno dei membri più silenziosi del mio staff. Adesso non stavo guardando solo un lato di una persona che rispettavo, stavo guardando la sua interezza

– o almeno una parte più cospicua di lei. Stavo guardando qualcuno la cui storia era composta di molti capitoli.

Sapevo che Chynna era cresciuta a Miami, allevata da una madre risoluta che aveva fatto tutto il lavoro da sola, accettando il turno di notte così da poter essere presente per la figlia dopo la scuola, incoraggiandola a cogliere ogni opportunità. Nel corso degli anni ero riuscita a incontrare Doris più di una volta e avevo visto di persona come fosse profondamente orgogliosa della figlia. Il percorso intrapreso da Chynna, la sua carriera, la sua intelligenza e e la sua maturità rappresentavano un trionfo. In parte i suoi successi testimoniavano l'investimento e l'arduo impegno della madre.

Grazie al modo in cui i miei genitori mi avevano cresciuta capivo, inoltre, che questo tipo di sostegno può talvolta tradursi in un'ulteriore pressione, anche se i vostri cari non ne hanno affatto l'intenzione. Quando fate qualcosa di veramente innovativo a livello generazionale – siete i primi della vostra famiglia a lasciare il quartiere, ad andare al college, ad avere una casa di proprietà o a ottenere una qualsiasi forma di stabilità – viaggiate accompagnati dall'orgoglio e dalle aspettative di tutti coloro che vi hanno preceduto, di chiunque vi abbia incoraggiato a raggiungere la vetta, confidando nella vostra capacità di arrivarvi anche se altri non hanno potuto farlo.

Per quanto ciò sia magnifico, diventa anche qualcosa in più da portare, qualcosa di prezioso, qualcosa che non potete permettervi di trattare con noncuranza. Uscite da casa sapendo di reggere un vassoio su cui sono accumulati le speranze e i sacrifici di altri. E adesso state cercando di reggerlo mentre camminate su una corda tesa lungo i corridoi della scuola e gli ambienti di lavoro dove siete visti come diversi, dove non è garantito che vi sentiate integrati.

Sapendovi in mezzo a tutti quegli sforzi e a tutta quella precarietà vi si potrebbe perdonare di non voler correre ulteriori rischi rivelando una gran parte della vostra storia personale. Vi si potrebbe perdonare la vostra introversione, la vostra cautela, i vostri strati di armatura. L'unica cosa che state tentando di fare, in realtà, è concentrarvi, mantenervi in equilibrio e non cadere.

Ora Chynna sostiene che la nostra conversazione l'ha aiutata a liberare qualcosa che era rimasto chiuso a chiave dentro di lei, consentendole di sbarazzarsi di un po' di quella paura e di affrancarsi dalla sensazione di essere un'impostora nell'ambito della sua vita professionale. La sicurezza del nostro rapporto, la fiducia che avevamo costruito con il passare del tempo l'hanno persuasa a tirare fuori dal caveau sotterraneo e portare alla luce una determinata parte di lei, un capitolo della sua storia che l'aveva sempre fatta sentire vulnerabile, un frammento del suo «nonostante».

Mi rendo conto che aprirsi le sembrava un rischio, anche se noi due avevamo un legame di gran lunga più intimo e stretto di quello che la maggior parte delle persone ha con il proprio principale. E capisco anche che in molti posti di lavoro, o per qualcuno assunto da meno tempo di Chynna, o nel caso lei fosse stata più isolata come donna e nera nella nostra squadra, questo genere di rischio sarebbe apparso persino più grande. Ciò che decidiamo di condividere in ambienti professionali, ciò che mostriamo di noi stessi e quando lo facciamo, non è una questione meramente personale, ma anche intrinsecamente complicata: è una questione spesso delicata di tempismo, circostanze e giudizio ponderato. Dobbiamo essere perennemente consapevoli di qual è la posta in gioco e di chi si trova lì ad accogliere la nostra verità. Non esistono linee guida che siano sempre valide.

Nei prossimi capitoli parleremo più diffusamente delle questioni di *quando* e *come* fare rivelazioni su voi stessi in modi autentici ed efficaci. Ma voglio iniziare dal *perché* credo sia importante cogliere queste opportunità di sentirci più a nostro agio con noi stessi e le nostre storie e, cosa altrettanto importante, creare spazio e accettazione per le storie altrui, che sia sul posto di lavoro o nella nostra vita privata o, in un mondo ideale, in entrambi.

A un livello molto basilare può essere un sollievo correre un rischio calcolato e tirare fuori qualcosa dal caveau, liberandovi dall'obbligo di tenerlo nascosto o dal tentativo di compensare qualsiasi cosa possa rendervi diversi dai vostri pari. Spesso significa che state cominciando a integrare nel vostro più ampio concetto di autostima le parti di voi finora lasciate fuori. È un modo per trovare la vostra luce, che spesso aiuterà anche gli altri a vederla. Per alcuni questo può essere un processo privato, messo in atto con l'aiuto di qualcuno che appartiene alla cerchia delle relazioni più sicure. Talvolta servono anni per arrivare al momento e all'insieme di circostanze adatti per aprirsi. Molti di noi aspettano troppo a lungo prima di cercare anche solo di conoscere o dare voce alla propria storia. La cosa più importante è trovare il modo di esaminare ciò che è chiuso nel caveau e di riflettere se ci giovi oppure no tenerlo là dentro.

Chynna afferma che dopo avermi rivelato come era cresciuta, e dopo essersi resa conto che ciò non modificava affatto l'alta stima che nutrivo per lei, ha cominciato a sentirsi più sicura di sé e a proprio agio nel parlare di quel capitolo della sua storia con altre persone a lei vicine, il che l'ha spinta a nutrire un po' meno timori e a sentirsi più sicura di sé e a proprio agio in generale. Ha iniziato anche a capire quanta parte della sua energia, persino inconsciamente, era stata assorbita dal bisogno di tenere nascoste quelle informazioni.

Aveva vissuto per anni con il timore di venire giudicata per qualcosa che esulava totalmente dal suo controllo ed è anche assai diffuso negli Stati Uniti. Lavorando nell'aria rarefatta della Casa Bianca aveva dato per scontato che aver avuto un genitore in carcere la rendesse un'eccezione. Eppure, probabilmente, non era affatto così. Statistiche governative dimostrano che in questo Paese più di cinque milioni di bambini, a un certo punto della loro infanzia, hanno avuto un genitore in carcere, il che equivale a circa il 7 per cento di tutti i giovani.[2] Sembra ragionevole pensare che in realtà Chynna fosse meno sola di quanto credesse. Ma naturalmente nessuno ne parlava. E perché avrebbe dovuto? Spesso – e legittimamente, data la cultura del giudizio in cui viviamo – crediamo di essere più al sicuro quando teniamo sotto chiave le nostre vulnerabilità.

Questo significa, tuttavia, che molti di noi sono portati a presumere di essere un'eccezione quando forse non è affatto così. I nostri caveau possono lasciarci in balia della solitudine, isolati dagli altri, esacerbando il dolore dell'invisibilità. E non è per niente facile vivere in questo modo. La quantità di cose che teniamo rinchiuse, nascoste alla vista e protette da sentimenti istintivi di paura o vergogna, può contribuire a creare una più ampia sensazione di non appartenenza o irrilevanza, la sensazione che la nostra verità non si accorderà mai con la realtà del mondo in cui viviamo. Mantenendo private le nostre vulnerabilità non avremo mai l'occasione di scoprire chi altri c'è là fuori, chi altri potrebbe capire – o persino ricevere aiuto da – ciò che stiamo tenendo celato.

Circa un anno dopo quel nostro primo confronto, Chynna ha partecipato come ospite a una serie di podcast che stavo tenendo su Spotify, unendosi a un dibattito sul rapporto fra mentori e allievi. Nel corso della conversazione ha raccontato di essere cresciuta avendo il padre in prigione, spiegando di aver imparato a liberarsi della vergogna che aveva sempre considerato intrinsecamente legata a quella parte della sua storia per arrivare infine a trattarla come un'esperienza che aveva contribuito a trasformarla nella persona di successo che è oggi.

Si è poi scoperto che condividendo la propria storia Chynna ha fatto qualcosa non solo per sé ma anche per gli altri. Subito dopo la trasmissione di quell'episodio, è arrivata una valanga di messaggi da tutto il Paese, un brillante e magnifico coro di individui che volevano risponderle e la ringraziavano per ciò che aveva detto. Molte persone più anziane o più giovani, persino alcuni bambini, hanno scritto che capivano esattamente i sentimenti di cui parlava, avendo dovuto affrontare loro stessi lo stress di avere una persona cara in prigione, e di capire quale fosse il modo migliore per rivelarlo, per inglobarlo nel proprio cammino.

Il fatto che Chynna non parlasse con vergogna ma piuttosto con pacatezza e orgoglio di sé si è rivelato particolarmente significativo. Quella parte della sua storia era anche la loro. Sotto alcuni punti di vista li rincuorava tutti, creando una sfera più ampia in cui potevano sentirsi visibili e provare un senso di appartenenza. L'idea che una bambina che aveva visto dal di dentro la sala visite di un penitenziario federale avesse visto dal di dentro anche la Casa Bianca significava qualcosa anche per loro.

Quando qualcuno sceglie di alzare il sipario su un'imperfezione nella sua vita, su una circostanza o condizione che di norma potrebbe essere considerata un punto debole, spesso quello che in realtà sta rivelando è il codice sorgente della sua fermezza e della sua forza. E, come abbiamo visto una miriade di volte nel corso della nostra esperienza, la forza di un unico animo risoluto può diventare la forza di molti. Ci ho pensato quando ho avuto il privilegio di essere presente sul palco in occasione dell'insediamento del presidente Biden il 20 gennaio 2021 mentre una giovane poetessa di nome Amanda Gorman, con indosso un cappotto di un giallo brillante, raggiungeva il microfono ed elettrizzava milioni di spettatori recitando un componimento che era in perfetta sintonia con uno dei momenti più tesi e complicati della storia recente.

Soltanto due settimane prima, aizzata dal presidente uscente, una folla sediziosa composta da circa duemila persone aveva assaltato il Campidoglio nel tentativo di impedire al Congresso degli Stati Uniti di ratificare la vittoria elettorale di Joe Biden. Quella gente aveva spaccato finestre, sfondato porte, aggredito e ferito agenti di polizia, e aveva fatto irruzione nelle aule del Senato terrorizzando i leader del nostro Paese e mettendo a repentaglio la democrazia stessa. Barack e io avevamo seguito con sgomento gli eventi in diretta. Gli avvenimenti di quel giorno mi hanno scosso profondamente. Avevo già capito che il nostro Paese era alle prese con un livello tossico di dissidio politico, ma vedere quella retorica degenerare in violenza sconsiderata e rabbiosa, volta a ribaltare i risultati di un'elezione, è stato devastante. Osservare un presidente americano che fomentava l'assedio al suo stesso governo è stata forse la cosa più spaventosa cui io abbia mai assistito.

In qualità di cittadini non eravamo sempre stati d'accordo con i nostri rappresentanti eletti con l'incarico di prendere decisioni, ma storicamente noi americani avevamo confidato nella più grande impresa della democrazia, un insieme di ideali in cui avevamo riposto la nostra fiducia. In veste di first lady avevo conosciuto moltissimi solerti e scrupolosi dipendenti governativi, persone che avevano dedicato la vita al servizio pubblico, molti di loro garantendo competenza e continuità nel corso di molteplici amministrazioni presidenziali, a prescindere da quale partito fosse in carica. Lo stesso avevo visto nel governo statale in Illinois durante il periodo in cui Barack vi era stato come senatore, e anche nel governo municipale quando avevo lavorato per l'ufficio del sindaco a Chicago. I leader andavano e venivano, ottenevano voti oppure no, ma il governo in sé – una democrazia pacifica e partecipativa basata sul concetto di libere elezioni – rimaneva sempre in piedi e funzionante, come una ruota salda, a rotazione lenta. Nulla di tutto ciò era perfetto, ma era quello il patto della nostra unione, gli Stati Uniti. È ciò che ci rendeva e manteneva liberi.

Anche se alla fine l'ordine è stato ristabilito e i leader del Congresso sono riusciti a ratificare il risultato delle elezioni la sera stessa del 6 gennaio, il danno causato quel giorno è stato incommensurabile: si aveva l'impressione che la psiche della nazione fosse stata fatta a pezzi. Il dolore era palpabile e il trauma reale. La tensione è rimasta alta mentre si avvicinava il giorno dell'insediamento. L'FBI ha emanato un comunicato che avvisava di ulteriori potenziali violenze, mettendo in stato d'allerta tutti i cinquanta Stati. Sinceramente temevo quello che sarebbe potuto succedere.

Risultava evidente, tuttavia, che bisognava scegliere fra paura e fiducia, e non dovevano farlo solo quanti fra noi si sarebbero seduti sul palco per assistere al giuramento di un presidente appena eletto, ma anche la cittadinanza in genere. Quale tipo di posizione avremmo preso? Con l'incertezza che ronzava in sottofondo avremmo comunque garantito la nostra presenza per la nostra democrazia? Saremmo riusciti a restare calmi e determinati? Quattro anni prima avevo partecipato a quello stesso rituale per un presidente di cui non avevo sostenuto la candidatura e della cui leadership non mi fidavo. Non ne ero stata felice, ma mi ero presentata lo stesso. Mi trovavo là per sostenere e nobilitare il processo in senso lato, per contribuire a rafforzare un credo più nobile. Era esattamente quello che rappresentava l'insediamento: un nuovo impegno rituale a perseguire i nostri ideali, un invito a adattarsi a qualsiasi realtà ci consegnasse il nostro più vasto elettorato e ad andare avanti.

Stavolta la posta in gioco sembrava più alta che mai. Saremmo riusciti a far tacere il rumore di fondo e a ricordarci della nostra fiducia?

Settimane prima, con l'aiuto della mia consulente d'immagine di lunga data Meredith Koop, avevo scelto per la cerimonia un completo che fosse comodo e pratico, un cappotto di lana color prugna sopra un dolcevita e dei pantaloni coordinati, con una cintura dall'enorme fibbia dorata. Avevo scelto un paio di stivali dal tacco largo e dei guanti neri. Indossavo la mascherina (naturalmente) e non portavo la borsa. Barack e io avevamo ricevuto in anticipo molteplici briefing di sicurezza sull'evento e quel giorno siamo partiti per il Campidoglio sentendoci sufficientemente sicuri circa la nostra incolumità. A titolo precauzionale ho chiesto a Chynna, che normalmente mi avrebbe accompagnato per poi aspettare in una stanza ben protetta dietro le quinte, di rimanere a casa.

Mano nella mano con Barack sono salita sul palco, tentando di provare la baldanza che sembrava richiesta dal momento. Mentre prendevamo posto ho fatto quello che avevo già fatto durante le tre cerimonie di insediamento precedenti: ho tratto un bel respiro richiamando in me tutta la calma possibile.

Giuro che quella mattina, lungo il National Mall, nell'aria si percepiva tutto: la tensione e la risolutezza, l'intenso desiderio di cambiamento, l'ansia provocata dalla pandemia, lo spettro della violenza che avevamo patito al Campidoglio, le più ampie preoccupazioni su dove eravamo diretti, il sole brillante di un nuovo giorno. Era tutto lì, persistente e inespresso, contraddittorio e un po' inquietante. Ci eravamo riuniti ancora una volta in nome della storia. Tramite il processo democratico ci era stata fornita l'ennesima occasione di raccontare l'America, di far girare la ruota. Ma nessuno vi aveva ancora dato voce rendendolo vero.

Finché una donna non si è alzata e ci ha donato la sua poesia.

Quel giorno l'intervento di Amanda Gorman è stato effervescente, la sua voce pura potenza. Lei possiede doti oratorie rare in chiunque, figurarsi in una ventiduenne, e quel giorno ha utilizzato le sue parole per accrescere la speranza in una nazione prostrata, avvilita. *Non arrendetevi*, ci incitava la poesia. *Continuate a lavorare.*

Ecco una parte del grido di battaglia finale del componimento. Come succede con qualsiasi opera poetica, vale la pena di leggerla ad alta voce:

> Lasciamo dopo di noi un paese migliore di quello che ci è stato lasciato.
> Con ogni respiro dei nostri petti forgiati nel bronzo,
> Innalzeremo questo mondo ferito fino a farne meraviglie.
>
> Ci leveremo dalle colline soffuse d'oro dell'Ovest!
> Ci leveremo dal ventoso Nordest, dove per primi i nostri avi fecero la rivoluzione!
> Ci leveremo dalle città orlate di laghi degli stati del Midwest!
> Ci leveremo dal Sud inondato di sole!
>
> Ricostruiremo, ci riconcilieremo, ci riprenderemo...

La sua poesia ha ripercorso la storia della nostra nazione in un momento in cui avevamo bisogno di rammentare la nostra resilienza. Con essa Amanda Gorman è stata in grado di placare parecchia agitazione. Credo che quel giorno sia riuscita a mutare lo stato d'animo di molti fra noi e, in maniera quasi miracolosa, a dissipare un bel po' di paura, ispirando non solo speranza ma anche coraggio.

Quello che ho scoperto solo in seguito è che Amanda Gorman era cresciuta con un disturbo dell'elaborazione uditiva e di conseguenza aveva passato la maggior parte della vita a lottare con un difetto di pronuncia che le causava particolari difficoltà a riprodurre il suono della lettera *r*. Soltanto verso i vent'anni era riuscita a pronunciare correttamente il proprio cognome.

Forse adesso vorrete tornare indietro per rileggere il brano citato, tenendo bene a mente ogni *r*. Sono sicura che rimarrete sbalorditi.

Quando ho avuto l'occasione di intervistarla non molto tempo dopo l'insediamento, Gorman mi ha spiegato di essere arrivata a considerare il proprio difetto di pronuncia, più che una disabilità, qualcosa di cui alla fin fine era contenta. Le sfide che aveva dovuto affrontate durante gli anni in cui si era sforzata di pronunciare le parole nel modo corretto erano state indubbiamente ardue, ma l'avevano anche spinta ad approfondire l'esplorazione e la sperimentazione con il suono e il linguaggio, prima da bambina e poi da adolescente, e adesso come giovane poetessa impavida. Il lavoro fatto per superare il suo difetto l'aveva spronata a scoprire nuove capacità dentro di sé.

«L'ho giudicato a lungo un punto debole», ha raccontato. «Adesso lo considero un autentico punto di forza.»[3] Aveva trasformato quella che percepiva come una vulnerabilità in una risorsa davvero unica, qualcosa di potente e utile. Il disturbo di cui aveva sofferto per tutta la vita – ciò che la rendeva diversa dagli altri alunni a scuola, ciò che i più avrebbero ritenuto uno svantaggio – le aveva consentito di diventare la persona che era.

In quella impressionante performance sul palco il giorno dell'insediamento avevamo visto una giovane donna che raggiungeva una vetta. Ma quello era solo un giorno della sua vita, una parte soltanto della sua storia, e lei voleva assicurarsi che gli altri capissero qualcosa della collina che aveva scalato. Ora, sotto i riflettori, celebrata come uno sfolgorante talento, Gorman si è sforzata di rimarcare che il suo successo non è stato istantaneo e che si è appoggiata ad altri – famigliari, logopedisti, insegnanti – per ottenere sostegno lungo la strada. «Voglio sottolineare che questo ha richiesto un'intera vita, e ha richiesto una comunità», mi ha detto. La sua vittoria più eclatante è giunta solo dopo anni di piccole battute d'arresto e di progresso graduale. A ogni *r* che è riuscita a padroneggiare ha fatto un passo in avanti. E con ogni nuovo passo ha conosciuto meglio il proprio potere e la propria capacità d'azione. Migliorando la pronuncia è approdata alla sicurezza e nel corso del procedimento ha trovato il codice sorgente della propria forza.

Ora che la conosceva sapeva come disporne. Era sua, da tenere e usare per sempre. E c'era ancora una miriade di altre vette che intendeva raggiungere.

«Soprattutto noi ragazze nere siamo trattate come fulmini o come oro nel setaccio: non veniamo trattate come qualcosa destinato a durare», ha spiegato. «Bisogna davvero autoconvincersi che ciò che rappresento e ciò per cui mi trovo qui vanno ben oltre il momento attuale. Sto imparando che non sono un fulmine che colpisce soltanto una volta. Sono l'uragano che arriva ogni anno, e potete aspettarvi di rivedermi presto.»

Molte persone di successo che ho conosciuto hanno imparato a usare in questo modo i loro «nonostante». Li usano come una palestra. Ciò non significa necessariamente che quelli più realizzati fra noi abbiano superato ogni ostacolo o se ne vadano in giro vedendo arcobaleni e unicorni laddove altri vedono sistemi di oppressione o muri semplicemente troppo alti da scalare. Spesso significa solo che hanno fatto proprio quello che la poesia di Amanda Gorman ci ha sollecitato a fare: *Non arrendetevi. Continuate a lavorare.*

Tutt'intorno a me vedo persone in gamba e creative che, passo dopo passo, lavorano per raggiungere maggiore potere e visibilità, in molti casi avendo capito come sfruttare, più che nascondere, ciò che le distingue dagli altri. Quando lo facciamo, cominciamo a prendere atto di tutte le contraddizioni e di tutti i condizionamenti che ci rendono unici. Normalizziamo la diversità. Riveliamo un altro pezzo del più ampio mosaico umano. Contribuiamo a rendere un po' più accettabile la storia di ognuno di noi.

Una dei comici che preferisco è Ali Wong, un talento mordace che enuncia parecchie verità. Ha attirato la mia attenzione la prima volta nel 2016, quando Netflix ha pubblicato uno speciale stand-up intitolato *Baby Cobra*, in cui lei cammina baldanzosa sul palco, incinta di sette mesi e mezzo, con un abito corto e attillato e occhiali dalla montatura di corno rosso, magnificamente e quasi provocatoriamente femminile mentre si esibisce in un monologo sboccato e senza esclusione di colpi su sesso, razza, fertilità e maternità. Riesce a essere insieme feroce, sexy e reale, intralciata e al contempo per nulla turbata dal proprio pancione. Ci mostra il suo intero io con un effetto ammaliante.

Una scrittrice che collabora con il «New Yorker» ha chiesto a Wong che cosa risponde alle artiste più giovani quando vogliono conoscere il segreto per avere successo nel mondo della comicità in cui, in quanto donna asioamericana e madre di figli piccoli, rappresenta tuttora una netta minoranza. Wong ha replicato che la chiave, per lei, è non vedere queste caratteristiche come ostacoli. «Ti limiti a modificare la tua prospettiva e a pensare: "Aspetta un attimo, sono una donna! E la maggior parte dei comici di stand-up sono uomini"», ha aggiunto. «Sapete cosa non possono fare i comici maschi? Non possono rimanere incinti. Non possono *esibirsi* in stato di gravidanza. Quindi il mio approccio consiste semplicemente nell'*utilizzare* tutte quelle differenze.»[4]

Le nostre differenze sono tesori e sono anche strumenti. Sono utili, valide, degne e importanti da condividere. Riconoscendo tutto ciò non solo in noi stessi ma anche nelle persone intorno a noi cominciamo a riscrivere sempre più storie dell'irrilevanza. Cominciamo a modificare i paradigmi su chi può sentirsi accettato, creando più spazio per altre persone. Passo dopo passo, possiamo attenuare la solitudine del non sentirsi integrati.

La sfida consiste nel modificare le nostre prospettive e celebrare il valore della diversità in noi stessi e negli altri, considerandola un motivo per avanzare invece che indietreggiare, per alzarsi in piedi invece che restare seduti, per parlare di più invece che di meno. È un lavoro impegnativo, che spesso richiede audacia, e non ci sono mai garanzie su come verrà accolto. Ma ogni volta che qualcuno riesce nel suo intento, ogni volta che si arriva in fondo all'ennesima corda tesa, vediamo che ancora più prospettive cominciano a cambiare. Ha importanza quando una comica asioamericana incinta fa ridere milioni di persone. Ha importanza quando una ventiduenne nera si alza e modifica quasi da sola lo stato d'animo di una nazione. Ha importanza quando una persona musulmana diventa CEO di un'azienda o una persona trans diventa rappresentante di classe. Ha importanza quando ci sentiamo abbastanza sicuri da mostrare noi stessi senza vergogna e troviamo modi per parlare apertamente delle esperienze che ci hanno reso le persone che siamo. E, come abbiamo visto in anni recenti, ha importanza quando abbiamo occasioni di ratificare una voce coraggiosa e di attenuare l'isolamento di un'altra persona con parole semplici come «*Me Too*».

Tutte queste storie ampliano la visuale su cosa è possibile. Inoltre affinano la nostra comprensione dei diversi aspetti dell'essere umano. Grazie a esse ci sono improvvisamente più cose da vedere. Il mondo in cui viviamo comincia ad apparire più vasto e più ricco di sfumature: un riflesso più fedele del luogo vasto e ricco di sfumature che in effetti è.

Non arrendetevi. Continuate a lavorare. È un buon mantra, ma non posso proseguire senza parlare dell'iniquità celata in questo messaggio. Il lavoro che occorre per rendersi visibili è difficile e distribuito in maniera disomogenea. A ben guardare non ha niente di equo. Conosco bene i fardelli della rappresentanza e i doppi standard della strada per l'eccellenza che rendono più ripide le colline che così tanti di noi stanno cercando di scalare. Rimane un aspetto schiacciante della vita il fatto che chiediamo troppo a coloro che vengono emarginati e troppo poco a coloro che non lo sono.

Quindi tenetelo bene a mente, per favore, quando vi esorto

a considerare i vostri ostacoli mattoncini per costruire e le vostre vulnerabilità punti di forza. Non dico nulla di tutto ciò con leggerezza. Non ritengo semplice nulla di tutto ciò.

La mia esperienza personale mi ha dimostrato che i rischi sono reali e il lavoro non ha una fine. Non solo: molti di noi partono già da una posizione che li vede legittimamente stanchi, guardinghi, timorosi o tristi. Come ho già detto, spesso gli ostacoli che vi trovate di fronte sono stati piazzati a bella posta; sono mine nascoste all'interno di sistemi e strutture il cui potere presuppone l'appartenenza di alcuni ma non di tutti. Può sembrare un'impresa davvero ardua tentare di superare tutto questo, soprattutto se siete convinti che l'intero lavoro ricada sulle vostre spalle. Ancora una volta vorrei rammentarvi il potere di piccole azioni, piccoli gesti, piccoli modi in cui potreste concedervi di respirare e ritemprarvi. Non tutti diventeranno un leone o un uragano, ma ciò non significa che il vostro lavoro non conterà o che la vostra storia non dovrebbe essere raccontata.

La semplice verità, inoltre, è che ci saranno delusioni per molti di noi. Potete farvi in quattro per raggiungere una posizione di visibilità e relativo potere in questo mondo, ma provare comunque un tuffo al cuore per ciò che vi aspetta una volta arrivati alla meta. Potreste arrancare con fatica fino alla vetta che sperate di raggiungere, qualunque essa sia – un impiego, una scuola, un'opportunità –, trasportando nobilmente con voi le speranze e le aspettative dei vostri cari, spazzando via messaggi di vergogna e alterità come un supereroe lungo la strada. E quando infine la scalata termina e voi, stremati e sudati, arrivate in quel luogo che domina dall'alto un panorama bellissimo che avete a lungo sognato, c'è un'unica cosa che avete quasi sempre la garanzia di incontrare: un lussuoso autobus turistico con l'aria condizionata e un gruppo di persone che non hanno fatto nemmeno un briciolo di fatica, che sono state portate fin lì direttamente su una strada d'accesso prioritario, le coperte da picnic già stese, la festicciola in pieno svolgimento.

È una sensazione frustrante. L'ho vista e l'ho provata io stessa.

Ci saranno occasioni – forse numerose – in cui dovrete tirare un bel respiro e riacquistare la calma. Potreste magari guardarvi intorno e ricordare a voi stessi che siete, in realtà, più forti e più snelli grazie alla scalata appena fatta, grazie al peso che avete portato sulla schiena. Potete dire a voi stessi che il terreno accidentato che avete dovuto attraversare vi ha resi agili, e potreste magari sentirvi meglio grazie a quell'agilità.

Questo non rende comunque equa la situazione.

Ma quando svolgete il lavoro vi appropriate delle competenze. Non possono andare perdute né venirvi sottratte. Sono vostre, da tenere e usare per sempre. Ecco ciò che spero ricorderete più di qualsiasi altra cosa.

C'è un ultimo risvolto ironico ed è questo: per quanti sforzi facciate e ovunque riusciate ad arrivare, potrebbero esserci persone che vi accuseranno di aver preso scorciatoie o di non meritare il vostro posto sulla collina. Avranno un intero arsenale di espressioni – *discriminazione positiva*, o *beneficiario di una borsa di studio*, o *quota rosa*, o *assunto per garantire diversificazione e inclusione* – e le utilizzeranno come armi di disprezzo. Il messaggio è profondamente familiare: *Non credo proprio che tu abbia diritto a ciò che possiedi.*

Posso solo dirvi di non ascoltare, di non lasciar entrare dentro di voi quel veleno.

Ecco un aneddoto su cui riflettere. Una ventina di anni fa i dirigenti della NBC decisero di adattare per la televisione americana una popolare sitcom inglese e il network assunse un gruppo di otto sceneggiatori perché cominciassero a lavorare sui copioni. La squadra includeva solo due persone nere, una delle quali, forse non per caso, era anche l'unica donna. Aveva ventiquattro anni e, visto che quella era la sua prima esperienza come autrice televisiva, era impietrita dal terrore. Non solo faceva parte di ben due minoranze, ma stava lottando anche con un ulteriore motivo di disagio, essendo stata inserita nel gruppo grazie a una recente iniziativa di promozione della diversità alla NBC. Temeva che, essendo stata assunta per garantire una certa varietà razziale, l'avrebbero considerata, più che un talento, qualcuno la cui presenza serviva solo a spuntare una determinata casella.

«Per lungo tempo ho provato un profondo imbarazzo al riguardo», ha raccontato in seguito durante un'intervista. «Nessuno mi disse nulla, ma lo sapevano tutti. E io ne ero acutamente consapevole.»[5] Ha paragonato la sensazione al portarsi cucita addosso una lettera scarlatta, qualcosa che faceva di lei un'outsider.[6]

Quella donna si chiamava Mindy Kaling e la sitcom era *The Office*. Lei ha finito per interpretare una delle protagoniste per otto stagioni. Ha anche scritto ventidue episodi, più di qualsiasi altro autore dello show, ed è stata la prima donna di colore a essere candidata a un Emmy Award per la sceneggiatura di una serie comica.

Adesso Kaling parla spesso e con orgoglio di quella sua assunzione, dicendo che è una parte significativa della sua storia. È importante che gli altri sappiano cosa le è servito per arrivare dov'è ora, a livello professionale. Non si tratta di qualcosa da tenere chiuso nel caveau. È riuscita a liberarsi dell'imbarazzo e a scacciare i dubbi, spiega, dopo aver cominciato a capire meglio le facilitazioni di cui avevano goduto i suoi colleghi, i contatti garantiti dalla dimestichezza e dal privilegio di essere bianchi e maschi all'interno di un sistema costruito e mantenuto in larga parte da altri identici a loro. «Mi ci è voluto un po' per capire che io stavo semplicemente ottenendo l'accesso che altri avevano grazie alle loro conoscenze», racconta.[7]

Avrebbe potuto fare un passo indietro, invece l'ha fatto in avanti. Ha sopportato il disagio di essere un'eccezione, ci ha dato dentro nel lavoro, e in questo modo è riuscita a fare spazio per altri destinati a seguire le sue orme, per altri narratori e altre storie. Ha raggiunto la visibilità scrivendo. Da allora, è diventata un'autentica potenza nel suo campo, ideando, producendo, scrivendo e recitando in vari spettacoli televisivi e film di successo, che presentano quasi tutti storie di donne nere. Con il suo lavoro, ha ampliato la sfera di appartenenza.

Quando condividiamo la nostra storia in maniera completa e sincera scopriamo spesso di essere meno soli e più connessi di quanto avremmo mai potuto pensare. Creiamo nuovi ponti fra di noi. Nel corso della vita l'ho sperimentato intimamente in diverse occasioni, la più straordinaria delle quali è stata nei mesi seguiti alla pubblicazione di *Becoming*. Ero sbalordita dal numero di persone che partecipavano ai miei eventi, ansiose di stabilire un contatto sulla base di ciò che ci accomunava. Venivano con le loro storie. Mettevano a nudo il loro cuore. Sapevano cosa significa avere un genitore con la sclerosi multipla. Avevano sofferto a causa di un aborto spontaneo, perso amici stroncati da un tumore. Sapevano cosa significa innamorarsi di qualcuno che proietta la tua vita in una nuova, folle direzione.

«Il linguaggio è un luogo di ricerca, non un nascondiglio»,[8] ha osservato la scrittrice Jeanette Winterson, il che si è dimostrato vero per me. Nell'aprire il mio caveau e proiettare un po' di luce sulle occasioni in cui mi sono sentita più vulnerabile o senza controllo, ho finito per scoprire più comunanza di quanto avessi mai pensato. Certo, a quel punto ero già «popolare», ma questo era diverso. Almeno a grandi linee la mia storia era stata raccontata innumerevoli volte, da me e da altri, eppure, disponendo dello spazio e dell'energia necessari per scrivere un libro e non essendo, per la prima volta da decenni, imbrigliata dal mondo politico in cui viveva mio marito, mi sono ritrovata a inserire i capitoli fino a quel momento tralasciati, i sentimenti e le esperienze più personali, che avevano meno probabilità di comparire su una pagina di Wikipedia o nell'articolo dedicatomi da una rivista. Con il libro mi sono mostrata fino in fondo meno guardinga di quanto non fossi mai stata, e sono rimasta stupita scoprendo con quanta rapidità gli altri abbassassero a loro volta la guardia.

Quasi nulla di ciò di cui i lettori erano entusiasti di parlare con me era legato al colore della pelle o alle idee politiche. Il nostro terreno comune sembrava estendersi oltre queste cose – al punto che parevano quasi insignificanti, al confronto – e il territorio che stavamo esplorando non era nemmeno particolarmente elevato o ricco di glamour. Durante gli eventi legati al libro nessuno è venuto da me disperatamente ansioso di raccontare della volta in cui aveva indossato un abito da sera o interagito con un senatore o visitato la Casa Bianca. E nessuno si curava granché della mia vita professionale o dei miei successi lavorativi.

Stabilivamo invece una connessione rievocando, per esempio, quanto da bambini esigevamo una dieta costituita quasi esclusivamente da burro di arachidi, o parlando di come, da adulti, avevamo faticato a trovare la professione giusta, o del fatto che ci erano serviti due tentativi per superare un esame di abilitazione, e c'era chi aveva un cane impossibile da addestrare o un coniuge che faceva impazzire per la mancanza di puntualità. Ho scoperto che era la banale routine dell'essere umano a costruire ponti fra di noi, anteponendo ciò che ci rendeva uguali a tutto quello che ci differenziava. Non ho parole per descrivere la frequenza con cui, in città sparse per tutto il Paese, sono stata avvicinata da donne che mi stringevano con forza le mani, mi guardavano negli occhi e dicevano: «Ha presente quando racconta che mangiava un piatto preso da Chipotle nella sua auto parcheggiata al centro commerciale durante la pausa pranzo e lo considerava il suo "momento tutto per me"? Conosco *benissimo* quella sensazione. Anche la mia vita è così».

Per ogni singolo punto di connessione fra noi percepivo le possibilità di una comprensione che andava ben oltre ciò che ci accomunava. Perché la verità è che, per quanti possano essere i punti in comune, ce ne sono un sacco che non condividiamo. Siamo diversi. Nello stesso modo in cui voi non potete conoscere davvero i dettagli più intimi della mia vita o dei miei sentimenti, io non posso conoscere i vostri. Non capirò mai fino in fondo cosa significhi essere originari di Tucson o del Vietnam o della Siria. Non posso sapere esattamente cosa si provi ad aspettare un dispiegamento militare o coltivare il sorgo in Iowa, a pilotare un aereo o lottare con una dipendenza. Ho le mie esperienze come persona nera e di sesso femminile, ma non per questo posso sapere cosa abbia affrontato il corpo nero di un'altra donna.

L'unica cosa che posso fare è avvicinarmi alla vostra unicità, sentirmi legata dalle piccole sovrapposizioni fra noi. Ecco come funziona l'empatia. Ecco come l'essere diversi comincia a intrecciarsi con lo stare insieme. L'empatia colma i divari fra noi ma non li riempie mai del tutto. Veniamo tirati dentro le vite degli altri in virtù di quello che gli altri si sentono sicuri e in condizione di mostrarci, e della generosità con cui siamo capaci di andar loro incontro. Pezzo dopo pezzo, persona dopo persona, cominciamo a comprendere il mondo in maniera più completa.

Credo che il massimo che possiamo fare, in realtà, sia incamminarci sul ponte verso un'altra persona e sentirci onorati dal fatto di essere arrivati fin lì. Ci pensavo sempre mentre rimanevo sdraiata accanto a Sasha e Malia, la sera, quando erano piccole. Le guardavo addormentarsi, la loro bocca socchiusa, la curva dei loro piccoli petti che si sollevava e si abbassava sotto le lenzuola, e venivo assalita dalla consapevolezza che, per quanto tentassi, non sarei mai riuscita a conoscere nemmeno la metà dei loro pensieri. Ognuno di noi è solo. È questo il dolore della condizione umana.

Quello che ci dobbiamo a vicenda è l'occasione di costruire fra noi tutti i ponti possibili, persino se sono fatti di burro di arachidi e cibo messicano e ci portano solo fino a metà strada. Con ciò non intendo spronarvi a rivelare spudoratamente tutti i vostri segreti. Non è nemmeno necessario che facciate qualcosa di eclatante e pubblico come scrivere un libro o prendere parte a un podcast. Il punto non è che svelliate ogni brandello dell'angoscia che vi portate dentro né ogni opinione nella vostra testa. Magari, per un po', potete limitarvi ad ascoltare. Magari diventate un ricettacolo sicuro per le storie altrui, facendo pratica su cosa significa ricevere con gentilezza la verità di un'altra persona, rammentando di tutelare la dignità di coloro che sono abbastanza coraggiosi da aprirsi in modo sincero. Siate fidati e teneri con i vostri conoscenti e le loro storie. Non rivelate ciò che vi è stato confidato, resistete alla tentazione del pettegolezzo. Leggete libri scritti da autori la cui prospettiva è diversa dalla vostra, ascoltate voci che non avete mai udito prima, cercate narrazioni che vi siano nuove. In essi e con essi potrete scoprire, alla fine, più spazio per voi stessi.

Non c'è modo di eliminare il dolore dell'essere umani, ma credo che possiamo alleviarlo. Cominciamo a farlo quando sfidiamo noi stessi ad avere meno paura di condividere, a essere più pronti ad ascoltare – quando l'interezza della tua storia accresce l'interezza della mia. *Io vedo un pizzico di te. Tu vedi un pizzico di me.* Non possiamo conoscere tutto, ma possiamo conoscerci meglio.

Ogni volta che stringiamo la mano a un'altra anima e riconosciamo qualche stralcio della storia che sta cercando di raccontare, riconosciamo e convalidiamo due verità in una volta: ci sentiamo soli, eppure non siamo soli.

9. L'ARMATURA CHE INDOSSIAMO

La convention nazionale dei democratici del 2008 a Denver.

Quando devo tenere un discorso importante, cerco di impararlo tutto a memoria con largo anticipo. Mi preparo e lo provo per diverse settimane, lasciando il meno possibile al caso. La prima volta che mi sono rivolta a una vasta platea in diretta televisiva è stato nel 2008, quando ho parlato in prima serata alla convention nazionale dei democratici, che quell'anno si svolgeva al Pepsi Center di Denver. Mancavano pochi mesi alle elezioni, Barack e io ci stavamo ancora facendo conoscere dal grande pubblico, e quella sera è accaduto un piccolo disastro.

Il compito di presentarmi era stato assegnato a mio fratello Craig, che aveva chiuso il suo brillante discorso introduttivo chiedendo a tutti di unirsi a lui nell'accogliere sul palco «la mia sorellina, la nostra prossima first lady, Michelle Obama!».

La folla è esplosa in un fragoroso applauso e io sono uscita da dietro le quinte. Mi sono incamminata verso il podio e a metà strada ho incrociato Craig: l'ho abbracciato, nervosissima, ma conscia che mio fratello era lì per sostenermi con un'ultima parola di incoraggiamento. Craig mi ha avvolto tra le braccia, stringendomi a sé e avvicinando la bocca al mio orecchio, per fare in modo che sentissi la sua voce, nonostante la musica vivace e una folla urlante di più di ventimila persone. Pensavo che mi avrebbe dato la carica, dicendomi qualcosa del tipo «Dai che ce la fai!» oppure «Sono fiero di te, sorella!». Ma invece si è chinato e mi ha detto: «Il gobbo sulla sinistra *NON FUNZIONA*».

Nello scioglierci da quell'abbraccio, Craig e io ci siamo scambiati dei larghissimi sorrisi, della serie *va-tutto-bene, siamo-in-diretta-alla-televisione*, e abbiamo preso ciascuno la propria strada. Nel frattempo, la mia mente correva frenetica per cercare di capire quali fossero state esattamente le sue parole. Una volta raggiunto il podio, ho salutato la folla, sentendomi fuori dal corpo e con in testa un unico pensiero: *Che cos'è che mi ha detto?*

Mi sono piazzata davanti al microfono e ho fatto di tutto per ricompormi, sfruttando gli applausi prolungati per ritrovare la calma. Ho guardato quindi alla mia sinistra e ho immediatamente risolto il mistero che mi assillava.

Uno dei due gobbi era fuori servizio, per via di un problema tecnico. Questo significava che, ogni volta che avrei guardato verso il lato sinistro del palazzetto, non avrei potuto vedere il testo del mio discorso proiettato sullo schermo, quello schermo che era stato messo lì appositamente per aiutarmi a mantenere il ritmo e non perdere il filo, e che invece adesso era vuoto. Ero lì, in piedi, in diretta televisiva, con la prospettiva di dover parlare per sedici minuti di fila. Non c'era modo di interrompere la convention o di chiedere aiuto. Per un secondo, mi sono sentita tremendamente sola – e anche tremendamente esposta.

Ho continuato a sorridere e salutare, cercando di guadagnare un po' di tempo per calmarmi. Il pubblico ora era tutto in piedi e non la smetteva di manifestare il suo entusiasmo e di incitarmi. Ho dato una rapida occhiata nell'altra direzione, per assicurarmi che almeno il gobbo sulla destra non fosse fuori uso. *Ok*, ho pensato, *quello funziona.*

A quel punto mi sono ricordata che potevo contare su un altro strumento, chiamato in gergo «confidence monitor»: si tratta di un enorme schermo digitale, piazzato in corrispondenza del centro dell'emiciclo, leggermente al di sopra del pubblico e appena sotto la fila di telecamere dei vari canali di informazione che riprendevano ogni secondo della convention. Come il gobbo, il confidence monitor avrebbe proiettato le parole del mio discorso a grandi lettere, consentendomi di guardare dritto in camera senza perdere il filo. Al mattino avevamo fatto una prova nel palazzetto vuoto che rimbombava, e tutto aveva funzionato alla perfezione.

Consapevole del fatto che era arrivato il momento di iniziare a parlare, ho guardato dritto davanti a me, cercando con lo sguardo la presenza rassicurante del confidence monitor in mezzo alla sala.

Ed è stato allora che mi sono resa conto che c'era un altro problema.

In vista della mia partecipazione all'evento, il Partito democratico aveva fatto stampare e distribuire migliaia di graziosi cartelli bianchi e blu con la scritta «Michelle», e in quel momento, a quanto pareva, una persona del pubblico su tre ne stava agitando energicamente uno sopra la testa. Forse per evitare che qualcuno venisse inavvertitamente colpito, i cartelli erano stati progettati in verticale anziché in orizzontale. Erano rettangoli stretti e piuttosto allungati, simili ad assicelle, che si sviluppavano in altezza ed erano fissati all'estremità di un lungo manico.

Ma quello che nessuno sembrava aver previsto era che, nel momento in cui la gente si fosse alzata in piedi per levare i cartelli e mostrare in tal modo il suo sostegno, tutte quelle assicelle avrebbero formato un enorme steccato ondeggiante, tanto alto e fitto che avrebbe completamente coperto le parole proiettate sul mio confidence monitor. Non riuscivo a vedere quasi nulla.

Una delle lezioni più grandi che la vita mi ha insegnato è che adattabilità e preparazione sono paradossalmente collegate. La preparazione è parte integrante dell'armatura che indosso. In vista di qualsiasi cosa somigli anche solo lontanamente a una prova, io pianifico, mi esercito e faccio per bene tutti i miei compiti. La preparazione mi consente di gestire con più calma i momenti stressanti, perché mi dà la consapevolezza che quasi sempre riuscirò a trovare il modo di cavarmela, qualunque cosa accada. Essere organizzata e preparata mi aiuta a sentire il terreno più saldo sotto i piedi.

Come ho raccontato in *Becoming*, Craig sottoponeva regolarmente la nostra famiglia a rigorose esercitazioni antincendio pianificate in maniera sistematica, per assicurarsi che tutti e quattro conoscessimo ogni possibile via d'uscita dal nostro piccolo appartamento, che ci allenassimo ad aprire le varie finestre e a localizzare gli estintori, e che, all'occorrenza, fossimo in grado di trasportare il corpo indebolito di nostro padre giù per le scale. All'epoca, tutto questo sembrava un po' eccessivo, ma ora capisco perché era tanto importante. Craig, come ho già detto, era apprensivo per natura, e quelle prove di evacuazione erano il suo modo di convertire le preoccupazioni in qualcosa di più positivo e utile. Mostrandoci ogni via di fuga, ogni mezzo possibile per sopravvivere a un'improvvisa avversità, stava facendo di noi una famiglia più flessibile e capace di adattarsi a ogni circostanza. Voleva che conoscessimo tutte le opzioni che avevamo e, inoltre, che ci esercitassimo nell'uso di tutti gli strumenti su cui potevamo fare affidamento, così che, di fronte a un'eventuale catastrofe, avremmo avuto un'intera gamma di possibili soluzioni a nostra disposizione. Questa lezione è rimasta con me. La preparazione diventa un modo di difendersi dal panico. E il panico è esattamente ciò che conduce alla catastrofe.

Quella sera, a Denver, mi sono affidata all'unica cosa sulla quale ero assolutamente certa di poter contare, una cosa cui avrei fatto ricorso molte volte negli otto anni a seguire: la mia preparazione. Ero riuscita a corazzarmi contro il panico grazie a settimane di un allenamento un po' ansioso ma molto accurato. Avevo memorizzato e ripetuto ogni singola parola di quel discorso. Lo conoscevo alla perfezione. Avevo passato molte ore a scriverlo, a provarlo, a ripassarne le parole finché ogni frase non era confluita con naturalezza nella successiva, finché il mio tono di voce non era suonato genuino e spontaneo, il fedele riflesso di ciò che sentivo. In quel momento di vulnerabilità nel quale mi sono sentita tanto esposta, ho potuto così contare su un'estrema forma di difesa: si trattava della mia personale esercitazione antincendio, ossia la preparazione scrupolosa delle settimane precedenti. Potevo smettere di preoccuparmi di tutti gli inconvenienti e fare affidamento su ciò che era nella mia testa e nel mio cuore. Ho scoperto in tal modo di avere dentro di me ciò che mi occorreva, anche con i nervi a fior di pelle e decine di migliaia di persone che mi guardavano, anche con un gobbo fuori uso e un confidence monitor coperto da un mare ondeggiante di cartelli. Ho parlato per i successivi sedici minuti, senza saltare una sola parola del discorso che avevo preparato.

Già da piccola amavo la sensazione della conquista, la carica che do a me stessa affrontando le sfide e incitandomi a vincere la paura. Volevo vivere una vita degna di nota, anche se non avevo idea di come fosse esattamente, o del modo in cui una ragazzina del South Side di Chicago potesse riuscirci. Sapevo solo che volevo puntare in alto. Volevo distinguermi.

Come capita a molti bambini, mi affascinavano le storie dei pionieri, degli esploratori, di tutti coloro che superano grossi ostacoli e raggiungono vette che si pensavano inaccessibili, spingendosi oltre i limiti o alzando l'asticella verso obiettivi sempre più ambiziosi. In biblioteca cercavo i libri che raccontavano le biografie di Amelia Earhart, Wilma Rudolph e Rosa Parks. Adoravo Pippi Calzelunghe, la ragazzina svedese dai capelli rossi, protagonista dell'omonimo romanzo, che aveva navigato per i sette mari con la sua scimmietta e un baule pieno d'oro.

La notte mi addormentavo vivendo alcuni di quegli straordinari viaggi nella mia fantasia. Anch'io volevo spingermi oltre i limiti e alzare l'asticella, ma non ero un'ingenua. Pur essendo molto giovane, ero già ben consapevole del fatto che quei modelli non erano pensati per le ragazzine come me. Potevo già avvertire la pressione delle basse aspettative, la sensazione pervasiva che nessuno prevedesse grandi cose o chissà quali traguardi per una ragazza nera della working class quale ero.

Era un sentimento diffuso non solo nella scuola che frequentavo, ma anche nella mia città e, più in generale, nel Paese. Sentirsi una ragazzina intelligente e capace di distinguersi in ogni ambito, ma allo stesso tempo sapere che gran parte del mondo ti vede in modo completamente diverso è strano ma non per questo meno reale, e credo sia anche estremamente comune. È un punto di partenza problematico. Può generare una specie particolare di disperazione e richiede molta cautela. Nella mia scuola, già in prima elementare erano previsti «percorsi di apprendimento» differenziati: i pochi scolari che avevano risultati superiori alla media erano assegnati a corsi di livello avanzato, mentre gli altri bambini venivano lasciati indietro, si investiva di meno su di loro e li si collocava nelle posizioni più basse all'interno del sistema più ampio. Forse eravamo troppo piccoli per capire esattamente che cosa stesse accadendo, ma penso che molti di noi ne avessero una certa consapevolezza. Sapevamo che un errore, un passo falso o un momento di crisi domestica che ci distraesse dalla scuola potevano farci finire immediatamente nel gruppo di chi aveva meno, e spesso per sempre.

Quando cresci in un ambiente di questo genere, puoi sentire in modo quasi tangibile che le tue opportunità sono poche e destinate a scomparire in fretta. Il successo è come una scialuppa di salvataggio a bordo della quale bisogna essere subito pronti a saltare. Puntare all'eccellenza è un modo per provare a non andare a fondo.

Un aspetto positivo c'è: da giovani, l'ambizione può essere qualcosa di incredibilmente puro e assumere la forma della palpitante convinzione che, nonostante tutto, nulla ci può fermare e tutto quello che occorre per farcela è nelle nostre mani. È una mescolanza di sogno e grinta che arde dentro di noi come una fiamma. Ed è la stessa sensazione espressa da Tiffany, l'adolescente della quale ho raccontato nel primo capitolo, quando mi ha scritto che voleva conquistare il mondo come Beyoncé, ma *più in grande.*

Tuttavia, a un certo punto la vita verrà inevitabilmente a complicare qualsiasi sogno, che si tratti di sfondare in un certo ambito professionale, esibirsi su un grande palcoscenico o cambiare la società in modo significativo. Ben presto ci si scontra con i propri limiti. Spuntano gli ostacoli. Gli scettici cercano di scoraggiarci. L'ingiustizia si mette di mezzo. Spesso le preoccupazioni pratiche diventano assillanti. I soldi cominciano a scarseggiare. Il tempo corre sempre più veloce. I compromessi si fanno più numerosi e, in tante occasioni, non possiamo che accettarli. Chiedete pure a chiunque sia riuscito a raggiungere anche solo in parte i suoi obiettivi. Viene sempre l'ora in cui arrivare alla meta inizia quasi necessariamente a sembrare una lotta.

Ed è questo il momento in cui la flessibilità inizia davvero a fare la differenza. Si tratta di cominciare a giocare contemporaneamente in attacco e in difesa, spingendosi in avanti e allo stesso tempo ripiegando per difendere le risorse di cui già si dispone, avanzando verso l'obiettivo e facendo bene attenzione a non esaurire le forze. La situazione può complicarsi in un attimo. E per proteggersi occorre indossare un'armatura. Ho scoperto che chi desidera sfondare le barriere e abbattere i muri dovrà anzitutto individuare con precisione i confini del suo territorio e proteggerli, difendendo strenuamente ciò che possiede – tempo, energie, salute, risorse spirituali – mentre è impegnato a portare avanti la sua battaglia. Se proverete a farlo, scoprirete che il mondo è pieno di limiti e confini, alcuni difficili da oltrepassare, altri che è necessario superare, altri ancora che sarebbe meglio far saltare in aria. Molti passano l'intera vita cercando di capire quali limiti superare e quali no.

Il punto è che nessuno sopravvive a un viaggio eroico senza difese su cui contare. La sfida che attende chiunque voglia vivere una grande vita è scoprire come proteggere i propri sogni e la propria grinta, come resistere strenuamente senza essere troppo guardingo, come mantenersi versatile e conservare la voglia di crescere, riuscendo a farsi vedere dagli altri per ciò che si è. Si tratta di imparare a proteggere la fiamma che arde dentro di noi senza schermarne la luce.

Circa due anni fa ho conosciuto Tyne, una giovane donna brillante e loquace che lavorava nel settore dell'editoria libraria ed era venuta con altri colleghi nei nostri uffici di Washington a discutere delle mie idee per questo nuovo libro.

Durante quella conversazione, Tyne ha fatto riferimento a un episodio di *Becoming* che le era rimasto particolarmente impresso. Si trattava di un breve aneddoto sulla mia prima visita in veste di first lady in Inghilterra: raccontavo di un ricevimento a Buckingham Palace, durante il quale mi ero ritrovata a conversare con la regina e, avendo provato una sensazione di calorosa vicinanza nei suoi confronti, le avevo posato una mano sulla spalla in un gesto spontaneo e affettuoso. Sua Maestà, che all'epoca aveva ottantadue anni, non era sembrata affatto infastidita, anzi, aveva reagito cingendomi la schiena con il braccio. E tuttavia quel nostro scambio venne ripreso dalle telecamere e prontamente diffuso dalla stampa britannica, generando titoli che fecero il giro del mondo. *Michelle Obama osa abbracciare la regina!* Venni accusata di essere irrispettosa, di essermi azzardata a trasgredire l'etichetta reale, quasi fossi una sovversiva che voleva abbattere l'ordine costituito. E l'insinuazione che si nascondeva dietro quegli articoli non era poi tanto sottile: ero un'intrusa, non ero all'altezza degli ambienti che frequentavo.

Non avevo idea che non si dovesse toccare la regina d'Inghilterra. In quello strano primo anno da first lady, e nello strano ambiente del palazzo reale, ho semplicemente cercato di essere me stessa.

Questa storia occupa appena una pagina del mio memoir, ma era rimasta impressa nella mente di Tyne. Come mai? Perché sapeva leggere tra le righe. In quanto donna di colore, ha riconosciuto una certa sensazione, qualcosa di cui io e lei abbiamo la comune esperienza, vale a dire il tentativo incessante di sentirsi a proprio agio in contesti al cui interno si rappresenta una minoranza.

Da un punto di vista simbolico, per Tyne avere un lavoro nell'editoria – un settore tradizionalmente guidato da bianchi e di conseguenza modellato sulle loro priorità – non era poi tanto diverso dall'essere stata invitata a un ricevimento a Buckingham Palace. Conoscevamo tutte e due quella particolare sensazione di disagio. I confini erano ovunque. Quei luoghi erano costellati di protocolli impliciti e tradizioni che affondavano nel passato, una montagna di nozioni velate che i nuovi arrivati dovevano apprendere rapidamente per potersi districare in quel compito arduo, se non impossibile, e senza l'aiuto di alcuna mappa. C'erano un sacco di sottili segnali a ricordarci che quelli non erano propriamente luoghi adatti a noi, che la nostra presenza lì era una sorta di esperimento, in qualche modo subordinata alla nostra adesione a un'idea di buon comportamento stabilita da altri. Non c'era bisogno di dire nulla di tutto ciò a voce alta, perché la storia aveva provveduto a tracciare bene a fondo i confini che li proteggevano: per molto tempo, prima che vi mettessimo piede, la gente come noi sarebbe stata normalmente bloccata all'ingresso.

Ho imparato che della sensazione di essere un outsider non ci si libera tanto facilmente, anche quando si è ormai riusciti a entrare. C'è una particolare tensione che ti accompagna sempre e che ti si impregna addosso come nebbia. A volte, non puoi fare a meno di chiederti: *Quando diventerà meno difficile?*

Per tirare avanti, molti cambiano codice di comportamento, adottando un determinato atteggiamento, aspetto o modo di parlare che consenta loro di adeguarsi meglio alla cultura del posto in cui lavorano. Come capita a molti bambini, ho imparato piuttosto in fretta che cambiare codice è una necessità, e ne ho fatto uno degli strumenti cui mi capita di ricorrere quando lo ritengo opportuno. I miei genitori hanno inculcato in me e in mio fratello l'importanza di una dizione che ritenevano «appropriata»: per esempio, ci hanno insegnato a dire «aren't» invece di «ain't». Tuttavia, quando parlavo in quel modo nel mio quartiere, venivo subito ripresa dagli altri ragazzini, che mi accusavano di essere «altezzosa» o di «parlare come una ragazza bianca». Non volendo essere esclusa, mi adattavo un po', presentandomi sotto una veste che mi rendesse più simile a loro. In seguito, quando ho frequentato luoghi come Princeton e Harvard, per cavarmela ho potuto contare sulla mia dizione «altezzosa», presentandomi sotto una veste che mi rendeva più simile agli studenti intorno a me e che speravo mi avrebbe evitato di cadere vittima di spiacevoli stereotipi.

Con il tempo, sono diventata sempre più abile nel decifrare gli ambienti che frequentavo, cogliendone i piccoli segnali. Avevo imparato a cambiare in modo quasi automatico il mio comportamento per adattarlo all'atmosfera e al contesto in cui mi trovavo, che fosse un incontro con la comunità del

South Side frequentato principalmente da operaie afroamericane, ai tempi in cui lavoravo per l'amministrazione comunale di Chicago, o la riunione di un consiglio d'amministrazione pieno di facoltosi uomini bianchi, o un'udienza con la regina d'Inghilterra. Sono diventata versatile, fluida nel modo di comunicare, poiché sentivo che questa flessibilità mi aiutava a entrare in contatto con più persone, superando ogni confine di razza, genere e classe. E l'ho fatto senza pensarci troppo, perché per la maggior parte della mia vita mi è sembrato di non aver avuto altra scelta se non ricorrere a questi piccoli accorgimenti.

Cambiare codice è da lungo tempo una tecnica di sopravvivenza per molti BIPOC (Black, Indigenous and People of Color – neri, indigeni e persone di colore). Benché sia spesso un modo di reagire agli stereotipi negativi, può anche servire come una specie di passaporto: per quanto mi riguarda, vi ho fatto ricorso come mezzo per spingermi oltre, superare confini ed entrare all'interno di spazi nei quali altrimenti è probabile che non sarei riuscita ad accedere.

E tuttavia, normalizzare questa consuetudine o concepirla come percorso sostenibile verso l'equità sono opzioni che comportano risvolti negativi. Molte persone si ribellano non solo allo stress di doversi di volta in volta adeguare modificando le proprie abitudini, ma soprattutto all'ingiustizia di fondo della premessa stessa che sta alla base del cambiamento di codice, specialmente quando questo implica l'occultamento o la riduzione al minimo della propria identità razziale, etnica o di genere per riuscire a fare carriera o per mettere coloro che non sono emarginati più a loro agio. Che cosa stiamo sacrificando? A chi torna utile? Stiamo accettando troppi compromessi o addirittura negando la nostra identità più autentica pur di essere accettati? E giungiamo così a una domanda importante e generale sull'inclusività: perché dovrebbero essere gli individui a cambiare, quando in realtà a dover cambiare è il loro ambiente di lavoro?

Si tratta di questioni profonde e temi sociali complessi, una materia molto vasta da affrontare, soprattutto perché la gran parte di noi in realtà vuole semplicemente riuscire a portare a termine la propria giornata lavorativa. Il cambio di codice può essere estenuante, ma lo è anche sfidare i pregiudizi sistemici, persino con decisioni in apparenza semplici, come vestirsi con abiti con cui ci si sente bene o sfoggiare la propria acconciatura naturale al lavoro. Entrambe le scelte possono avere un prezzo alto.

Quel giorno, a Washington, Tyne mi ha detto che, pur avendo alle spalle anni di carriera e diverse promozioni, sul posto di lavoro talvolta combatteva ancora con la sensazione di sentirsi un'estranea, cercando di interpretare una cultura che non sempre era allineata alla sua. Ha raccontato che spesso si ritrovava ancora a dover stabilire dove passassero esattamente i confini, poiché sentiva che il suo essere accettata dipendeva in qualche modo dalla sua capacità di conformarsi a norme stabilite da altri – e, forse, di presentare come meno «altra» sé stessa. Ha detto che stava volutamente provando a limitare il suo cambiamento di codice sul posto di lavoro, sperando che la sua consapevolezza di sé in quanto donna nera potesse trovare spazio all'interno di un contesto bianco. Sperava che, sotto l'aspetto professionale, le sarebbe stato d'aiuto passare meno tempo a preoccuparsi di violare un codice non scritto e provare invece a essere più sé stessa. A ogni modo, stava soppesando i rischi di quella sua decisione, sapendo che, per una come lei, c'erano maggiori probabilità che una condotta più rilassata venisse giudicata eccessiva e fuori luogo.

«Al lavoro, quasi tutti i giorni mi sento come se stessi decidendo se azzardarmi o meno ad abbracciare la regina», mi ha detto con un misto di stanchezza e di ironia.

Da allora ho riflettuto molto sulle parole di Tyne, colpita dalla potenza dell'immagine che ha scelto per esprimere le sue difficoltà sul lavoro. Conoscevo bene la sensazione che mi aveva descritto, perché l'avevo combattuta per gran parte della mia vita professionale. Somigliava alla tensione che molti miei amici mi hanno raccontato di aver avvertito nei loro contesti lavorativi, alle difficoltà che hanno affrontato provando a orientarsi in un ambiente segnato da confini invisibili, cercando di capire quale differenza passa tra libera espressione di sé ed eccesso.

Come Tyne, anche loro hanno dovuto soppesare i rischi e i possibili vantaggi di rinunciare a parte della loro armatura per rivelare più apertamente la loro identità e farsi vedere e ascoltare per quello che erano. *Chi ha stabilito le regole a cui sto giocando? Quanto dovrei essere prudente? Fino a che punto dovrei essere risoluto? E quanto posso essere autentico?* In molti casi, si facevano queste domande per capire se sarebbero riusciti a occupare stabilmente il loro posto, se avrebbero trovato abbastanza spazio per fare carriera e realizzarsi, o se nascondersi e stare sempre all'erta li avrebbe infine demoralizzati, portandoli all'esaurimento.

Anni fa, quando ho iniziato il mio percorso nel settore del diritto societario, ho conosciuto alcune delle donne che in ufficio erano più in alto di me, essendo riuscite a diventare socie del grande studio internazionale in cui lavoravo, spesso dopo aver superato notevoli avversità. Avevano impiegato anni per salire nella scala gerarchica, avanzando all'interno di una struttura di potere che era stata costruita, conservata e difesa quasi esclusivamente da uomini fin dal 1866, quando due veterani della Guerra civile avevano fondato lo studio. Nei miei confronti, queste donne erano sempre state accoglienti, solidali e sinceramente interessate al mio successo. Tuttavia, non potevo fare a meno di notare che il loro atteggiamento era quello rude dei pionieri.

La maggior parte di loro era dura come la roccia, sempre a corto di tempo, e l'organizzazione dei loro uffici era assolutamente ferrea. Era raro sentirle parlare delle loro famiglie. Che io mi ricordi, nessuna di loro doveva mai correre a una partita del campionato giovanile o a un appuntamento dal pediatra. I confini erano netti e inattaccabili. Forti dell'armatura che indossavano, riuscivano a nascondere le loro vite private in modo quasi miracoloso. Era un contesto che lasciava ben poco spazio al calore e all'accoglienza. Se non altro, questo dava in qualche modo una marcia in più alla loro ricerca dell'eccellenza. Quando avevo iniziato a lavorare nello studio legale, sapevo che alcune delle donne che figuravano tra i miei superiori mi stavano esaminando con una certa cautela, fondamentalmente chiedendosi: *È in grado di lavorare sodo?* Mi stavano studiando in silenzio, per stabilire se le mie capacità in materia legale e il mio livello di impegno sarebbero stati all'altezza dei loro, se sarei riuscita a reggere il ritmo e quindi, più in generale, a non danneggiare la posizione di tutte le donne che lavoravano lì. Quest'ultimo era naturalmente un altro degli svantaggi che veniva dall'essere un'eccezione all'interno di una struttura che non era stata concepita per noi. Eravamo considerate come un blocco unico, il che si traduceva in un aumento della pressione che ciascuna di noi avvertiva. Sentivamo che i nostri destini erano legati. *Se combini un disastro, sarà come se l'avessimo combinato tutte.* Ciascuna di noi sapeva qual era la posta in gioco.

Il messaggio che le socie donne mi stavano inviando – il messaggio che *dovevano* inviarmi, a voler essere precisi – era che gli standard da soddisfare erano per loro di gran lunga più alti di quelli che valevano per qualunque altro collega. Si erano guadagnate il biglietto d'ingresso e ora facevano parte del club, ma era come se la loro accettazione fosse destinata a restare per sempre soggetta a condizione, come se non avessero mai smesso di dover dimostrare di avere tutte le carte in regola per appartenere a quel gruppo ristretto.

Da giovane avvocato donna, ricordo di aver letto un'inchiesta del «New York Times» che documentava quanto in genere gli avvocati, e specialmente le donne, fossero stanchi e insoddisfatti del loro lavoro. L'indagine sollevava una serie di considerazioni che trovavo davvero frustranti, pensando a tutte le energie che avevo già impiegato per la mia carriera, all'epoca relativamente breve, a tutti i prestiti universitari che avevo chiesto, a tutte le ore di lavoro che avevo già accumulato. Ho dovuto seriamente riflettere su ciò che volevo per il mio futuro, chiedendomi quanta infelicità fossi disposta ad accettare o a sopportare. Davvero avevo la responsabilità di incarnare la perfezione e di puntare a un rendimento superiore alle attese al mero scopo di giustificare il fatto di ricoprire un ruolo che altrimenti sarebbe stato occupato da un uomo? Che potere avevo di cambiare una cultura che funzionava secondo queste regole? E quanta energia potevo chiamare a raccolta per combattere quella particolare battaglia in quel particolare contesto?

In generale, le donne che si erano fatte strada nel mondo del diritto societario avevano vite che non invidiavo e facevano sacrifici che io non ero sicura di essere disposta a fare, o di esserne capace. Ma il fatto di aver potuto vedere qualcosa di quel mondo, anche solo di avervi avuto accesso e di essermi sentita abbastanza libera di scegliere quale corso dare alla mia vita, lo si doveva in gran parte al lavoro che quelle donne avevano svolto, all'armatura che avevano indossato. Si erano fatte carico del duro compito di sfondare una serie di cancelli che fino ad allora erano stati sempre chiusi, facendo da apripista a una nuova generazione di donne che potevano più facilmente valutare se restare a far pressione per cambiare le cose o ritirarsi, a seconda di quello che avessero ritenuto più opportuno per loro. Avevano costruito le basi su cui ora mi trovavo io.

È facile essere critici nei confronti di coloro che ci hanno preceduti e delle loro scelte, giudicarli per i compromessi a cui sono scesi o ritenerli responsabili dei cambiamenti che non sono stati in grado di realizzare. Tutte le armature che le generazioni passate hanno dovuto indossare il più delle volte sembreranno rigide e antiquate ai giovani, ma è importante tenere conto del contesto. Se oggi sono sempre di più le donne nere che osano esprimere pienamente i loro canoni estetici sul posto di lavoro, portando i capelli intrecciati o i dreadlocks in ufficio; se i giovani possono sfoggiare capelli colorati senza per questo essere considerati diversi; se alle donne al lavoro sono riservati spazi protetti per l'allattamento: tutto ciò lo si deve in non piccola parte al lavoro e all'impegno di persone come le socie dello studio legale in cui ho lavorato. Sono state le prime ad aprire la strada e a dover provare di essere perfettamente in grado di percorrerla, facendo sì che quelle di noi che poi le hanno seguite avessero meno da dimostrare.

Per quanto mi riguarda, alla fine ho deciso di metterci una

pietra sopra, una decisione che si è rivelata quella giusta per me. Mi sono presa un rischio e ho lasciato la professione di avvocata, concentrandomi sulla ricerca di posti di lavoro governati da codici diversi, di ruoli che mi avrebbero consentito, almeno occasionalmente, di allontanarmi per assistere a un saggio di danza o andare dal pediatra. Ho smesso di fare l'avvocata, consapevole del fatto che in un contesto lavorativo differente avrei messo più passione e avrei avuto la possibilità di essere più incisiva. Ma la formazione che ho ricevuto in quello studio legale, in particolare grazie alle donne che ne erano socie, mi ha insegnato qualcosa che in seguito ho sentito la necessità di portare con me anche alla Casa Bianca. Il loro modello è stato fondamentale per imparare a valutare attentamente quali battaglie scegliere e come gestire le mie risorse. Mi hanno insegnato che per avviare un cambiamento strutturale bisogna avere una solida corazza, raddoppiare gli sforzi sul lavoro e attenersi a una disciplina professionale dagli standard elevatissimi.

Nulla di tutto ciò può essere definito ideale, ma quella era la realtà con cui ho dovuto misurarmi all'epoca. Per certi versi, lavorare nello studio legale mi ha consentito di approfondire ciò che stavo imparando sul vivere entro spazi protetti da un qualsiasi genere di confine, e ha confermato ciò che avevo appreso a Princeton e alla Law School di Harvard, non sui libri, ma vivendo l'esperienza di appartenere a una doppia minoranza, di essere un'outsider all'interno di istituzioni tradizionalmente riservate a pochi intimi. Bisognava portare una corazza e allo stesso tempo restare flessibili. Per attraversare quei confini bisognava essere forti.

Credo che quasi tutti indossino un'armatura sul lavoro, pesante o leggera a seconda del caso. Ed è giusto che sia così. In un certo senso, è uno dei principi di fondo al quale attenersi in quanto professionisti: hai il compito di portare sul posto di lavoro una versione più forte e più decisa di ciò che sei normalmente. Le vulnerabilità sono tenute a freno e i problemi vengono perlopiù lasciati a casa. Si mantengono le distanze e ci si aspetta che i colleghi e i superiori facciano altrettanto. Dopotutto, l'obiettivo è svolgere la propria professione, non costruire amicizie durature, risolvere le questioni personali o quelle degli altri. Che si tratti di insegnare alle scuole medie, gestire una clinica sanitaria, fare la pizza o dirigere un'azienda tecnologica, la finalità è sempre la stessa: contribuire a un'impresa comune e osservare la disciplina, relegando i propri sentimenti ad altri contesti. Il lavoro diventa l'obiettivo, il compito che si deve svolgere. È il motivo per cui si viene pagati.

Tuttavia, non esiste impresa umana che sia definita e ordinata in modo perfettamente rigoroso. Non c'è linea di confine che si conservi netta e pulita. La pandemia, inoltre, ha abbattuto molti muri – il che è stato utile in alcuni casi, mentre in altri non lo è stato affatto – svelando l'esistenza di disuguaglianze tra noi e di verità non dette. Mentre cercavamo di partecipare a videoconferenze con i figli piccoli che si agitavano sulle nostre ginocchia, sullo sfondo delle nostre cucine non proprio immacolate, barcamenandoci per portare avanti il lavoro nonostante i cani che abbaiavano e i coinquilini dei colleghi che apparivano nelle finestrelle affiancate sullo schermo, abbiamo visto i confini allentarsi e la confusione aumentare, il che ha con ogni probabilità ribadito ciò che è sempre stato vero: ciascuno di noi è un insieme di molteplici dimensioni dai confini in eterna via di definizione, e lo stesso vale per le nostre vite. I problemi a volte vengono al lavoro con noi. Le nostre vulnerabilità escono allo scoperto, le preoccupazioni rompono gli argini. Le nostre personalità, per non parlare di quelle degli altri intorno a noi, non si inseriscono tanto facilmente in uno schema prefissato.

Sono adatto al mio lavoro? Il mio lavoro è adatto a me? Sotto quali aspetti posso cambiare? Sotto quali aspetti posso ragionevolmente aspettarmi che le persone cambino? Quanta umanità è lecito mostrare? Dove sono i confini? Con chi posso stabilire un legame? Come faccio a superare le difficoltà? Questo è il genere di domande che Tyne sembrava soppesare quel giorno.

So per esperienza che la nostra armatura può spesso servirci – ed è probabile che di alcuni degli elementi che concorrono a formarla non potremo mai fare a meno – ma credo anche che in molti casi possa essere controproducente. O almeno estenuante. Chi ne indossa una eccessivamente pesante e sta troppo sulla difensiva, sempre pronto a combattere, si ritroverà rallentato, perché l'armatura lo ostacolerà nei movimenti, ne intralcerà la scioltezza e la capacità di fare progressi sul lavoro. Nascondersi dietro una maschera può essere estraniante, fino ad alienare da sé stessi. A chi si concentra troppo sul restare forte e invulnerabile potrebbe capitare di perdere occasioni preziose per costruire relazioni professionali autentiche, che potrebbero rivelarsi molto utili per crescere, fare carriera e mettere a frutto tutte le abilità di cui dispone. Quando ci aspettiamo il peggio dalle persone che ci circondano, aumentano le probabilità che loro si aspettino il peggio da noi. Tutte le scelte che facciamo hanno dei costi. La morale è che passare molto tempo a preoccuparci di come adattarci all'ambiente di lavoro e a chiederci fino a che punto siamo ben integrati al suo interno – se dobbiamo continuamente agitarci, conformarci, nasconderci e restare sempre all'erta – significa rischiare di perdere l'opportunità di essere visti al nostro meglio e nella nostra autenticità, come persone che hanno qualcosa da dire, che sono produttive e piene di idee.

Questa è la difficoltà e la fatica del sentirsi diversi. A molti di noi tocca spendere una quantità preziosa di tempo ed energie chiedendosi se sia o meno il caso di abbracciare la regina, per usare le parole di Tyne, riflettendo sulla differenza che corre tra la libera espressione di sé e l'eccesso, una differenza che è molto difficile tracciare in modo netto. Ci ritroviamo così a valutare con attenzione le nostre risorse e a chiederci come spenderle. Nel corso di una riunione posso esprimere liberamente la mia opinione senza temere sgradevoli ripercussioni? Quando si esamina insieme un problema, va bene presentare un punto di vista o una possibile soluzione che siano in qualche modo condizionati dalla mia diversità? La mia creatività sarà considerata insubordinazione? Il mio parere sarà giudicato irriverente, una sfida non gradita alle norme vigenti?

Nel 2009, quando mi sono trasferita a Washington, non sapevo granché di come funzionasse la vita alla Casa Bianca. Ma sapevo bene cosa significa e comporta iniziare un nuovo lavoro.

A quel punto della mia vita, non solo avevo cambiato lavoro diverse volte ma, nei vari ruoli dirigenziali che avevo ricoperto, mi ero anche occupata della supervisione di molti nuovi assunti. Avendo lavorato in ambito legale, nell'amministrazione municipale, nel settore non profit e in quello dell'assistenza sanitaria, avevo imparato che, quando si occupa una nuova posizione lavorativa, non ci si limita a prenderne possesso convinti che il ruolo ci si adatterà alla perfezione. Bisogna prima fare un po' di ricerca, stare qualche tempo nelle retrovie e pensare in modo strategico, mentre si imparano le nuove mansioni e ci si abitua al lavoro appena iniziato. In altre parole, per poter anche solo cominciare a pensare al modo in cui personalizzare il nuovo ruolo che si occupa, bisogna prima di tutto rigare dritto.

Come ho già scritto, essere la first lady degli Stati Uniti è una strana specie di non-lavoro che comporta uno strano genere di potere. Per la nuova assunta non sono previsti stipendio, supervisori o un manuale su cui formarsi. Essendo una persona abituata da sempre a compilare liste di cose da fare e a procedere spuntando le relative voci, volevo essere sicura di fare tutto per bene e di arrivare preparata al mio nuovo incarico. Dopo che Barack è stato eletto presidente, ho subito cercato di capire che cosa ci si aspettasse da me e come avrei potuto svolgere al meglio il mio compito, provando allo stesso tempo a metterci tutta la mia energia e creatività. E ho pensato che forse, se avessi fatto sufficientemente bene la mia parte, avrei potuto cambiare alcuni dei paradigmi che influenzano il modo in cui le persone concepiscono il ruolo della first lady.

Una delle prime cose che ho fatto è stata chiedere alla responsabile del mio nuovo staff di studiare con la massima attenzione il programma ufficiale di Laura Bush, perché stilasse un elenco dei suoi interventi pubblici e degli eventi che aveva organizzato. Il mio piano prevedeva di passare il primo anno a seguire attentamente il calendario di Laura, facendo tutto ciò che aveva fatto lei; nel frattempo, avrei individuato le mie priorità e programmato sulla loro base il lancio di alcune iniziative. In quella prima fase ero determinata a non espormi in alcun modo all'accusa di voler prendere scorciatoie. Si trattava per me di una sorta di polizza assicurativa, un altro strumento su cui contare. Essendo la prima donna nera a rivestire quel ruolo, sapevo bene che avrei camminato sul filo del rasoio. Ero ben consapevole del fatto che avrei dovuto trovare il modo di farmi accettare. Il che significava che avrei dovuto affilare le mie armi e puntare più che mai all'eccellenza. Volevo essere assolutamente certa che la gente capisse quanto fossi all'altezza di tutti i doveri che avevo ereditato, affinché nessuno potesse accusarmi di essere una scansafatiche o di mancare di rispetto al ruolo che rivestivo.

Ho scoperto che molte delle responsabilità della first lady si sono imposte per tradizione negli anni, e che spesso affondano le radici nei secoli passati. Niente di tutto ciò si trova scritto e spiegato da qualche parte; tutte le aspettative sono implicite nel ruolo. Avrei dovuto ospitare una serie di eventi, dalle cene di Stato alla caccia alle uova che si tiene ogni anno a Pasqua. Avrei dovuto prendere il tè con i coniugi delle personalità in visita e studiare il tema per le decorazioni legate alle varie festività. D'altra parte, avevo la possibilità di scegliere quali cause sostenere e a quali temi dedicarmi.

Ciò che non avevo previsto erano alcune aspettative più sottili e meno esplicite, che a quanto pareva erano incluse nel pacchetto. Nei giorni in cui ci stavamo preparando per il giuramento di Barack mi hanno fatto sapere, per esempio, che le quattro first lady che mi avevano preceduta avevano sfoggiato per la cerimonia d'insediamento dei loro mariti borse ricercate realizzate dallo stesso stilista di New York. Ho appreso inoltre che un altro stilista iconico, Oscar de la Renta, era solito raccontare di come avesse vestito tutte le first lady dai tempi di Betty Ford, il che lasciava presumere che pensasse di fare lo stesso per me. Nessuno faceva esplicitamente pressioni perché io mi uniformassi a queste scelte, ma sentivo aleggiare intorno a me chiare aspettative in tal senso.

Nel momento in cui Barack e io ci siamo trasferiti in una residenza storica e abbiamo assunto quegli altissimi ruoli istituzionali, nell'aria si avvertiva chiara la sensazione che tutto fosse stato fatto sempre in un certo modo, che anche le tradizioni minori esistessero come segno di rispetto e incarnassero uno stile raffinato che stava a significare la continuità che si tramanda da un'epoca all'altra. Tutto stava a indicare che scegliere in qualche modo di non uniformarsi alla tradizione avrebbe suscitato un'impressione di insolenza. E i neri cresciuti in questo Paese conoscono bene i rischi cui si va incontro quando si viene etichettati come insolenti.

Per la cerimonia d'insediamento, alla fine, ho scelto una borsa di una marca diversa da quella fortemente consigliata, e ho aspettato sei anni prima di indossare un qualsiasi capo di Oscar de la Renta, poiché ho preferito utilizzare la mia nuova posizione per promuovere il talento di stilisti sottorappresentati. Si è trattato di decisioni che ho preso in assoluta tranquillità, nuovi confini che sono stata felice di tracciare, anche perché riguardavano il mio aspetto, ciò che avrei indossato sul mio stesso corpo. Tuttavia, ho continuato a essere cauta riguardo all'immagine che proiettavo, alle parole che pronunciavo, ai piani e ai progetti che volevo mettere in atto. Ho ponderato con cura ogni mia scelta, consapevole dei rischi connessi all'essere percepita come qualcuno che vuole strafare. Per alcune persone, il fatto stesso che fossimo arrivati alla Casa Bianca rappresentava una svolta, un capovolgimento dell'ordine stabilito. Eravamo perfettamente consci del fatto che per fare progressi avremmo dovuto prestare molta attenzione al modo in cui avremmo guadagnato e speso la nostra credibilità.

L'eredità di Barack includeva due guerre complicate e una recessione economica galoppante che si faceva di settimana in settimana più drammatica. La squadra della West Wing che si occupava della comunicazione aveva messo bene in chiaro che il suo successo come presidente era legato almeno in parte al mio (*se combini un disastro, sarà come se l'avessimo combinato tutti noi*). Qualsiasi mia gaffe – qualsiasi errore, qualsiasi affermazione o mossa professionale che fosse stata oggetto di critica – avrebbe potuto intaccare l'indice di gradimento di Barack presso il pubblico, il che avrebbe diminuito la sua influenza sui parlamentari e vanificato i suoi sforzi per far approvare importanti progetti di legge al Congresso, il che, a sua volta, avrebbe potuto tradursi nell'azzeramento delle sue possibilità di essere rieletto e nella conseguente perdita del posto di lavoro per molte delle persone che facevano parte dell'amministrazione. Non solo: ero pure consapevole che un eventuale fallimento o pessima figura del primo presidente non bianco avrebbe con tutta probabilità sbarrato la strada ad altri futuri candidati di colore.

Tutti quei moniti e quelle preoccupazioni mi si affollavano in testa e accompagnavano ogni mio passo. Erano con me ogni volta che parlavo con un giornalista o lanciavo una nuova iniziativa come first lady. Erano con me ogni volta che affrontavo una platea e vedevo le videocamere dei cellulari schierate in alto a formare un oceano, centinaia di piccoli falsi specchi sollevati che avrebbero catturato altrettante immagini diverse di me.

Eppure, sapevo che, se mi fossi preoccupata troppo, non sarei mai riuscita a essere me stessa. Dovevo stabilire un confine tra le preoccupazioni degli altri e le mie. Dovevo fidarmi del mio istinto, ricordare dov'era il mio centro ed evitare di essere troppo severa con me stessa, troppo corazzata e sulla difensiva per via dell'ansia. Quello che ho cercato di fare è restare flessibile, andando avanti e intanto guardandomi le spalle, facendo la spola tra le sponde familiari della cautela e dell'audacia. Vivevo secondo il codice che avevo imparato crescendo in Euclid Avenue, quello che alla paura ha sempre anteposto la preparazione e l'adattabilità.

E tuttavia, per tutto il tempo ho dovuto lottare con un'altra etichetta, ancora più insidiosa, che sembrava proprio non riuscissi a scrollarmi di dosso.

10. VOLARE ALTO

Trascorrere del tempo con i bambini
è il miglior antidoto che ho trovato per
far fronte all'ingiustizia, alla paura o al dolore.

Quando Barack si candidò alla presidenza, ricevetti una istantanea e dolorosa lezione su come gli stereotipi vengano ricostituiti in forma di «verità». Più facevo campagna per lui – e più diventavo influente –, più cominciavo a vedere come ogni mio gesto venisse manipolato e frainteso, come le mie parole venissero distorte e le mie espressioni facciali trasformate in caricature da fumetto. La mia fiducia appassionata nella candidatura di mio marito, l'idea che avesse qualcosa da offrire al nostro Paese, venne più di una volta descritta come una sorta di furia indecorosa.

Volendo dar credito all'immaginario e alle chiacchiere dei conservatori, ero un vero e proprio mostro sputafuoco. Me ne andavo in giro con la fronte corrugata, perennemente in collera. Tutto questo si adattava purtroppo a una percezione più ampia e radicata che, di recente, i ricercatori hanno documentato in alcuni studi sugli ambienti lavorativi: se una donna nera esprime qualcosa di simile alla rabbia, è più probabile che venga percepito come un tratto generale della sua personalità piuttosto che come una reazione a un qualsivoglia evento scatenante, cosa che, ovviamente, rende più facile emarginarla e ridurla al silenzio.[1] Qualsiasi cosa facciate, qualsiasi azione intraprendiate, ci sarà sempre chi penserà che state oltrepassando una linea. In effetti, non è difficile liquidarvi semplicemente come qualcuno che vive dalla parte sbagliata della linea. Una volta apposta l'etichetta, qualsiasi contesto sparisce: *Una nera piena di rabbia! Ecco che cosa sei!*

Il che non è poi così diverso dal modo in cui la parola «ghetto» viene affibbiata a un determinato quartiere. È una forma di esclusione rapida ed efficiente, un pregiudizio codificato che avverte gli altri di stare alla larga, di ritrarsi impauriti e investire altrove. Ignora tutto quello che è la vostra ricchezza, la vostra vitalità, la vostra unicità e il vostro potenziale per relegarvi ai margini. E cosa succede se il fatto di ritrovarvi relegati ai margini vi fa arrabbiare? Cosa succede se vivere in un quartiere in cui non investe nessuno vi induce a comportarvi come se foste effettivamente in trappola e disperati? Ebbene, il vostro comportamento non fa che confermare e aggravare lo stereotipo, intrappolandovi ancora di più e delegittimando ulteriormente tutto ciò che avreste da dire in merito. Potreste ritrovarvi a vivere, senza voce e inascoltati, i fallimenti che vi ha imposto qualcun altro.

È una sensazione terribile. E lo so per esperienza.

Per quanto rimanessi serafica, per quanta diligenza mettessi nel mio ruolo di first lady, a volte mi sembrava quasi impossibile liberarmi dell'immagine di me come donna aggressiva e arrabbiata (e, come tale, non meritevole di rispetto). Quando, nel 2010, iniziai a parlare in pubblico dell'epidemia di obesità infantile che affligge il nostro Paese e a sostenere tutta una serie di cambiamenti relativamente semplici che potevamo apportare per offrire scelte alimentari più sane a scuola, alcuni eminenti commentatori di ala conservatrice si aggrapparono al caro, vecchio stereotipo per attaccarmi. Mi dipinsero come una furia presuntuosa e distruttrice che, agitando i pugni, si era prefissa lo scopo di rovinare la felicità dei bambini e ficcare il naso in ambiti che non le competevano. Sarei stata capace di mandare la gente in galera – insinuavano – solo perché mangiava patatine fritte. Stavo promuovendo una dieta imposta dal governo. Da lì, fu tutto un fiorire di teorie complottiste. «Se permettiamo che sia il governo a dettarci come mangiare, cosa verrà dopo?» inveiva un opinionista di Fox News. «Cominceranno a decidere anche chi dobbiamo sposare, dove dobbiamo lavorare?»[2]

Nulla di più lontano dalla realtà, ovviamente. Ma quando le bugie sono costruite su stereotipi radicati in profondità, diventa molto più semplice perpetuarle. E abbattere gli stereotipi è un lavoro complicato e noioso. Non ci misi molto a capire che c'erano trappole disseminate ovunque. Se cercavo di affrontare di petto lo stereotipo, discutendone in un'intervista piacevole e costruttiva (nel caso specifico, con Gayle King su *CBS This Morning* nel 2012), ecco un esempio dei risultati:[3]

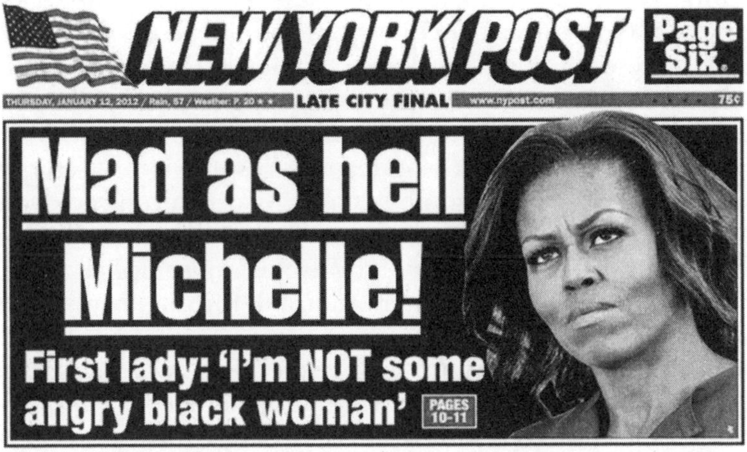

NEW YORK POST

Page Six.

THURSDAY, JANUARY 12, 2012 / Rain, 57 / Weather: P. 20 LATE CITY FINAL www.nypost.com 75¢

Mad as hell Michelle!

First lady: 'I'm NOT some angry black woman' PAGES 10-11

Non avevo diritto a incavolarmi per il fatto che mi vedessero sempre incavolata? Ce l'avevo eccome, ma a chi sarebbe servito? Quale potere ne avrei ricavato?

Quello che dovevo fare, invece, era volare alto.

Tra tutte le domande che mi rivolgono, ce n'è una che ricorre con più frequenza e in maniera più prevedibile di qualsiasi altra. Quasi ogni volta che parlo con un intervistatore o che siedo con un nuovo gruppo di persone, sono praticamente certa che qualcuno la tirerà fuori, mentre gli altri si sporgeranno per ascoltare.

Cosa significa davvero *volare alto*?

A quanto pare, potrei passare anni a rispondere a questa domanda. Perciò, lasciate che ci provi qui.

La prima volta che ho pronunciato in pubblico le parole: «Quando gli altri volano basso, noi voliamo alto», ero alla convention nazionale democratica del 2016, a Filadelfia. In corsa per la presidenza c'erano Hillary Clinton e Donald

Trump. Il mio compito era quello di chiamare a raccolta gli elettori democratici, ricordando quanto fosse importante il coinvolgimento di tutti e quanto lavoro fosse necessario perché il proprio candidato venisse eletto e, soprattutto, esortando a recarsi alle urne il giorno delle elezioni. Come faccio spesso, ho spiegato che le questioni del giorno erano importanti per me come madre di due ragazze, e le scelte compiute insieme a Barack erano state sempre guidate dai principi che volevamo le nostre figlie riconoscessero come preziosi.

Sinceramente, non avevo idea che l'espressione «voliamo alto» mi sarebbe rimasta incollata negli anni a venire, diventando quasi un sinonimo del mio nome. Tutto quello che stavo facendo, in realtà, era condividere un semplice motto che guidava la mia famiglia, una sorta di formula con cui Barack e io ci ricordavamo di aggrapparci alla nostra integrità proprio quando vedevamo gli altri perdere la loro. «Volare alto» era un modo per descrivere la scelta che stavamo cercando di compiere in direzione di un impegno e una riflessione sempre più profondi. Era una semplificazione dei nostri ideali, un pentolone pieno di ingredienti, tutto ciò che avevamo raccolto dalla nostra educazione e che nel tempo era rimasto a sobbollire dentro di noi: *Di' la verità, fai del tuo meglio per gli altri, mantieni la giusta prospettiva, tieni duro.* Questa, in sostanza, è sempre stata la nostra ricetta per tirare avanti.

Nel privato, io e Barack ci siamo proposti e riproposti molte volte di volare alto, soprattutto mentre affrontavamo campagne e battaglie politiche durissime, cercando di mantenere la rotta sotto i riflettori. È un monito al quale facciamo appello ogni volta che ci sentiamo messi alla prova, per rammentarci quanto sia importante mantenere la stabilità di fronte a una sfida morale. Cosa fare quando gli altri danno il peggio di sé? Come si risponde quando ci si sente attaccati? A volte è facile saperlo, e le risposte sembrano lampanti; altre volte, invece, può essere più complicato, perché le circostanze sono più ambigue e il modo giusto di procedere richiede una considerazione più attenta.

Volare alto è come tracciare una linea nella sabbia, un confine che possiamo rendere visibile e poi prenderci il tempo di valutare. Da che parte voglio stare? È una domanda che richiede una pausa di riflessione, una chiamata a rispondere con il cuore e con la testa. Volare alto è *sempre* una prova, per come la vedo io. Ecco perché mi sono sentita in dovere di chiamare in causa l'idea alla convention del 2016 davanti a tutte quelle persone: perché eravamo messi alla prova come nazione. Avevamo di fronte una sfida morale ed eravamo chiamati a reagire. Non era la prima volta, certo, e sicuramente non sarebbe stata l'ultima.

Tuttavia, il problema con un motto così semplice, suppongo, è che può essere più facile da ricordare e ripetere (o da imprimere su una tazza da caffè o su una maglietta, una borsa, un cappellino da baseball, un set di matite, una borraccia in acciaio inossidabile, un paio di pantaloni della tuta, una collana con ciondolo o un poster, tutti reperibili su Internet) che da mettere attivamente in pratica nella quotidianità.

Non perderti in un bicchier d'acqua? Keep calm and carry on?

Certo, sì, tutto giusto. Ma ora ditemi *come.*

Di questi tempi, quando le persone mi chiedono di spiegare cosa significhi volare alto, a volte percepisco in controluce una domanda un po' meno garbata, una domanda venata da uno scetticismo innato, una sensazione prodotta dalla stanchezza che sorge quando tutti gli sforzi si dimostrano infruttuosi e le prove sembrano non avere fine: *Ma, aspetta un attimo... Hai visto come va il mondo? Quanto possono peggiorare ancora le cose? Dove si trova la forza per combattere?*

Dopo che, nel maggio del 2020, George Floyd è morto con il ginocchio di un agente di polizia sul collo all'angolo di una strada di Minneapolis, la gente mi scriveva per chiedermi se volare alto fosse davvero la risposta giusta. E ha continuato a chiedermelo all'indomani dell'assalto al Campidoglio e dopo che i funzionari repubblicani avevano insistito nel sostenere affermazioni false e minacciose sulle nostre elezioni. Le provocazioni sono infinite. Abbiamo visto più di un milione di americani morire in una pandemia che ha messo in evidenza ogni disparità nella nostra cultura. Abbiamo visto truppe russe massacrare civili in Ucraina. In Afghanistan, i talebani hanno vietato alle ragazze di andare a scuola. I nostri stessi leader, negli Stati Uniti, si sono mossi per criminalizzare l'aborto mentre le comunità vengono regolarmente devastate dalla violenza armata e dai crimini d'odio. Diritti delle persone transgender, diritti degli omosessuali, diritti elettorali, diritti delle donne: tutto è sotto attacco. A ogni nuova ingiustizia, a ogni nuova ondata di violenza, a ogni incidente in cui la leadership si dimostra fallimentare, a ogni episodio di corruzione o violazione dei diritti, ricevo lettere e e-mail che mi pongono in qualche modo la stessa domanda.

Dobbiamo ancora volare alto?

Okay, anche adesso?

La mia risposta è sì. Ancora. Anche adesso. Dobbiamo continuare a cercare di volare alto. Dobbiamo assumere e riassumere il nostro impegno nei confronti di quest'idea. Agire con integrità è importante. Lo sarà sempre. Si tratta di uno strumento.

Al tempo stesso, però, voglio essere chiara: volare alto è qualcosa che fai, più che una semplice percezione. Non è una chiamata a sentirsi compiaciuti, ad attendere il cambiamento o a starsene seduti con le mani in mano mentre gli altri si danno da fare. Non contempla la possibilità di accettare l'oppressione o di lasciare incontrastati crudeltà e potere. La nozione di volare alto non dovrebbe indurci a chiederci *se* siamo obbligati a combattere per ottenere più equità, più dignità e più giustizia in questo mondo; piuttosto, riguarda *come* combattiamo, *come* cerchiamo di risolvere i problemi che incontriamo e *come* possiamo resistere abbastanza a lungo per rimanere efficienti e non cedere al rischio di perdere l'autocontrollo. C'è chi lo vede come un compromesso ingiusto e sterile, come un'estensione della politica della rispettabilità in cui, pur di tirare avanti, ci conformiamo invece che sfidare le regole. *Perché*, si domanda giustamente la gente, *dobbiamo sforzarci sempre di essere così ragionevoli?*

Capisco che per qualcuno la ragione rubi spazio alla rabbia. Capisco che volare alto possa dare l'impressione di implicare in qualche modo un distacco che ci permetterebbe di rimanere indifferenti a tutto ciò che altrimenti potrebbe irritarci e provocarci.

Ma non è affatto così.

La prima volta che ho pronunciato quelle parole, sul palco della convention a Filadelfia nel 2016, non ero né distaccata né indifferente. In effetti, ero alquanto agitata. All'epoca, infatti, venivo regolarmente presa di mira dagli attacchi biliosi degli esponenti repubblicani. E dopo quasi otto anni in cui avevo visto il lavoro di mio marito sminuito e la sua figura denigrata, anche attraverso il bigotto tentativo di porre in discussione la sua cittadinanza, ero stanca. (Il solito ritornello: *Non credo proprio che tu abbia diritto a ciò che possiedi.*) Ed ero arrabbiata perché il principale istigatore di quel fanatismo stava correndo per la presidenza.

Ma dov'era il mio vero potere? Sapevo che non risiedeva nel dolore e nella rabbia, almeno finché persistevano in una forma grezza e non filtrata. Il mio potere risiedeva in qualsiasi cosa fossi riuscita a fare di quel dolore e di quella rabbia, nel punto in cui avrei potuto condurli, nel tipo di destinazione che avrei scelto per loro. Dipendeva dal fatto che potessi elevare o meno quei sentimenti grezzi in qualcosa che per gli altri sarebbe stato più difficile cancellare, in qualcosa che rappresentasse un messaggio chiaro, un invito all'azione e uno scopo per il quale fossi disposta a lavorare.

Ecco cosa significa per me volare alto. Si tratta di prendere un sentimento astratto e spesso perturbante e lavorarci sopra per convertirlo in una sorta di piano attuabile, di mettere le mani nella materia grezza e procedere verso una soluzione più ampia.

Intendiamoci: stiamo parlando di un processo che non sempre è così rapido, un processo che il più delle volte richiede tempo e pazienza. Non c'è niente di male a starsene seduti a ribollire per un po', a vivere nell'agitazione causata dall'ingiustizia o dalla paura o dal dolore, o a esprimere la propria sofferenza. Non c'è niente di male nel concedervi lo spazio di cui avete bisogno per riprendervi o guarire. Per me, volare alto di solito implica prendermi una pausa prima di reagire. È una forma di autocontrollo, una linea tracciata tra i nostri impulsi migliori e quelli peggiori. Volare alto significa resistere alla tentazione di lasciarsi trascinare dalla furia superficiale e dal disprezzo corrosivo e capire invece come rispondere con voce chiara a tutto ciò che di superficiale e corrosivo ci circonda. È quello che succede quando permettiamo a una reazione di maturare in una risposta.

Perché è proprio questo il punto: le emozioni non sono progetti. Non risolvono problemi e non correggono errori. Potete sentirle – anzi, è *inevitabile* che le sentiate – ma dovete fare attenzione a non lasciare che vi guidino. La rabbia può rivelarsi un parabrezza sporco. Il dolore è come un volante difettoso. La delusione se ne starà da sola sul sedile posteriore, imbronciata e inutile. Se non le utilizzate per un fine costruttivo, queste emozioni vi porteranno dritti dentro un fosso.

Il mio potere è sempre dipeso dalla capacità di non finire in quel fosso.

Quando la gente mi interroga sul volare alto, rispondo che per me si tratta di fare tutto ciò che serve affinché il nostro lavoro conti e la nostra voce venga udita, nonostante i «nonostante». Essere flessibili e capaci di adattarsi ai cambiamenti è certamente d'aiuto. E ho scoperto che è più facile percorrere questa strada quando si è pronti e si ha una certa pratica con una gamma completa di strumenti. Volare alto non riguarda solo ciò che accade in un singolo giorno o mese oppure all'interno di un ciclo elettorale. Riguarda il corso intero di una vita, di una generazione. Volare alto ha una valenza dimostrativa, è l'impegno a mostrare ai nostri figli, ai nostri amici, ai nostri colleghi e alla nostra comunità cosa vuol dire vivere con amore e agire con integrità morale. Perché alla fin fine, almeno secondo quella che è la mia esperienza, ciò che mettiamo in circolo per gli altri – che sia speranza o odio – non farà che replicarsi.

Ma attenzione: volare alto è un lavoro, il più delle volte pesante, noioso, spiacevole e feroce. Dovrete ignorare chi semina odio e dubbio. Dovrete costruire muri tra voi e quanti vorrebbero vedervi fallire. E dovrete continuare a lavorare quando gli altri, intorno a voi, potrebbero essersi stancati o arresi al cinismo. È quello che cercava di ricordarci il compianto leader dei diritti civili John Lewis. «La libertà non è uno stato; è un atto», scriveva. «Non è un giardino fatato arroccato su un altopiano remoto in cui possiamo finalmente sederci e riposare.»[4]

Viviamo in un'epoca in cui reagire è diventato quasi troppo facile, troppo comodo. La rabbia si diffonde senza incontrare ostacoli, così come il dolore, la delusione e il panico. Informazione e disinformazione sembrano fluire alla stessa velocità. I pollici versi ci mettono nei guai, diventando facili vettori della nostra collera. Possiamo benissimo scrivere due paroline rabbiose e proiettarle come razzi nella stratosfera digitale, senza mai sapere di preciso dove, come o chi andranno a colpire. E sì, la rabbia e la disperazione che proviamo hanno spesso una giustificazione. Ma la domanda è: che farne? Possiamo assoggettarle alla disciplina in modo da trasformarle in qualcosa di più duraturo di un semplice rumore di fondo? L'autocompiacimento, di questi tempi, indossa spesso la maschera della comodità: ci basta cliccare su «Mi piace» o ritwittare un post e poi applaudire la nostra presenza attiva per quei tre secondi di impegno. Siamo diventati bravissimi a fare rumore e a congratularci a vicenda, ma a volte ci dimentichiamo di fare il lavoro vero. Con un investimento di tre secondi, possiamo forse generare un'impressione, non certo produrre un cambiamento.

Le nostre sono reazioni o risposte? Vale la pena di pensarci su, a volte. È una domanda che mi pongo prima di pubblicare qualsiasi contenuto sui social media o di fare qualsiasi tipo di commento in pubblico. Sto agendo d'impulso, sto solo cercando di sentirmi meglio? Ho legato i miei sentimenti a qualcosa di concreto e attuabile, o me ne sto semplicemente lasciando guidare? Sono pronta a fare il lavoro necessario per apportare un cambiamento?

Per quanto mi riguarda, il processo di scrittura può essere uno strumento incredibilmente proficuo quando si tratta di volare alto. È un mezzo attraverso il quale riesco a farmi strada tra le emozioni che provo, filtrandole in forme che abbiano una certa utilità. Durante la campagna di Barack e lungo tutti gli anni trascorsi alla Casa Bianca, ho avuto la fortuna di lavorare con *speechwriter* di talento che si sedevano al mio tavolo e lasciavano che riversassi verbalmente il mio cervello nel loro, prendendo appunti mentre lavoravo sui miei sentimenti più viscerali per aiutarmi a dare un senso e un ordine ai pensieri.

Condividere quello che ho in testa a voce alta con un ascoltatore fidato mi ha sempre aiutata a testare le mie idee alla chiara luce del giorno. Mi consente di sbrogliare il groviglio dell'ira e delle preoccupazioni per andare in cerca di un ragionamento più ampio. Mi consente di discernere cosa è produttivo da cosa non lo è, e di approdare a un quadro più elevato di verità personali. Ho imparato che solo di rado i miei primi pensieri sono davvero preziosi: in realtà, sono soltanto un punto di partenza. Mettendo tutto nero su bianco, posso continuare a perfezionare, rivedere e ripensare così da muovermi verso qualcosa che abbia una finalità concreta, reale. Il processo di scrittura è diventato uno degli strumenti più potenti della mia vita.

Se quel primo discorso alla convention di Denver nel 2008 ha segnato per me una sorta di esordio, la rampa di accesso all'esperienza come first lady, quello che ho tenuto nel 2016 mi è parso come la rampa di uscita, l'inizio della fine.

Avevo le mie parole, il mio messaggio, i miei sentimenti più profondi. Avevo tutto in testa, ben assimilato e testato. Ancora una volta, però, le cose non sono andate del tutto lisce. Non per via di un gobbo non funzionante, stavolta, ma a causa di un temporale estivo di proporzioni epiche che imperversava sopra Filadelfia proprio mentre il mio aereo stava iniziando le manovre di discesa.

Viaggiavo con alcuni membri dello staff e mancava circa un'ora al mio discorso alla convention quando, all'improvviso, si è scatenata una turbolenza, facendoci sobbalzare sui sedili. Il pilota dell'Air Force One ci ha invitato via interfono ad allacciarci le cinture, aggiungendo qualcosa circa la necessità di spostare l'atterraggio nel Delaware a causa della situazione meteorologica. La notizia ha immediatamente innescato una consultazione febbrile tra i membri dello staff su come gestire il ritardo: quella sera, alla convention, ero l'oratrice di punta, il perno intorno al quale era stato strutturato il programma.

Quel sobbalzo iniziale, come avremmo presto avuto modo di scoprire, era solo un antipasto: un minuto dopo l'aereo ha virato violentemente, come se fosse stato sbalzato via da un enorme mostro notturno che fluttuava nella pioggia scrosciante. Per un paio di secondi ci è sembrato di precipitare, come se fossimo completamente fuori controllo. Intorno a me, le persone hanno iniziato a urlare e a singhiozzare mentre i fulmini rischiaravano il cielo e l'aereo beccheggiava tra le nuvole. Sotto di noi, riuscivo a distinguere le luci soffuse di qualche città. Non pensavo alla morte. Volevo tenere quel discorso e basta.

In quel momento ero first lady da quasi otto anni. Mi ero seduta al capezzale di soldati che cercavano di riprendersi da ferite di guerra devastanti. Avevo pianto con una madre la cui figlia quindicenne era stata uccisa a colpi di arma da fuoco in un parco di Chicago mentre tornava a casa da scuola. Avevo contemplato dall'interno la minuscola cella della prigione in cui Nelson Mandela aveva trascorso in isolamento la maggior parte dei suoi ventisette anni di detenzione, trovando comunque la forza per andare avanti. Avevamo celebrato l'approvazione dell'Affordable Care Act, la sentenza con cui la Corte suprema sanciva la legittimità del matrimonio egualitario e decine di altri trionfi, piccoli e grandi. Ed ero entrata nello Studio ovale per abbracciare Barack – eravamo entrambi affranti e senza parole – il giorno in cui un uomo armato aveva ucciso venti studenti di una scuola elementare del Connecticut.

A più riprese mi ero ritrovata confusa, scoraggiata e scossa dal mondo in cui vivevamo, mentre gli alti e bassi del mio lavoro sono come le montagne russe. Ero stata esposta a ogni aspetto della condizione umana, colpita da ondate alterne di gioia e angoscia, costantemente messa di fronte al fatto che ci fosse poco di prevedibile e che ogni due passi in avanti qualcosa avrebbe inevitabilmente riaperto vecchie ferite, riportandoci tutti indietro.

Non passava giorno in cui non pensassi a mio padre e alla malattia che lo aveva lentamente privato della forza e della mobilità, alla pazienza e alla grazia che aveva mostrato nell'affrontare gli ostacoli emotivi e fisici che quella condizione comportava – il modo in cui era rimasto presente per la famiglia, rinnovando più o meno quotidianamente la propria speranza e la propria apertura alla possibilità, per poter andare avanti. Era stato lui a darmi l'esempio di cosa significasse «volare alto». Capivo quale fosse la posta in gioco nel 2016, a cosa andavamo incontro come nazione e quanto era estrema la scelta che ponevano le nuove elezioni. Seduta su quell'aereo, mi sentivo in fermento. Ero preoccupata, ma anche corazzata. Sapevo che, a quel punto, per mandarmi fuori rotta ci sarebbe voluto ben più di una turbolenza sopra i cieli di Filadelfia.

Alla fine, siamo riusciti ad atterrare e siamo arrivati al centro congressi. Ho indossato rapidamente il mio abito, ho infilato un paio di scarpe con i tacchi, ho messo il rossetto e sono salita sul palco. Ho chiamato a raccolta tutta la calma possibile e, dopo una controllata ai gobbi e al confidence monitor, ho sorriso e ho salutato il pubblico con un cenno, prima di cominciare a parlare.

È strano dire che, dopo averlo fatto una o due volte, cominci a sentirti davvero a tuo agio nell'esibirti di fronte a una folla da stadio, ma è la verità. O forse, per essere più precisi, ti abitui semplicemente all'imbarazzo. Diventi tranquillamente spaventato. Il brivido snervante dell'adrenalina e tutte le incertezze che derivano dall'affrontare dal vivo un pubblico infervorato iniziano ad avere meno impatto di un tempo. La sensazione generale si fa più simile al carburante che alla paura. Soprattutto se hai l'urgenza reale di comunicare qualcosa.

Il discorso pronunciato quella sera a Filadelfia non è stato meno sentito e sincero del primo tenuto a Denver tanti anni prima. L'unica differenza era che presto saremmo usciti di scena. Indipendentemente da ciò che fosse accaduto a quella convention, o alle successive elezioni, indipendentemente da chi fosse diventato presidente, la mia famiglia avrebbe lasciato la Casa Bianca nel giro di sei mesi circa e sarebbe andata in vacanza. In un modo o nell'altro, per noi l'avventura presidenziale era giunta al termine.

Traboccavo di sentimenti, quella sera. Ma stavo cercando di incanalarli tutti in un progetto. Ho ricordato alla platea che nessun esito era scontato. Ho ribadito che non potevamo permetterci di cedere alla stanchezza, alla frustrazione o al cinismo alla vigilia delle elezioni. Che dovevamo scegliere di volare alto e guadagnarci la vittoria, conquistando ogni voto casa per casa. Ho concluso il discorso dicendo: «Dunque, mettiamoci al lavoro».

Poi sono tornata in aeroporto e sono risalita sull'aereo, decollando nell'aria ancora instabile.

Quello che ho detto quella sera potrebbe aver contribuito a inquadrare la frase «Quando gli altri volano basso, noi voliamo alto» nel più ampio spirito del tempo, ma alla fine il resto non si è tradotto nei fatti. Se tanti hanno sentito la chiamata, troppi di noi si sono dimenticati di mettersi effettivamente all'opera. Il giorno delle elezioni, più di novanta milioni di elettori aventi diritto sono rimasti a casa. E così, siamo finiti dritti nel fosso. Abbiamo dovuto convivere con quei risultati per quattro anni. Lo stiamo facendo ancora adesso.

Come possiamo raddrizzare la rotta nel cuore di una tempesta che non mostra segni di cedimento? Come possiamo trovare stabilità quando intorno a noi continua la turbolenza e il terreno sembra muoversi costantemente sotto i piedi? Penso che tutto inizi, in parte, quando riusciamo a individuare una spinta all'azione, una motivazione all'interno del flusso, quando ci ricordiamo che un potere anche piccolo può rivelarsi significativo. Ogni voto è importante. Prestare aiuto a un vicino è importante. Dedicare tempo ed energia a una causa in cui credete è importante. Far sentire la vostra voce quando vedete una persona o un gruppo di persone che vengono denigrate o disumanizzate è importante. Mostrare quanto siete felici per un'altra persona, che si tratti di vostro figlio, di un collega o anche solo di qualcuno che incontrate per strada, è importante. I vostri piccoli gesti diventano uno strumento attraverso cui raggiungere visibilità, solidità e senso di connessione. Possono aiutarvi a tenere a mente che anche voi siete importanti.

I problemi cui dobbiamo far fronte non fanno che esacerbarsi. Avremo bisogno di riscoprire la fiducia negli altri, avremo bisogno di ripristinare parte della fede perduta, tutto ciò che ci è stato portato via con la forza negli ultimi anni. Niente di tutto questo si fa da sé. Non succederà granché se ci isoliamo nelle nostre bolle identitarie, comunicando solo con quanti condividono le nostre opinioni, parlando più di quanto ascoltiamo.

Pochi giorni prima che tenessi quel discorso a Filadelfia, la rivista online «Slate» aveva pubblicato un articolo dal titolo *Il 2016 è l'anno peggiore della storia?* citando a riprova un po' di tutto, dall'evidente popolarità di Trump alle sparatorie della polizia, dal virus Zika alla Brexit.[5] La cosa interessante, però, è che non ci eravamo ancora imbattuti nel 2017, divenuto, secondo la copertura mediatica di un sondaggio globale sulla salute emotiva condotto da Gallup, «l'anno peggiore per il genere umano almeno nell'ultimo decennio».[6]

A quell'anno, ovviamente, ne è seguito un altro e poi un altro ancora, ciascuno segnato da nuove crisi e nuove catastrofi. Il «Time» ha definito il 2020 «l'anno peggiore di sempre», anche se per molti, di fatto, non è che il 2021 sia stato migliore.[7] Il punto è che l'incertezza è una costante; continueremo a lottare, a confrontarci con la paura, a cercare di raggiungere un senso di controllo. Non è detto che riusciremo a orientarci all'interno del momento storico che attraversiamo. Le cose andranno meglio oppure peggio? Per chi? E come facciamo a stabilirlo? Una giornata fortunata per voi potrebbe essere terribile per il vostro prossimo. Una nazione potrebbe prosperare mentre un'altra attraversa un periodo di sofferenza. Gioia e dolore procedono spesso gomito a gomito, mescolandosi. La maggior parte di noi si trova a vivere nel regno che corre tra gli estremi opposti, seguendo il più innato degli impulsi umani, ovvero quello di aggrapparsi alla speranza. *Non mollare,* ci diciamo a vicenda. *Continua a lavorare.*

Anche questo è importante.

Quando sono diventata madre e ho cominciato a chiedere consigli alla mia su come crescere le mie figlie, una delle cose che mi ha detto è stata: «Non fingere mai di avere tutte le risposte. Non c'è niente di male se dici: "Non lo so"».

Ho iniziato questo libro elencando alcune delle domande che mi vengono rivolte dagli altri. Lo chiuderò ricordandovi che, in realtà, non ho poi tutte queste risposte da dare. Credo che le risposte autentiche provengano da dialoghi più lunghi e più profondi – da quella conversazione che stiamo cercando di fare tutti insieme.

Non possiamo sapere con certezza cosa ci riserva il futuro, ma penso sia importante tenere a mente il fatto che non siamo impotenti di fronte alle preoccupazioni che ci assillano. Che siamo in grado di realizzare quel cambiamento che ci siamo prefissi, cambiamento che è una risposta – e non una reazione – al flusso. Possiamo agire partendo dalla speranza, piuttosto che dalla paura, accostando la ragione alla rabbia. Ma avremo bisogno di rinnovare più volte la nostra fiducia nelle possibilità. Penso al credo silenzioso di mio padre ogni volta che il bastone lo tradiva e lui finiva di peso a terra: *Cadi, ti rialzi, vai avanti.*

Un motto come «Voliamo alto» è inutile se ci limitiamo semplicemente ad ascoltarlo e a ripeterlo. Non possiamo fermarci alle parole. Non possiamo dichiararci tristi o arrabbiati o ancora dediti a una causa o speranzosi e poi restarcene inerti, senza far nulla. È il genere di lezione che non smettiamo mai di imparare. Come abbiamo visto nelle elezioni del 2016, può essere presuntuoso dare per scontato che tutto andrà a nostro favore e pericoloso lasciare il nostro destino interamente nelle mani di altri quando in gioco c'è la scelta di chi dovrà governarci. Dobbiamo operare scelte colme di speranza e rinnovare di continuo il nostro impegno nel lavoro che queste scelte comportano. La libertà non è un giardino fatato, come diceva John Lewis. È un bilanciere che issiamo di continuo sopra la testa. A volte volare alto può implicare la scelta di agire all'interno di determinati confini, anche se questi stessi confini non sono altro che una provocazione. Potrebbe essere necessario salire su una grande scalinata perché tutti i partecipanti al ballo possano vedervi e sentirvi mentre rivolgete il vostro appello.

Durante tutta la nostra permanenza alla Casa Bianca, sapevo di essere obbligata a tenere addosso l'armatura e ad accettare, al tempo stesso, di negoziare, cosciente del fatto che non rappresentavo soltanto me stessa. Dovevo mantenermi fedele al mio lavoro, ai miei progetti, alle mie speranze, concentrarmi sull'azione, piuttosto che sulla reazione. Mettermi sulla difensiva sarebbe stato controproducente e basta. Ho dovuto costruire la mia legittimità e la mia credibilità un po' per volta, evitando il più possibile le tante trappole disseminate lungo il percorso, stando ben attenta a non cadere nel fosso. Tutto questo ha richiesto strategie e compromessi? Certo che sì. A volte bisogna spianare la strada prima di poterla percorrere, anche per renderla percorribile da altri. Come ho già detto, si tratta spesso di un lavoro noioso, spiacevole e feroce. Secondo la mia esperienza, però, è quello che bisogna fare quando si sta cercando di varcare una nuova frontiera.

Esiste un genere di domanda che mi viene posta da giovani motivati e al tempo stesso impazienti, stufi di come vanno le cose. Sono domande che riguardano la natura dell'attivismo, della resistenza e del cambiamento più in generale: fino a che punto dobbiamo conformarci, attenerci alle regole, e fino a che punto dobbiamo invece opporci? Dobbiamo abbattere il sistema o cercare piuttosto di cambiarlo con pazienza da dentro? Siamo più efficaci se ci adoperiamo per il cambiamento rimanendo ai margini o seguendo il flusso della corrente? Com'è fatta la vera audacia? Quand'è che un certo grado di civiltà diventa una scusa dietro cui nascondere l'immobilismo?

Non sono certo domande originali. In realtà, si tratta di un dibattito antico. Ogni generazione lo riscopre da sé. E le risposte non sono semplici. Ecco perché il dibattito rimane vivo, perché le domande restano aperte e perché, se siete fortunati, un giorno i vostri figli e i vostri nipoti verranno da voi, ardenti di passione, frustrati, impazienti e pronti alla sfida, riproponendovi le stesse domande proprio mentre soppesano quei confini che avete cercato di rendere più vasti per loro.

Avevo appena un anno quando John Lewis e circa seicento sostenitori dei diritti civili marciarono attraverso l'Edmund Pettus Bridge a Selma, in Alabama, subendo attacchi violenti da parte degli uomini dello sceriffo segregazionista e della polizia di Stato mentre cercavano di richiamare l'attenzione sulla necessità che il diritto al voto venisse tutelato dalla legge federale. Ero troppo giovane per ricordare il giorno in cui, dalla scalinata del Campidoglio di Montgomery, il dottor Martin Luther King Jr si rivolse non solo alle circa venticinquemila persone che alla fine si erano unite a Lewis e agli altri nella marcia, ma a un intero Paese che stava finalmente prestando attenzione a quella battaglia. Quel giorno, tra le altre cose, il dottor King spiegò che la battaglia era tutt'altro che conclusa e la meta tutt'altro che raggiunta. Alla folla disse: «So che oggi vi state chiedendo: "Quanto tempo ci vorrà?"».

La sua risposta, mentre esortava gli americani a impegnarsi nella nonviolenza e a continuare a lavorare per la giustizia, alimentando la fede e la determinazione, fu: «Non molto».[8]

A volte penso che, quando ci confrontiamo sulla natura del cambiamento e del progresso, ciò di cui dibattiamo è, fondamentalmente, il significato di quel *Non molto.* Ci vogliono anni, decenni o intere generazioni per avvicinarci quantomeno all'equità e alla pace? Ci si arriva a piccoli passi, a grandi falcate o tutto d'un balzo? Quali strategie sono richieste? Quali compromessi diventano necessari? A costo di quali sacrifici? Quanto dura di preciso questo *Non molto*?

Quando i genitori di Barack si sposarono alle Hawaii, nel 1961, il matrimonio interrazziale era considerato illegale in quasi metà del Paese, essendo vietato in ventidue Stati. Fu solo quando avevo dieci anni che alle donne americane venne riconosciuto il diritto di richiedere una carta di credito senza il permesso del marito. Mio nonno è cresciuto nel Sud in un periodo in cui ai neri sparavano addosso se solo avevano l'ardire di presentarsi al seggio elettorale. Ci pensavo ogni volta che, affacciata al balcone Truman della Casa Bianca, guardavo le mie due bambine dalla pelle scura giocare sul prato.

In quanto first lady nera, ero un'eccezione. E questo significava che dovevo aiutare il mondo a adattarsi a me mentre io stessa cercavo di adattarmi a quel ruolo. Barack faceva più o meno la stessa cosa nei panni di presidente. Eravamo diversi, sì, ma non poi così tanto. E dovevamo dimostrarlo di continuo, ancora e ancora, sopportando tutte le occasioni in cui la nostra integrità veniva messa alla prova. Dovevamo rimanere flessibili e guardare bene dove mettevamo i piedi per evitare le trappole. A molte persone che conosco tocca lo stesso compito nella loro sfera personale e professionale – sono chiamate cioè a educare, a dare spiegazioni e insieme a rappresentare – anche se non gradiscono certo il surplus di lavoro che tutto questo comporta. Ci vogliono pazienza, destrezza e, spesso, un'armatura supplementare.

Il fatto che la Casa Bianca sembrasse una sorta di reggia non mi ha cambiata dentro. Poco alla volta, ho preso confidenza con il luogo, mostrando con il passare del tempo un po' più di me stessa. Se mi andava di ballare, ballavo. Se avevo voglia di fare battute, idem. Man mano che acquisivo dimestichezza con il mio compito, ho iniziato a fare qualche esperimento con i confini, concedendomi più occasioni di esprimere la mia creatività e connettendo in modo più organico il mio ruolo di first lady con la mia personalità. Questo significava anche comparire in TV e divertirmi a ballare con Jimmy Fallon o a fare piegamenti con Ellen DeGeneres per promuovere Let's Move!, la mia iniziativa per la salute dei bambini. Oppure potevo saltare la corda o giocare a calcio con dei ragazzini sul prato della Casa Bianca. Potevo fare rap con una star del *Saturday Night Live* per ricordare ai giovani perché è importante ottenere una laurea. Il mio obiettivo è sempre stato quello di svolgere un lavoro serio in maniera gioiosa, di mostrare agli altri cos'è possibile fare finché scegliamo di volare alto.

Il modo migliore per contrastare un brutto stereotipo, ho pensato, era quello di essere me stessa, di continuare a dimostrare quanto quello stereotipo fosse sbagliato, e non importava quanti anni ci sarebbero voluti, né che certe persone non avrebbero mai cambiato idea. Allo stesso tempo, ho cercato di lavorare con ostinata costanza per modificare i sistemi che lo avevano prodotto all'origine. Ho dovuto usare giudizio nell'accrescere la mia influenza e maneggiare la mia voce con cura, in un modo che speravo potesse ampliare i confini per chi sarebbe venuto dopo di me. Sapevo che avrei avuto maggiori possibilità di successo se avessi indirizzato tutti i miei sforzi a raggiungere gli obiettivi che mi ero prefissata come first lady, evitando di lasciarmi distrarre o sviare da quanti sarebbero stati felicissimi di vedermi fallire. L'ho considerata una sfida, una specie di prova morale. Come sempre, calibravo le mie energie con attenzione, contando bene tutti i passi.

La giudice della Corte suprema Ketanji Brown Jackson ha raccontato una storia significativa sulla sua esperienza di studentessa universitaria a Harvard. Era arrivata al campus nel 1988, dal Sud della Florida, con l'intento di studiare Scienze politiche. Amava il teatro e non vedeva l'ora di fare qualche provino. Era entrata anche a far parte della Black Students Association.

Quando uno studente bianco appese una bandiera confederata alla finestra di un dormitorio che si affacciava su uno dei cortili interni del campus, la Black Students Association non perse tempo a organizzare una serie di proteste. Jackson era in un gruppo di studenti perlopiù neri che, lasciato perdere tutto il resto, cominciarono a far circolare petizioni, distribuire volantini e pianificare manifestazioni e raduni, riuscendo nell'intento di mettere sotto pressione l'amministrazione del college e attirando una significativa copertura mediatica a livello nazionale. Per quanto la loro opposizione fosse efficace, la futura giudice della Corte suprema era già abbastanza saggia da fiutare la trappola.

«Mentre eravamo impegnati a fare tutte quelle cose molto nobili, non eravamo in biblioteca a studiare», avrebbe spiegato in seguito. Quel lavoro, l'essere costretti a giocare in difesa, aveva un costo. Sottraeva loro ogni energia e li escludeva dalle prove teatrali, dalle aule studio e dagli eventi sociali. Precludeva loro qualsiasi visibilità in altri ambiti, impedendo che venissero visti come creativi, produttivi e ricchi di idee interessanti. «Ricordo di aver pensato quanto fosse ingiusto per tutti noi», ha raccontato.

A quel punto si era resa conto che tutto questo, in effetti, era parte del meccanismo più generale dell'intolleranza, un modo per impedire a chiunque stesse ai margini di fare troppa strada all'interno, un modo per farli sloggiare dalla scalinata e cacciarli dalla sala da ballo. Come ha detto lei stessa: «Era esattamente ciò che voleva lo studente che aveva appeso la bandiera: distrarci a tal punto da impedirci di superare i corsi e rafforzare così lo stereotipo che non ci voleva abbastanza in gamba per un posto come Harvard».[9]

Trovarsi ai margini è una cosa complicata. Ancora di più lo è combattere per l'equità e la giustizia da quella posizione. Ecco perché credo che dobbiate sceglervi le vostre battaglie, che dobbiate prestare attenzione ai vostri sentimenti e pensare ai vostri obiettivi a lungo termine. I più incisivi tra noi imparano presto che questo, di per sé, è un requisito fondamentale per volare alto.

Parlo spesso con giovani che cercano faticosamente il modo di spendere al meglio le proprie energie, il proprio tempo e le proprie risorse. Si sentono spesso sotto pressione, intrappolati tra mondi diversi, alle prese con una sorta di sindrome del sopravvissuto, dopo aver lasciato una famiglia o una comunità per poter realizzare i loro sogni. Quando raggiungete qualche traguardo, le persone che non hanno mai percepito la vostra diversità potrebbero iniziare a considerarvi effettivamente diversi, come se foste cambiati. Danno per scontato che, se siete riusciti a superare i cancelli, adesso viviate per forza nel palazzo. E questo diventa un ulteriore carico di cui sobbarcarsi. Vi crea più ostacoli da superare. Più questioni da affrontare. Potreste ottenere una borsa di studio per il college e diventare l'orgoglio della vostra famiglia o dell'intero quartiere, ma questo non significa per forza che avrete i mezzi per pagare la bolletta della luce di vostro zio o per tornare a casa ogni fine settimana per potervi prendere cura della nonna o dei fratelli più piccoli. Il successo implica la necessità di fare molte scelte difficili e di tracciare le linee che le accompagnano, confidando nel fatto che i progressi sapranno ripagarvi nel tempo, se solo riuscirete a rimanere in carreggiata. Non dovrete fare altro che ripetervi: *Non molto.*

La giudice Jackson ha detto che il regalo più grande che i suoi genitori le hanno fatto da bambina è stata una certa forma di tenacia, una sorta di ostinata fiducia. Cresciuta con un nome inconfondibilmente africano, spesso un'eccezione a scuola e poi sul lavoro, ha imparato a erigere un muro mentale tra sé e i giudizi degli altri, rimanendo caparbiamente concentrata su quelli che per lei erano gli obiettivi più importanti e impedendo che l'ingiustizia o l'aggressività la portassero fuori rotta. Ha attribuito il suo successo a tre elementi: il duro lavoro, le occasioni colte e una scorza coriacea. Quest'ultimo, la scorza coriacea, implica imparare che cosa fare della rabbia e del dolore che sentite, dove incanalarli, come convertirli in un potere reale. Implica scegliere una destinazione ed essere consapevoli che ci vorrà del tempo per arrivarci. «La cosa migliore che potete fare per voi stessi e per la vostra comunità», ha detto la stessa Jackson, parlando a un gruppo di studenti neri nel 2020, «è rimanere concentrati.»[10]

Volare alto significa imparare a tenere fuori il veleno e dentro il potere. Significa usare le proprie forze in modo assennato ed essere limpidi nelle proprie convinzioni. Perseverare in certi casi e ritirarsi in altri, concedendosi l'opportunità di riposare e rigenerarsi.

Riconoscere che si ha a disposizione un budget limitato, come tutti, è sicuramente d'aiuto. Quando si tratta della nostra attenzione, del nostro tempo, della nostra credibilità, della benevolenza che dimostriamo e che ci dimostrano gli altri, lavoriamo con un insieme di risorse limitato ma rinnovabile. Per tutta la vita, non facciamo altro che svuotare e riempire le nostre tasche. Guadagniamo, mettiamo da parte e poi spendiamo.

«Siamo ricchi?» chiese una volta mio fratello a nostro papà quando eravamo piccoli.

Mio padre si limitò a ridere e a rispondere: «No». Ma quando arrivò lo stipendio, andò in banca e invece di depositarlo lo incassò, tornando a casa con un grosso mucchio di banconote che sparse sul suo letto, così che io e Craig potessimo vedere ogni singolo dollaro. A me parevano una montagna.

Per qualche minuto sembrò quasi che fossimo ricchi davvero.

Poi mio papà andò a prendere la pila di bollette che arrivavano ogni mese e, una dopo l'altra, aprì le buste e ci spiegò quanto dovevamo pagare per ciascuna cosa – tanto per l'elettricità, tanto per le rate dell'auto, tanto per il gas con cui cucinare e per le provviste in frigo. Cominciò a infilare nelle varie buste l'importo approssimativo da versare, elencando nel frattempo tutte le altre voci di spesa: la benzina per l'auto, per esempio, l'affitto che andava ogni mese a zia Robbie, i vestiti nuovi per la scuola, la settimana di vacanza nel Michigan, qualche risparmio per il futuro.

Una banconota dopo l'altra, demolì la montagna finché sul letto non rimase che una singola banconota da venti, ovvero quanto bastava per qualche capriccio come un gelato e un film al drive-in.

Non eravamo ricchi, ci stava dicendo papà, ma eravamo saggi. Eravamo attenti. E consapevoli. Vedevamo il ciglio del fosso, ma questo non significava che avremmo messo il piede in fallo. Se fossimo stati avveduti con le spese, stava cercando di dimostrarci, non avremmo mai avuto problemi. Avremmo avuto il gelato. E i film. E un giorno saremmo andati al college. La nostra accortezza ci avrebbe permesso di raggiungere l'obiettivo.

È stato questo l'approccio che ho adottato nel mio ruolo come first lady, tenendo sempre conto delle risorse a mia disposizione: quanto dovevo spendere e cosa dovevo ancora guadagnare. Ho cercato di imprimere una strategia al mio impegno, di attenermi a piani attuabili e di lasciare agli altri la rabbia sconsiderata. Ho indossato la più sana delle armature alla mia portata. Mi sono mantenuta fisicamente in forma. Ho mangiato bene e ho dato la priorità al sonno. Ho alimentato la mia felicità e la mia stabilità grazie al tempo trascorso con amici e famigliari, attingendo alla forza del mio Kitchen Table. Quando la mia mente pavida si risvegliava, la tranquillizzavo parlandole. Quando i miei sentimenti si facevano più intensi – quando qualcosa provocava la mia collera, quando ribollivo per la frustrazione – mi prendevo del tempo per analizzarli, il più delle volte usando mia mamma e i miei amici come casse di risonanza, con la speranza di affinare il mio piano di azione.

Conoscevo la mia storia. Conoscevo me stessa. E sapevo anche di non poter essere tutto per tutti. Questo mi ha aiutato a rimanere salda di fronte alle critiche più aspre e ai fraintendimenti. Sapevo quali erano le mie priorità e avevo alle spalle molti anni di pratica nel tracciare confini, cosa che mi ha permesso di dire «no» in maniera chiara ma garbata a molte delle richieste che mi arrivavano. Ho abbracciato il potere delle piccole cose restringendo il campo della mia attenzione, scegliendo di concentrarmi su determinate questioni chiave che erano significative per me senza per questo smettere di dedicarmi alla famiglia. E, lungo il cammino, ho cercato di essere gentile con me stessa, di proteggere e condividere la mia luce mentre attingevo dalla luce sconfinata che mi offrivano gli altri, le tante persone incontrate strada facendo, in questo mondo così bello e lacerato.

Ogni volta che sentivo lo stress salire sopra il livello di guardia o percepivo un rimescolio di cinismo, decidevo di andare a far visita a una scuola o invitare un gruppo di bambini alla Casa Bianca, cosa che bastava a ripristinare immediatamente la prospettiva perduta e a donare nuova chiarezza ai miei propositi. I bambini mi ricordano sempre che nasciamo tutti pieni di amore e con la mente aperta, liberi dall'odio. Sono la ragione per cui manteniamo una scorza coriacea e continuiamo a cercare di spianare la strada. Guardando un bambino diventare adulto, capiamo quanto il processo può essere ordinario e profondo allo stesso tempo, lento e insieme fulmineo, fatto a piccoli passi, a grandi falcate e anche tutto d'un balzo. Cominciamo a intuire il significato di *Non molto.*

Le mie figlie adorano farsi due risate guardando le foto di famiglia, non solo quelle in cui sono due tenere bambine o festeggiano il compleanno con altri ragazzini, ma anche quelle più vecchie. Magari ridono dopo aver scovato una mia foto di quando, a diciassette anni, sfoggiavo una capigliatura afro e vestivo in jeans anni Ottanta dalla testa ai piedi, o una in cui Barack era un bimbo dalla faccia tonda che sguazzava in riva al mare delle Hawaii. Oppure ammirano incantate un ritratto color seppia di fine anni Cinquanta in cui la mia giovane mamma ha un'aria decisamente elegante. Guardano queste foto e dicono che siamo in tutto e per tutto noi, trovando quasi miracolosa questa continuità nel tempo.

E la cosa divertente è che è vero e allo stesso tempo non lo è. Siamo noi, certo – c'è la stessa curva senza età delle guance di mia madre, c'è quella riconoscibile esuberanza nel sorriso fanciullesco di Barack –, ma ovviamente siamo anche diversi rispetto a come eravamo una volta. I vestiti, i capelli, la pelle levigata, la qualità della fotografia stessa: tutto testimonia di anni ormai andati, di viaggi intrapresi, di perdite e conquiste, dell'infinito confluire di un'epoca nella successiva. È questo ciò che rende le vecchie foto così interessanti e così divertenti da guardare: ci mostrano la nostra continuità e, al tempo stesso, quanto siamo cambiati.

Un giorno volgeremo indietro lo sguardo al momento che stiamo vivendo adesso. Lo vedremo da una prospettiva storica diversa, da un insieme di circostanze future che difficilmente possiamo immaginare ora. Mi chiedo cosa faremo di questo tempo, cosa sembrerà riconoscibile e cosa invece superato. Quali storie si racconteranno? Quali cambiamenti saremo riusciti a innescare? Cosa avremo dimenticato e cosa avremo custodito?

Può essere difficile portare avanti idee che invitano alla speranza – idee come riparazione, risanamento e reinven-

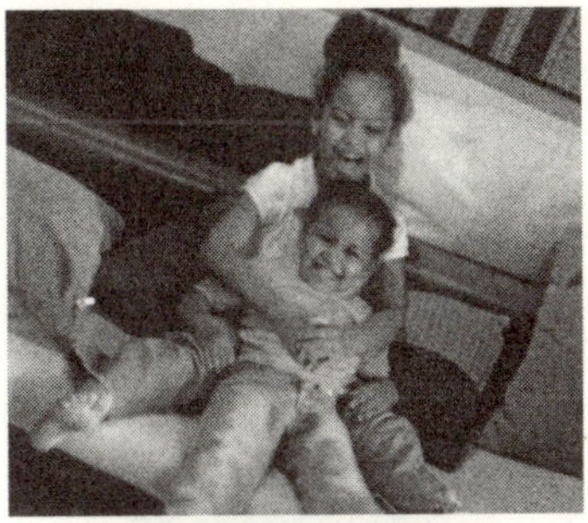

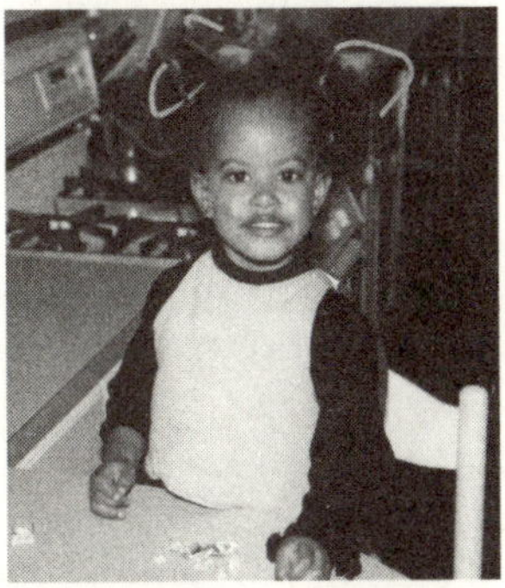

zione –, in parte perché a confronto di tutto ciò che ci ha impauriti e rattristati negli ultimi anni, di tutta la sofferenza tangibile e concreta, potrebbero sembrare concetti relativamente astratti. Ma il progresso richiede creatività e immaginazione. È così da sempre. L'ingegno nasce dall'audacia. Dobbiamo essere in grado di immaginare ciò che rientra nel novero delle possibilità – tutto ciò che non esiste ancora, il tipo di mondo in cui speriamo di vivere – evocandolo dall'ignoto, così da cominciare anche solo a predisporre un piano che ci consenta di arrivare lì dove vogliamo.

Ogni sogno latente si risveglia solo quando qualcuno ne è felice. Quando un insegnante dice: *Sono felice che oggi tu sia venuto a scuola.* O quando un collega dice: *Sono felice che tu stia esprimendo i tuoi pensieri.* O quando la persona con cui condividete l'esistenza dice: *Sono felice che dopo tutto questo tempo ti svegli ancora accanto a me al mattino.* Ricordiamoci innanzitutto di dare questi messaggi, di metterli in primo piano. *Sono felice che lavoriamo fianco a fianco. Sono felice di ciò che sei. E sono felice anche per me.* È questa la luce che è in noi, la luce che possiamo condividere.

Quanto al volare alto, dunque... abbiamo ancora modo di farlo? E prima ancora: dovremmo farlo? Ha ancora un senso, di fronte a tutto ciò che di cupo, spietato, angosciante ed esasperante c'è nel mondo in cui viviamo? Dove ci porta l'integrità nei momenti difficili?

Avverto tutte le emozioni grezze che avviluppano queste domande: la rabbia e la delusione, il dolore e il panico che molti di noi comprensibilmente provano. Ma non dimenticate quanto in fretta possono scaraventarci nel fosso.

Quello che voglio dire, quello che cercherò di ricordarvi sempre, è questo: volare alto è un impegno, e non di quelli particolarmente entusiasmanti, ad andare avanti. Funziona solo se ci mettiamo concretamente al lavoro.

Finché ci limitiamo a ripeterlo e ad appiccicarlo su prodotti che potremmo vendere su Etsy, un motto rimane vuoto. Abbiamo bisogno di incarnarlo, di riversarci dentro noi stessi, compresi la nostra frustrazione e il nostro dolore. Per ottenere risultati, occorre sollevare il bilanciere.

Quello che voglio dirvi, quindi, è di tenere vive la fiducia e la perseveranza, di rimanere umili ed empatici. Dite la verità, fate del vostro meglio per gli altri, mantenete la giusta prospettiva, capite la storia e il contesto. Siate assennati, siate tenaci e indignatevi.

Più di ogni altra cosa, però, non dimenticate di fare il lavoro che va fatto.

Continuerò ad aprire le vostre lettere. Continuerò a rispondere alla stessa domanda, se cioè sia importante volare alto. E lo farò dando invariabilmente la stessa risposta.

Sì, lo è, e sempre lo sarà.

RINGRAZIAMENTI

Mentre questo libro prendeva vita ho avuto la fortuna di godere del sostegno di molte persone fantastiche. Quello che voglio dire a ognuna di loro, dal profondo del cuore, è: *Sono felice di averti.*

Grazie a Sara Corbett per essere stata per me una vera e propria compagna e amica nel corso degli anni. Grazie per la tua passione, il tuo impegno e la tua incrollabile fiducia in questo libro. Grazie per esserti immersa senza timore in questo lavoro con una tale grazia, viaggiando insieme a me per tutto il Paese e ascoltandomi mentre esponevo le mie riflessioni e idee. Hai vissuto nel mio cervello e nella mia vita con un orecchio perspicace e compassionevole, e non riuscirei a immaginare di fare questo lavoro con nessun altro. Sei un autentico dono per me.

Alla Crown, Gillian Blake ha guidato abilmente il nostro processo lungo l'intero tragitto. È un'editor saggia, instancabile e incredibilmente talentuosa che si è dedicata anima e corpo al tentativo di migliorare questo libro. Maya Millett ha prestato il suo grande cuore e il suo acuto intelletto letterario all'editing di queste pagine, fornendo suggerimenti di ogni genere e incoraggiamento. Insieme hanno contribuito ad affinare le mie riflessioni e organizzare le mie idee, e sono state una presenza magnifica e stabilizzante durante alcuni mesi frenetici. Sono profondamente grata a entrambe, così come a Daniel Crewe, che ha fornito utili note editoriali dal Regno Unito.

Una parte del divertimento di pubblicare due libri in quattro anni è rappresentata dall'occasione di lavorare una seconda volta con molte delle stesse persone, e l'esperienza non fa che migliorare: David Drake ha svolto un ruolo essenziale nell'accompagnare nel mondo i miei due ultimi libri. È invariabilmente generoso nel dispensare la sua saggezza, piacevolmente aperto nei confronti del pensiero laterale e fa gli straordinari per garantire l'eccellenza di ogni cosa. È diventato un amico per ogni membro del mio team. In maniera simile Madison Jacobs è stata una brillante e instancabile fonte di sostegno per tutti noi, coinvolta in ogni aspetto della pubblicazione, e siamo giunti ad amarla sinceramente.

Sono ancora una volta grata a Chris Brand per il suo magnifico cover design e la direzione creativa, e a Dan Zitt per aver prodotto l'audiolibro. Gillian Brassil è tornata ad aiutarmi con le ricerche e con una competente verifica dei fatti; è davvero un sogno lavorare con lei: è rigorosa e curiosa, tanto allegra quanto efficiente. Miller Mobley, il mio fotografo preferito al mondo, ha scattato le foto di copertina dei miei due ultimi libri. Lui e il suo team lavorano con grande energia e professionalità e mi mettono sempre a mio agio. Vi rispetto e vi apprezzo tutti.

Continuo a beneficiare del considerevole talento della mia consulente d'immagine Meredith Koop, dotata di un occhio infallibile e di uno spirito fantastico. Yene Damtew e Carl Ray sono rimasti al mio fianco durante ogni passo di questo viaggio, apportando arte e calore e rafforzando la mia sicurezza in me stessa. Katina Hoyles ci ha sostenuto in una miriade di modi diversi. Queste persone per me significano molto di più di quanto non possano far pensare i loro titoli: occupano posti importanti al mio Kitchen Table e sono come membri della famiglia.

Tramite il nostro ufficio di Washington sono supportata da un incredibile team di donne geniali che condividono quotidianamente con me la loro luce. La loro solerzia, il duro lavoro e l'ottimismo costituiscono il carburante per tutto ciò che faccio. Grazie a Crystal Carson, Chynna Clayton, Merone Hailemeskel e Alex May-Sealey. E naturalmente a Melissa Winter: niente è possibile senza la tua guida stabile e la tua strepitosa leadership. Sono così felice di avere ognuna di voi.

Alla Penguin Random House rimango impressionata dalla salda partnership di Markus Dohle, il cui duraturo entusiasmo e la dedizione all'editoria di qualità sono davvero sbalorditivi. Madeline McIntosh, Nihar Malaviya e Gina Centrello hanno guidato questo progetto in maniera esperta e mirabile, intervenendo con perenne eleganza e secondo gli standard più elevati. Grazie per tutto ciò che fate.

Sono in debito con il solerte team di produzione alla Crown – Sally Franklin, Linnea Knollmueller, Elizabeth Rendfleisch e Mark Birkey – così come con Denise Cronin per aver aiutato questo libro a trovare il suo pubblico all'estero. Michelle Daniel, Janet Renard, Lorie Young, Liz Carbonell e Tricia Wygal hanno fornito revisioni e letture di bozze di livello sublime; Scott Cresswell ha coprodotto l'audiolibro; Jenny Pouech ha collaborato con la ricerca delle fotografie; la North Market Street Graphics ha contribuito all'impaginazione. Sono felice di avervi tutti, dal primo all'ultimo. Ulteriori ringraziamenti al più ampio staff di persone talentuose alla Penguin Random House: Isabela Alcantara, Todd Berman, Kirk Bleemer, Julie Cepler, Daniel Christensen, Amanda D'Acierno, Annette Danek, Michael DeFazio, Camille Dweing-Vallejo, Benjamin Dreyer, Sue Driskill, Skip Dye, Lisa Feuer, Lance Fitzgerald, Lisa Gonzalez, Carisa Hays, Nicole Hersey, Brianna Kusilek, Cynthia Lasky, Sarah Lehman, Amy Li, Carole Lowenstein, Sue Malone-Barber, Matthew Martin, Lulu Martinez, Annette Melvin, Caitlin Meuser, Seth Norris, Grant Neumann, Ty Nowicki, Donna Passannante, Leslie Prives, Aparna Rishi, Kaitlyn Robinson, Linda Schmidt, Matt Schwartz, Susan Seeman, Damian Shand, Stephen Shodin, Penny Simon, Holly Smith, Pat Stango, Anke Steinecke, Kesley Tiffey, Tiana Tolbert, Megan Tripp, Sarah Turbin, Jaci Updike, Valerie Van Delft, Claire von Schilling, Gina Wachtel, Chantelle Walker, Erin Warner, Jessica Wells e Stacey Witcraft.

Il tema di questo libro è scaturito da una serie di tavole rotonde cui negli ultimi anni ho partecipato con vari gruppi, sia virtualmente sia di persona, comprese riunioni con giovani donne a Chicago, a Dallas, alle Hawaii e a Londra, una memorabile discussione con studenti provenienti da ventidue differenti college in tutto il Paese, oltre a innumerevoli interazioni con club del libro e gruppi di comunità durante il tour per la presentazione di *Becoming*. Sono state esperienze intense e stimolanti, sempre un valido promemoria di cosa è davvero prezioso in questo mondo. Grazie a tutte le persone che lungo la strada hanno condiviso riflessioni, ansie e speranze, fidandosi di me tanto da mostrarmi tutte sé stesse. Per me la vostra luce è più importante di quanto immaginiate.

A Tyne Hunter, Ebony LaDelle, Madhulika Sikka e Jamia Wilson sono particolarmente grata per avermi fornito la loro perspicacia, il loro candore e le loro profonde riflessioni all'inizio del processo. Il nostro dialogo mi ha aiutato ad approdare ad alcuni dei concetti centrali di questo libro.

Infine voglio ringraziare la mia famiglia e il resto del mio Kitchen Table: il vostro amore e la vostra costanza sono incommensurabili e mi hanno mantenuto saldamente ancorata e speranzosa durante questo periodo bizzarro e incerto. Grazie per il vostro perenne aiuto.

NOTE

A. Ríos, *Not Go Away Is My Name*, Copper Canyon Press, Port Townsend 2020, p. 95.

Introduzione

[1] B. Teater, J.M. Chonody, K. Hannan, *Meeting Social Needs and Loneliness in a Time of Social Distancing Under COVID-19: A Comparison Among Young, Middle, and Older Adults*, in «Journal of Human Behavior in the Social Environment», 31(2021), nn. 1-4, pp. 43-59, doi.org/10.1080/10911359.2020.1835777; N. Racine *et al.*, *Global Prevalence of Depressive and Anxiety Symptoms in Children and Adults During COVID-19: A Meta-Analysis*, in «JAMA Pediatrics», 175(2021), n. 11, pp. 1142-1150, doi.org/10.1001/jamapediatrics.2021.2482.

[2] Imperial College London, COVID-19 Orphanhood Calculator, 2021, imperialcollegelondon.github.io/orphanhood_calculator/; S.D. Hillis *et al.*, *COVID-19 Associated Orphanhood and Caregiver Death in the United States*, in «Pediatrics», 148(2021), n. 6, doi.org/10.1542/peds.2021-053760.

1. Il potere delle piccole cose

[1] M. Angelou, *Rainbow in the Cloud: The Wisdom and Spirit of Maya Angelou*, Random House, New York 2014, p. 69.

[2] K. Kushlev *et al.*, *Do Happy People Care About Society's Problems?*, in «The Journal of Positive Psychology», 15(2020), n. 4, pp. 467-477, doi.org/10.1080/17439760.2019.1639797.

2. Decodificare la paura

[1] B. Stelter, O. Darcy, *Reliable Sources*, 18 gennaio 2022, view.newsletters.cnn.com/messages/1642563898451efea85dd752b/raw.

[2] *Lin-Manuel Miranda Talks Nerves Onstage*, in *CBS News Sunday Morning*, 2 dicembre 2018, www.youtube.com/watch?v=G_LzZiVuw0U.

[3] *Lin-Manuel Miranda Recalls His Nerve-Wracking Hamilton Performance for*

the Obamas, in *The Tonight Show Starring Jimmy Fallon*, 24 giugno 2020, www.youtube.com/watch?v=wWk5U9cKkg8.

[4] *Lin-Manuel Miranda Daydreams, and His Dad Gets Things Done*, in *Taken for Granted*, 29 giugno 2021, www.ted.com/podcasts/taken-for-granted-lin-manuel-miranda-daydreams-and-his-dad-gets-things-done-transcript.

3. *Iniziare con gentilezza*

[1] *The Oprah Winfrey Show, Oprah's Book Club: Toni Morrison*, 27 aprile 2000, ritrasmesso il 10 agosto 2019, www.facebook.com/ownTV/videos/the-oprah-winfrey-show-toni-morrison-special/2099095963727069/.

[2] C.R. Cook *et al.*, *Positive Greetings at the Door: Evaluation of a Low-Cost, High-Yield Proactive Classroom Management Strategy*, in «Journal of Positive Behavior Interventions», 20(2018), n. 3, pp. 149-159, doi.org/10.1177/1098300717753831.

4. *Sono invisibile?*

[1] *Toughest Admissions Ever*, in «Princeton Alumni Weekly», 20 aprile 1981, p. 9, books.google.com/books?id=AxNbAAAAYAAJ&pg=RA16-PA9; *Slight Rise in Admissions*, in «Princeton Alumni Weekly», 3 maggio 1982, p. 24, books.google.com/books?id=IhNbAAAAYAAJ&pg=RA18-PA24.

[2] *Toughest Admissions Ever*, cit.

[3] W.E.B. Du Bois, *The Souls of Black Folk*, Penguin, New York 1989, p. 5 (ed. it., *Le anime del popolo nero*, Le Lettere, Firenze 2007).

[4] Monument Lab, *National Monument Audit*, 2021, monumentlab.com/audit.

[5] S. Abrams, *3 Questions to Ask Yourself About Everything You Do*, novembre 2018, www.ted.com/talks/stacey_abrams_3_questions_to_ask_yourself_about_everything_you_do/transcript; J. Galloway, *The Jolt: That Day When Stacey Abrams Was Invited to Zell Miller's House*, in «The Atlanta Journal-Constitution», 10 novembre 2017.

[6] S. Lyall, R. Fausset, *Stacey Abrams, a Daughter of the South, Asks Georgia to Change*, in «The New York Times», 26 ottobre 2018, www.nytimes.com/2018/10/26/us/politics/stacey-abrams-georgia-governor.html.

[7] *Stacey Abrams: How Can Your Response to a Setback Influence Your Future?*, in *TED Radio Hour*, 2 ottobre 2020, www.npr.org/transcripts/919110472.

5. *Il mio Kitchen Table*

[1] G. Brooks, *Blacks*, Third World Press, Chicago 1991, p. 496.

[2] D.A. Cox, *The State of American Friendship: Change, Challenges, and Loss*, Survey Center on American Life, 8 giugno 2021, www.americansurveycen

ter.org/research/the-state-of-american-friendship-change-challenges-and-loss/.

[3] V.H. Murthy, *Together: The Healing Power of Human Connection in a Sometimes Lonely World*, HarperCollins, New York 2020, p. XVIII.

[4] *Ivi*, p. XVII.

[5] M. Bangee *et al.*, *Loneliness and Attention to Social Threat in Young Adults: Findings from an Eye Tracker Study*, in «Personality and Individual Differences», 63(2014), pp. 16-23, doi.org/10.1016/j.paid.2014.01.039.

[6] D. Graeupner e A. Coman, *The Dark Side of Meaning-Making: How Social Exclusion Leads to Superstitious Thinking*, in «Journal of Experimental Social Psychology», 69(2017), pp. 218-222, doi.org/10.1016/j.jesp.2016.10.003.

[7] T.E. Ross, post su Facebook, 27 dicembre 2019, facebook.com/TraceeEllisRossOfficial/ posts/10158020718132193.

[8] J. Holt-Lunstad, T.B. Smith e J. Bradley Layton, *Social Relationships and Mortality Risk: A Meta-Analytic Review*, in «PLOS Medicine», 7(2010), n. 7, doi.org/10.1371/journal.pmed.1000316; F. Ozbay *et al.*, *Social Support and Resilience to Stress*, in «Psychiatry», 4(2007), n. 5, pp. 35-40, www.ncbi.nlm.nih.gov/pmc/articles/PMC2921311/.

[9] G. Gariépy, H. Honkaniemi e A. Quesnel-Vallée, *Social Support and Protection from Depression: Systemic Review of Current Findings in Western Countries*, in «The British Journal of Psychiatry», 209(2016), pp. 284-293, doi.org/10.1192/bjp.bp.115.169094; Z.I. Santini *et al.*, *Social Disconnectedness, Perceived Isolation, and Symptoms of Depression and Anxiety Among Older Americans (NSHAP): A Longitudinal Mediation Analysis*, in «Lancet Public Health», 5(2020), n. 1, doi.org/10.1016/S2468-2667(19)30230-0; N.K. Valtorta *et al.*, *Loneliness and Social Isolation As Risk Factors for Coronary Heart Disease and Stroke: Systematic Review and Meta-Analysis of Longitudinal Observational Studies*, in «Heart», 102(2016), n. 13, pp. 1009-1016, dx.doi.org/10.1136/heartjnl-2015-308790.

[10] G.M. Sandstrom e E.W. Dunn, *Social Interactions and Well-Being: The Surprising Power of Weak Links*, in «Personality and Social Psychology Bulletin», 40(2014), n. 7, pp. 910-922, doi.org/10.1177/0146167214529799.

[11] *Edelman Trust Barometer 2022: The Trust 10*, www.edelman.com/sites/g/files/aatuss191/files/2022-01/Trust%2022_Top10.pdf.

[12] J. Haidt, *Why the Past 10 Years of American Life Have Been Uniquely Stupid*, in «The Atlantic», 11 aprile 2022, www.theatlantic.com/magazine/archive/2022/05/social-media-democracy-trust-babel/629369/.

[13] T. Morrison, *Beloved*, Knopf, New York 1987, pp. 272-273 (ed. it., *Amatissima*, Frassinelli, Torino 1988).

[14] S. Schnall *et al.*, *Social Support and the Perception of Geographical Slant*, in «Journal of Experimental Social Psychology», 44(2008), n. 5, pp. 1246-1255, doi.org/10.1016/j.jesp.2008.04.011.

7. Vi presento mia madre

[1] S. Helman, *Holding Down the Obama Family Fort. 'Grandma' Makes the Race Possible*, in «The Boston Globe», 30 marzo 2008.

[2] M. Schulz, *U.S. Workers Spend Up to 29% of Their Income, on Average, on Child Care for Kids Younger Than 5*, LendingTree, 15 marzo 2022, www.lendingtree.com/debt-consolidation/child-care-costs-study/.

8. La nostra interezza

[1] O.E. Butler, *Telling My Stories*, Guida della galleria a cura di The Huntington Library, Art Collections, and Botanical Gardens, 2017, media.huntington.org/uploadedfiles/Files/PDFs/Octavia_E_Butler_Gallery-Guide.pdf.

[2] D. Murphey e P.M. Cooper, *Parents Behind Bars: What Happens to Their Children?*, Child Trends, ottobre 2015, www.childtrends.org/wp-content/uploads/2015/10/2015-42ParentsBehindBars.pdf.

[3] *'Unity with Purpose': Amanda Gorman and Michelle Obama Discuss Art, Identity, and Optimism*, in «Time», 4 febbraio 2021, time.com/5933596/amanda-gorman-michelle-obama-interview/.

[4] A. Levy, *Ali Wong's Radical Raunch*, in «The New Yorker», 26 settembre 2016, www.newyorker.com/magazine/2016/10/03/ali-wongs-radical-raunch.

[5] H. Freeman, *Mindy Kaling: 'I Was So Embarrassed About Being a Diversity Hire'*, in «The Guardian», 31 maggio 2019, www.theguardian.com/film/2019/may/31/mindy-kaling-i-was-so-embarrassed-about-being-a-diversity-hire.

[6] A. Blyth, *Mindy Kaling on How 'Late Night' Was Inspired by Her Own 'Diversity Hire' Experience & the Importance of Holding the Door Open for Others*, in «Deadline», 18 maggio 2019, deadline.com/2019/05/mindy-kaling-late-night-the-office-disruptors-interview-news-1202610283/.

[7] Freeman, *Mindy Kaling*..., cit.

[8] J. Winterson, *Shafts of Sunlight*, in «The Guardian», 14 novembre 2008, www.theguardian.com/books/2008/nov/15/ts-eliot-festival-donmar-jeanette-winterson.

10. Volare alto

[1] D. Motro *et al.*, *Race and Reactions to Women's Expressions of Anger at Work: Examining the Effects of the "Angry Black Woman" Stereotype*, in «Journal of Applied Psychology», 107(2021), n. 1, pp. 142-152, doi.org/10.1037/apl0000884.

[2] J. Stossel, *Michelle Obama and the Food Police*, in «Fox Business», 14 settembre 2010, web.archive.org/web/20101116141323/http://stossel.blogs.foxbusiness.com/2010/09/14/michelle-obama-and-the-food-police/.

[3] «New York Post», 12 gennaio 2012, nypost.com/cover/post-covers-on-january-12th-2012/.

[4] J. Lewis, *Across That Bridge: Life Lessons and a Vision for Change*, Hyperion, New York 2012, p. 8.

[5] R. Onion, *Is 2016 the Worst Year in History?*, in «Slate», 22 luglio 2016, www.slate.com/articles/news_and_politics/history/2016/07/is_2016_the_worst_year_in_history.html.

[6] J. Ducharme, *Gallup: 2017 Was the World's Worst Year in at Least a Decade*, in «Time», 12 settembre 2018, time.com/5393646/2017-gallup-global-emotions/.

[7] Copertina di «Time» del 14 dicembre 2020, time.com/5917394/2020-in-review/.

[8] M.L. King Jr, *Our God Is Marching On!*, Discorso tenuto il 25 marzo 1965 a Montgomery (Alabama), americanradioworks.publicradio.org/features/prestapes/mlk_speech.html.

[9] K. Brown Jackson, *Three Qualities for Success in Law and Life: James E. Parson Award Dinner Remarks*, Discorso tenuto il 24 febbraio 2020 a Chicago (Illinois) www.judiciary.senate.gov/imo/media/doc/Jackson%20SJQ%20Attachments%20Final.pdf.

[10] *Ibidem.*

CREDITI FOTOGRAFICI

pagina 10: per gentile concessione dell'archivio della famiglia Obama-Robinson

pagina 21: foto di Isaac Palmisano

pagina 30: foto di Merone Hailemeskel

pagina 58: foto di Pete Souza, per gentile concessione della Barack Obama Presidential Library

pagina 82, *sopra*: foto di Chuck Kennedy, per gentile concessione della Barack Obama Presidential Library; *in mezzo a sinistra*: foto di Amanda Lucidon, per gentile concessione della Barack Obama Presidential Library; *in mezzo a destra*: foto di Chuck Kennedy, per gentile concessione della Barack Obama Presidential Library; *sotto*: foto di Samantha Appleton, per gentile concessione della Barack Obama Presidential Library

pagina 94: per gentile concessione dell'archivio della famiglia Obama-Robinson

pagina 124, *sopra*: foto di Lawrence Jackson; *sotto*: foto di Jill Vedder

pagina 152: per gentile concessione dell'archivio della famiglia Obama-Robinson

pagina 188: per gentile concessione dell'archivio della famiglia Obama-Robinson

pagina 216: © DOD Photo/Alamy

pagina 242: © Gary Caskey/UPI/Alamy

pagina 266, *sopra*: foto di Sonya N. Herbert, per gentile concessione della Barack Obama Presidential Library; *in mezzo*: foto di Lawrence Jackson, per gentile concessione della Barack Obama Presidential Library; *sotto*: foto di Samantha Appleton, per gentile concessione della Barack Obama Presidential Library

pagina 291, *tutte*: per gentile concessione dell'archivio della famiglia Obama-Robinson

NOTA SULL'AUTRICE

Michelle Robinson Obama è stata la first lady degli Stati Uniti dal 2009 al 2017. Laureatasi alle università di Princeton e Harvard, ha iniziato la sua carriera da avvocata a Chicago nello studio Sidley & Austin, dove ha incontrato il futuro marito Barack Obama. Sempre a Chicago ha lavorato in seguito per gli uffici del sindaco, l'università e l'ospedale della stessa istituzione. Ha inoltre fondato la sezione locale di Public Allies, un'organizzazione per la formazione dei giovani alla carriera nei settori pubblico e non profit. È autrice del bestseller mondiale *Becoming*, pubblicato in Italia da Garzanti (2018), e del bestseller statunitense *American Grown* (2012).

Michelle e Barack vivono attualmente a Washington e hanno due figlie, Malia e Sasha.

INDICE

Finito di stampare nel mese di novembre 2022
da Grafica Veneta s.p.a., Trebaseleghe (PD)

Questo libro è stampato col sole

Azienda carbon-free